Jacob Kremer
Die Osterevangelien –
Geschichten um Geschichte

Jacob Kremer

Die Osterevangelien – Geschichten um Geschichte

Verlag Katholisches Bibelwerk Stuttgart
Österreichisches Katholisches Bibelwerk
Klosterneuburg

ISBN 3-460-31481-8 (KBW)
ISBN 3-85378-007-5 (ÖKB)

Umschlag: Hans Hug, unter Verwendung von Walter Habdank, Leeres Grab; mit Genehmigung des Kösel Verlags aus der Auswahlbibel »Reich Gottes«
Lektorat: Martha Buck
Gesamtherstellung: SV-Druck, D-7302 Ostfildern 1

Vorwort

Die Osterevangelien, die von der Entdeckung des geöffneten, leeren Grabes und von den Erscheinungen des Auferstandenen handeln, wurden bis vor kurzem in kirchlichen Kreisen fast allgemein nach Art protokollarischer Berichte aufgefaßt und oft als Beweise für die Wirklichkeit der Auferstehung Jesu bewertet. Das ist nach übereinstimmender Auskunft der Bibelwissenschaftler heute nicht mehr möglich. In Fachkreisen werden diese Perikopen meist Ostererzählungen oder Ostergeschichten genannt. Prediger, Katecheten und interessierte Laien stehen dadurch vor vielen neuen Fragen. Wie ist zum Beispiel den vertrauten Texten, die auf den ersten Blick hin wie »Berichte« klingen, noch ein positiver Sinn abzugewinnen, wenn sie nicht mehr als solche gewertet werden dürfen? Vermögen sie heute noch wie bei unseren Vorfahren den Glauben an den Auferstandenen zu festigen? Was heißt schließlich »auferstanden von den Toten« und »er erschien«?

In dem 1968 veröffentlichten Buch »Die Osterbotschaft der vier Evangelien«, das als eine Art »erste Hilfe« gedacht war, versuchte ich auf diese Fragen eine Antwort zu geben. Mehrere Veröffentlichungen der letzten Jahre und eigene Studien veranlaßten mich, da die dritte Auflage bereits vergriffen ist, zu einer völligen Umarbeitung. Daraus ist ein ganz neues Buch entstanden. Angeregt durch neuere linguistische und literaturwissenschaftliche Untersuchungen gehe ich dabei besonders auf den literarischen Aspekt der Osterevangelien als *Ostergeschichten* ein. Eine solche Betrachtung erweist sich gerade für die Exegese vieler Evangelientexte – die Ostergeschichten können dafür als Musterbeispiele dienen – als sehr hilfreich; denn sie vermag aufzuzeigen und auch weiteren Kreisen einsichtig zu machen: die Evangelisten bezeugen durch »Geschichten« eine »Geschichte«, die die Dimensionen unserer Zeit transzendiert und tiefgründiger ist als rein innerweltliche historische Ereignisse. Die redaktions- und traditionsgeschichtlichen Fragen, die schon oft behandelt wurden, greife ich nur insofern auf, als es im Hinblick auf das Ziel des Buches nötig ist. Dies sehe ich darin, den Leser zum Verstehen der Texte in ihrer vorgegebenen Fassung anzuleiten und ihm zu helfen, durch sie die Osterbotschaft als heute noch geltendes »Wort Gottes« zu vernehmen.

Ich bin mir bewußt, daß die in diesem Buch vorgelegte Auslegung der Osterevangelien nicht mehr als ein Versuch ist und mancher Ergänzung bedarf. Jedoch rechtfertigt die Tatsache, daß die unserer Zeit aufgegebene Neuinterpretation der Osterevangelien für sehr viele Christen ein höchst aktuelles Problem ist, die vorliegende Veröffentlichung. Möge sie zu weiteren Überlegungen anregen und dazu beitragen, daß in unseren Tagen die Osterevangelien dankbar als tröstliche und beglückende Zeugnisse für die Auferstehung Jesu Christi vernommen werden.

Damit die Auslegung nicht nur Fachgelehrte und Theologiestudenten anspricht, sondern darüber hinaus weiteren Kreisen verständlich bleibt, habe ich auf die Verwendung der in den linguistischen Schulen üblichen Terminologie, auf eingehende Strukturanalysen sowie auf die Diskussion vieler Einzelfragen und auf vollständige Einzelbelege verzichtet. Der Fachtheologe wird in den exemplarischen Anmerkungen und vor allem in den ausgewählten Literaturhinweisen ohne Mühe die entsprechenden Belege und weiterführenden Angaben finden. Bei der Erörterung von Form und Gattung habe ich das Gewicht das eine Mal mehr auf den linguistischen, das andere Mal mehr auf den literarischen oder auf den inhaltlichen Aspekt gelegt. Um auch den vielen Lesern der Bibel, die des Griechischen unkundig sind, einen Einblick in die besondere Diktion der Texte zu verschaffen, habe ich den biblischen Text in strenger Anlehnung an das Original – mitunter auf Kosten des deutschen Sprachgebrauchs – übersetzt und bei der Erklärung einzelner griechischer Wörter bzw. Wendungen jeweils die deutsche Übersetzung beigefügt. Die beigegebene Synopse der Grabesgeschichten soll helfen, den hier vorgetragenen Beobachtungen jeweils leichter zu folgen.

Viele Hinweise auf linguistische und literaturwissenschaftliche

Probleme, Methoden und Erkenntnisse verdanke ich Gesprächen mit Kollegen aus der Altphilologie und Germanistik. Bei der Erstellung des druckfertigen Manuskripts und der Durchsicht der Korrektur leisteten mir die Assistenten Dr. W. Kirchschläger, V. Krauss, Mag. G. Geiger und die Sekretärin R. Pfeiffer sehr wertvolle Dienste. Wie bei meinen früheren Veröffentlichungen kam mir auch jetzt das Lektorat des Verlags bei der Drucklegung sehr entgegen. Ihnen allen sei dafür gedankt.

Wien, 25. Januar 1977 *Jacob Kremer*

1. Der Kontext der Osterevangelien – Die Vermittlung der Osterbotschaft in Urkirche und Gegenwart

Mit Recht betont die neuere Sprachwissenschaft (Linguistik) die alte Wahrheit, daß die Bedeutung eines Textes wesentlich durch den Textzusammenhang bestimmt wird. »Kontext« im weiteren Sinn ist aber nicht nur der vor oder nach einem Abschnitt geschriebene Text, sondern all das, was der Hörer oder Leser einer Aussage in unmittelbarem oder mittelbarem Zusammenhang damit vernommen und was sein Aufnahmevermögen geprägt hat. Wer die Osterevangelien, die am Ende der vier kanonischen Evangelien stehen, richtig aufnehmen will, muß darum die gesamte Predigt über Jesus Christus in der Urkirche berücksichtigen (1.1.). Außerdem darf der heutige Leser dieser Perikopen nicht davon absehen, daß seit zwei Jahrhunderten über die Wahrheit und Glaubwürdigkeit der Osterbotschaft heftig diskutiert wurde und noch wird (1.2.). Da die Auslegung der Evangelien überdies von dem Standpunkt des jeweiligen Interpreten (z. B. seinem Glauben, seiner Skepsis, seinem Unglauben) abhängig ist, ist es notwendig, darüber zu reflektieren, wie heute der Glaube an den auferstandenen Herrn vermittelt bzw. verantwortet werden kann (1.3.). Damit stellt sich schließlich die Frage, welche Funktion den Osterevangelien bei der Vermittlung der Osterbotschaft zukommt (1.4.). Der Auslegung der einzelnen Texte wird daher eine Orientierung über die genannten vier Punkte als Einleitung vorausgestellt.

1.1. Die mannigfaltige Verkündigung der Auferstehung in der Urkirche

Die Osterevangelien sind keineswegs die einzigen Texte des Neuen Testaments, in denen uns eine Nachricht über die Auferstehung Jesu vermittelt wird. Die Überzeugung von der Auferstehung Jesu durchzieht das ganze Neue Testament, und zwar in mannigfaltiger Weise. Als älteste Zeugnisse, die in ihrer Substanz aus den ersten Jahren nach dem Tod Jesu stammen,[1] werden heute mit Recht formelartige Wendungen, Bekenntnistexte und Hymnen betrachtet, die innerhalb der späteren Schriften an ihrer Sprache und Form als Zitate älterer Texte erkennbar sind. Als Beispiele seien angeführt:

»den er [Gott] von den Toten auferweckte« 1 Thess 1,10

»(... wir glauben),
daß Christus starb und auferstand« 1 Thess 4,14

»(... denn ich habe euch als erstes überliefert,
was auch ich übernommen habe),
daß Christus starb für unsere Sünden gemäß den Schriften
und daß er begraben wurde
und daß er auferweckt worden ist am dritten Tage gemäß den Schriften

und daß er erschien dem Kefas, dann den Zwölf ...
darauf erschien er Jakobus, dann allen Aposteln ...«
1 Kor 15,3–5.7

»Der Herr ist wirklich auferstanden
und dem Simon erschienen« Lk 24,34

»(... dies ist das Wort des Glaubens, das wir predigen:)
Wenn du mit deinem Munde bekennst: Herr ist Jesus

---

[1] Vgl. *J. Kremer*, Das älteste Zeugnis von der Auferstehung Christi (SBS 17) Stuttgart [3]1969, 29f; neuestens *P. Stuhlmacher*, Schriftauslegung auf dem Wege zur biblischen Theologie, Göttingen 1975, 140 Anm. 26; kritisch demgegenüber *J. Bekker*, Das Gottesbild Jesu und die älteste Auslegung von Ostern, in: *G. Strecker* (Hrsg.), Jesus Christus in Historie und Theologie (Fschr. H. Conzelmann) Tübingen 1975, 105–126, hier 117f.

und in deinem Herzen glaubst: Gott hat ihn von den Toten auferweckt,
(wirst du gerettet werden)« Röm 10,9

»(über seinen Sohn),
der dem Fleische nach aus dem Geschlecht Davids stammt,
der dem Geist der Heiligkeit nach zum Sohn Gottes (in Macht) bestellt wurde durch die Auferstehung von den Toten«
Röm 1,3–4

»Jesus Christus, auferweckt von den Toten, aus dem Geschlecht Davids (gemäß meinem Evangelium)« 2 Tim 2,8

»Dem Fleische nach wurde er getötet,
dem Geist nach lebendig gemacht« 1 Petr 3,18

»Der in der Seinsweise Gottes war, erachtete es nicht für ein Raubgut, Gott gleich zu sein,
sondern er entäußerte sich selbst, nahm die Gestalt eines Knechtes an und wurde den Menschen gleich;
und in dem Auftreten wie ein Mensch erkannt, erniedrigte er sich und wurde gehorsam bis zum Tod,
bis zum Tod am Kreuze.
Darum hat Gott ihn erhöht und ihm den Namen geschenkt, der über alle Namen ist,
damit im Namen Jesu jedes Knie sich beuge, der Überirdischen, der Irdischen und der Unterirdischen
und jede Zunge bekenne: Herr ist Jesus Christus
zur Herrlichkeit Gottes des Vaters« Phil 2,6–11

»Er wurde geoffenbart im Fleisch,
gerechtfertigt im Geist,
kundgetan bei den Engeln,
verkündet bei den Völkern,
aufgenommen in Herrlichkeit« 1 Tim 3,16

In den zitierten alten Texten wird das, was Ostern geschehen ist, einerseits überhaupt nicht geschildert, andererseits in sehr verschiedenen Wendungen ausgesprochen: »auferstanden«, »auferweckt«, »lebendig gemacht«, »gerechtfertigt«, »erhöht«, »Herr (Kyrios) ist

Jesus«, »zum Sohn Gottes bestellt«. Auffallend ist ferner, daß jede direkte Bezugnahme auf ein leeres Grab fehlt, sich jedoch in dem ausführlichen Zeugnis von 1 Kor 15,3–5.7 schon Spuren einer Apologetik finden: der Hinweis auf die Schriftgemäßheit (s. w. u. S. 22) und auf namhafte Zeugen von Erscheinungen (vgl. auch Lk 24,34), die für die Zuverlässigkeit der Aussage bürgen. Es fehlt allerdings jede nähere Bestimmung oder gar Beschreibung dieser Erscheinungen.

Neben und in Verbindung mit diesen Zitaten wird in den zwischen den Jahren 50 und 60 nach Christus geschriebenen Briefen Pauli oft die Auferweckung oder Auferstehung Jesu – beide Ausdrucksweisen sind belegt[2] – erwähnt und zum Ausgangspunkt von Belehrungen über das christliche Leben gemacht; zum Beispiel in den Ausführungen des Apostels Paulus über die Taufe (Röm 6,4–10), über die Heilsbedeutung des Todes Jesu (z. B. 2 Kor 5,15), über das Leben aus dem heiligen Geist (z. B. Röm 8,11) und über die Hoffnung auf die Parusie und auf unsere Auferstehung (1 Thess 1,10; 4,12ff; 1 Kor 15,12ff; Röm 14,7ff). Paulus ergänzt das ihm überlieferte Zeugnis von 1 Kor 15,3–5.7, indem er noch auf die Erscheinungen vor »über 500 Brüdern auf einmal, von denen einige entschlafen sind« (1 Kor 15,6), hinweist und sich selbst zu den übrigen Zeugen hinzuzählt: »zuletzt erschien er auch mir« (1 Kor 15,8). Mit dieser Erscheinung ist die Begegnung mit dem auferstandenen Herrn vor Damaskus gemeint, die der Apostel – der einzige, von dem wir ein Zeugnis aus erster Hand besitzen – Gal 1,15f kurz eine ihm von Gott geschenkte Offenbarung des Sohnes nennt und im Hinblick auf die er 1 Kor 9,1 schreibt: »Habe ich nicht den Herrn gesehen« (vgl. auch Phil 3,8 und 2 Kor 4,6). Wie in den oben zitierten ältesten Zeugnissen fehlt auch hier jede anschauliche Beschreibung der Auferstehung und der Erscheinungen ebenso wie ein Bezug auf das leere Grab. Aus den Worten des Apostels geht unmißverständlich hervor, daß Paulus sich zu den Zeugen des Auferstandenen zählt und er fest von der Existenz dessen überzeugt ist, der gekreuzigt wurde und auf dessen Kommen er wie alle, die den Namen des Herrn Jesus Christus anrufen, wartet (1 Thess 1,9f; vgl. 1 Kor 1,2).

---

[2] Vgl. zur Bedeutung und Geschichte *A. Vögtle-R. Pesch*, Wie kam es zum Osterglauben?, Düsseldorf 1975, 15ff. *J. Lambrecht*, De oudste Christologie: verrijzenis of verhoging, Bijdragen 36 (1975) 119–144.

Die zwischen den Jahren 70 und 100 abgefaßten Evangelien geben Jesu Worte und Werke, vor allem seine Machttaten, zum Teil ganz im Licht der Auferstehung und aus der Sicht wieder, wie sie den Jüngern erst nach Ostern zuteil wurde (vgl. Joh 2,22). In der vom Evangelisten Lukas verfaßten Apostelgeschichte – besonders in ihren Predigten – wird immer wieder die Wirklichkeit der Auferstehung betont und mit vielen Hinweisen auf das Alte Testament sowie auf das leere Grab beglaubigt (z. B. 2,23 ff; 13,30 ff). Dort wird außerdem nicht nur allgemein an die Erscheinungen des Auferstandenen erinnert, sondern werden im Zusammenhang damit mehrere Einzelheiten ausgesagt, zum Beispiel »40 Tage«; »er trug ihnen auf« (1,3 f); »mit ihnen gegessen und getrunken« (10,41); »wurde vor ihren Augen aufgenommen« (1,9). Die Paulus zuteil gewordene Begegnung mit dem auferstandenen Herrn schildert der Verfasser der Apostelgeschichte sehr anschaulich, aber keineswegs immer ganz gleich (Apg 9,1 ff; 22,6 ff; 26,12–18).
In allen vier Evangelien finden sich schließlich die Texte, die ausführlich und anschaulich die Entdeckung des geöffneten, leeren Grabes und die Erscheinungen des Auferstandenen erzählen. Gemäß einer nicht in der Bibel, aber heute üblichen Terminologie werden diese Perikopen oft – auch in dieser Auslegung – »Osterevangelien« genannt. Wie zu zeigen sein wird, ist in ihnen die teils schon 1 Kor 15,3–5 zu beobachtende apologetische Tendenz sehr ausgeprägt (Hinweis auf das Alte Testament; auf die Voraussagen Jesu; Abwehr von Verdächtigungen).
Es fehlt innerhalb des Neuen Testaments – darauf ist besonders zu achten – jede Schilderung der Auferstehung. Eine solche bietet erst das aus dem zweiten Jahrhundert stammende apokryphe Petrusevangelium:

> 9/[35] In der Nacht aber, in welcher der Herrntag aufleuchtete, als die Soldaten, jede Ablösung zu zweit, Wache standen, erscholl eine laute Stimme am Himmel, [36] und sie sahen die Himmel geöffnet und zwei Männer in einem großen Lichtglanz von dort herniedersteigen und sich dem Grab nähern. [37] Jener Stein, der vor den Eingang des Grabes gelegt war, geriet von selbst ins Rollen und wich zur Seite, und das Grab öffnete sich und beide Jünglinge traten ein. 10/[38] Als nun jene Soldaten dies sahen, weckten sie den Hauptmann und die Äl-

testen – auch diese waren nämlich bei der Wache zugegen. – [39] Und während sie erzählten, was sie gesehen hatten, sehen sie wiederum drei Männer aus dem Grabe herauskommen und die zwei den einen stützen und ein Kreuz ihnen folgen [40] und das Haupt der zwei bis zum Himmel reichen, dasjenige des von ihnen an der Hand geführten aber die Himmel überragen. [41] Und sie hörten eine Stimme aus den Himmeln rufen: »Du hast den Entschlafenen gepredigt«, [42] und es wurde vom Kreuze her die Antwort laut: »Ja«. 11/[43] Jene erwogen nun miteinander, hinzugehen und dies dem Pilatus zu melden.[3]

Der kurze Überblick über die mannigfaltigen Bezeugungen des Glaubens an den Auferstandenen zeigt: die in diesem Buch auszulegenden Osterevangelien gehören ebenso wie die verwandten Angaben der Apostelgeschichte in ihrer vorliegenden Fassung einer jüngeren Überlieferungsschicht an und sind in einer Umwelt abgefaßt worden, wo von den Aposteln der Glaube an den Auferstandenen verkündet, bezeugt und verteidigt wurde. Wer also die Evangelien hörte und las, stieß dort in der Regel nicht zum ersten Mal auf die Osterbotschaft.

1.2. Die neuere und neueste Diskussion der Osterbotschaft

Die Kritik der Aufklärung und deren Abwehr durch die Kirche

Die vielfältigen Aussagen des Neuen Testaments über die Auferstehung Jesu Christi wurden Jahrhunderte hindurch von den Christen immer wieder gelesen, gehört, betrachtet, besungen und bildnerisch dargestellt. Als inspiriertes Wort Gottes waren die Osterevangelien für die Christen über jede Kritik erhaben. Sie galten als zuverlässige Zeugnisse für die Wahrheit der Auferstehung Jesu, die als ein

[3] Hier und sonst in diesem Buch zitiert nach *E. Hennecke - W. Schneemelcher*, Neutestamentliche Apokryphen I, Tübingen [4]1968, hier 122f.

zwar keineswegs zu begreifendes, aber unbestrittenes und fundamentales Glaubensgeheimnis anerkannt wurde.
Dies änderte sich zu Beginn der Aufklärung, als man anfing, die Zuverlässigkeit der biblischen Aussagen in Zweifel zu ziehen und dies, wie in den von Lessing edierten Fragmenten des H. S. Reimarus († 1768), auch aussprach. Der Grund für diese neue Einstellung gegenüber der biblischen und kirchlichen Lehre ist in dem starken Einfluß der Naturwissenschaften auf die Geisteswissenschaften zu suchen. Man wandte die Methoden der empirischen Forschung auf die Geschichtsforschung an und prüfte die Evangelien als Geschichtsdokumente unter Anwendung der drei Prinzipien »Kritik«, »Analogie« und »Korrelation«:[4] die »Kritik« forderte eine Überprüfung aller Aussagen auf ihre Zuverlässigkeit und Wahrheit hin. Die verschiedenartigen und zum Teil widersprüchlichen Angaben in den Evangelien über die Entdeckung des leeren Grabes (z. B. ein oder mehrere Engel) und über die Erscheinungen des Auferstandenen (in Galiläa oder Jerusalem) legten das Urteil nahe, daß diese Angaben nicht als zuverlässige Geschichtsquellen gewertet werden können. Die in der Naturwissenschaft vorausgesetzte »Analogie« (Entsprechung) allen Geschehens (sonst keine Ableitung von Gesetzmäßigkeiten) ließ wie für die Menschwerdung Gottes ebenso für die Auferstehung eines Toten keinen Platz (Ereignis ohne Analogie in der Natur). Zur Erklärung der »Korrelation« zwischen den nun einmal vorliegenden Evangelientexten und der postulierten Wirklichkeit (keine Auferstehung) wurden wie in der Naturwissenschaft verschiedene Hypothesen aufgestellt, zum Beispiel Betrugshypothese, Scheintodhypothese, Mythos.
Gegenüber dieser scharfen Kritik, die das Fundament des christlichen Glaubens erschütterte, beriefen die kirchlichen Kreise, Protestanten wie Katholiken, sich ihrerseits auf die Aussagen der Evangelien.[5] Sie bewerteten die Angaben über das leere Grab und die Erscheinungen (z. B. Betasten des Auferstandenen) als protokollarische Berichte, die die Wahrheit der Auferstehung Jesu eindeutig beweisen können. Die in den Texten vorhandenen unterschiedli-

---

[4] *E. Troeltsch,* Über historische und dogmatische Methode in der Theologie, in: *ders.,* Gesammelte Schriften 2, Tübingen 1913, 729–753.

[5] Vgl. *P. de Haes,* La résurrection de Jésus dans l'apologétique des cinquante dernières années (Analecta Greg 59) Rom 1953; *C. M. Martini,* Il problema storico della Risurrezione negli studi recenti, Rom 1959.

chen oder widersprüchlichen Angaben versuchte man mit großem Scharfsinn zu harmonisieren. Dabei war nicht zuletzt der Gedanke maßgeblich, daß die biblischen Schriften infolge der Inspiration keinen Irrtum (also auch keinen Widerspruch) enthalten könnten.

Die in der neuesten Diskussion vertretenen Positionen

In den letzten Jahrzehnten änderte sich die Diskussion.[6] Die meisten in der Aufklärungszeit aufgestellten Hypothesen hatten sich als unhaltbar erwiesen und wurden ganz aufgegeben; sie werden heute allenfalls noch in journalistischen Reißern publiziert. Es blieb aber bei den kirchlich nicht gebundenen Forschern eine grundsätzlich kritische Einstellung gegenüber den Texten und die Forderung, ihre Aussagen mit den Vorstellungen von der Einheitlichkeit allen Geschehens in Natur und Geschichte in Einklang zu bringen. Dazu wird von namhaften Vertretern der Exegese unter Berufung auf eingehende form- und religionsgeschichtliche Untersuchungen das Bekenntnis »auferstanden« bzw. »auferweckt« oder »erhöht« mehr oder minder als eine Chiffre aufgefaßt. Dem heutigen Verstehenshorizont entsprechend sei darin ein Ausdruck für die »Bedeutsamkeit des Kreuzes« zu sehen oder ein »Interpretament« dafür, daß »die Sache Jesu« weitergehe bzw. Jesus trotz seines Kreuzestodes der verheißene Messias und endzeitliche Prophet sei. Die Aussage »er erschien« wird vielfach als Ausdruck für eine Vision (als Produkt des Glaubens) bzw. einer Glaubenserfahrung oder als chiffreartiger Terminus für eine Legitimation (»Legitimationsformel«) gedeutet. Die Tradition vom leeren Grab, die sich nur in den später verfaßten Evangelien findet, wird von sehr vielen als eine nachträglich gebildete Legende bezeichnet. Da die meisten Vertreter dieser Auffassungen keineswegs die Wirklichkeit eines österlichen Geschehens, das nur im Glauben erkennbar ist, bestreiten, beeinflussen ihre Meinungen auch die kirchliche Predigt, und dies sowohl innerhalb der evangelischen wie auch – in geringerem Maße – der katholischen Kirche.
Bei den Vertretern der traditionellen kirchlichen Lehre ist ebenfalls

[6] Vgl. zum folgenden den Überblick bei *J. Kremer,* Entstehung und Inhalt des Osterglaubens: ThR 72 (1976) 1–12, hier 3–5.

unter dem Einfluß der exegetischen Forschung und der Diskussion mit den Gegnern in den letzten Jahrzehnten ein großer Wandel zu beobachten. Er betrifft folgende drei Punkte: Erstens wird heute von kirchlich gebundenen Autoren mehr als früher betont, daß die Ausdrücke »auferstanden« oder »auferweckt« als metaphorische Aussagen zu werten sind, zwar nicht einfach als Chiffren für etwas völlig anderes, sondern mehr als analoge Aussagen für ein einzigartiges Geschehen, das unseren Erfahrungsbereich transzendiert. Denn in der biblischen Osterbotschaft wird nicht die Rückkehr eines Toten in das Leben dieser Welt (wie z. B. von Lazarus) erzählt, sondern die endgültige Überwindung des Todes verkündet. Dafür aber fehlen uns Menschen, die wir diesseits des Todes leben, jede Vorstellung und ein adäquater Begriff. Wenn dies heute mehr als früher betont wird, so hängt das mit dem Wandel unseres Verständnisses von Wirklichkeit und dem dadurch geschärften Blick für die Eigenart der Auferstehungswirklichkeit zusammen. Der erst seit dem 18. Jahrhundert übliche Ausdruck »Tatsache« (als Übersetzung des englischen »matter of fact«) ist dafür bezeichnend. Infolge des großen Einflusses der Naturwissenschaften und der damit verbundenen positivistischen Einstellung, für die nur das als »wirklich« gilt, was objektiv feststellbar ist, nimmt der heutige Mensch in der Regel nur das als »wirklich« und »tatsächlich« an, was ebenso wie die übrigen kontrollierbaren »Gegenstände« und »Sachen« registriert werden kann.[7] Darunter fallen das irdische Leben Jesu, sein Tod und sein Begräbnis, nicht aber sein Leben nach dem Tod. Dies liegt für den heutigen Betrachter auf einer anderen Ebene von Wirklichkeit; es entzieht sich seiner Kontrolle, und er kann darüber nur in analoger, übertragener Weise sprechen. Aus diesem Grund erweist sich auch der Ausdruck »historisches Ereignis« für die Benennung der Realität des Geschehens der Auferstehung als mißverständlich, ja letztlich ungeeignet.[8]

Zweitens wird die Aussage »er erschien« differenzierter aufgefaßt.

---

[7] Vgl. *R. Staats*, Der theologiegeschichtliche Hintergrund des Begriffes »Tatsache«: ZThK 70 (1973) 316–345; *E. Heintel*, »Wie es eigentlich gewesen ist«. Ein geschichtsphilosophischer Beitrag zur Problematik der Methoden der Historie, in: *J. Derbolaw - F. Nikolin* (Hrsg.), Erkenntnis und Verantwortung (Fschr. Th. Litt) Düsseldorf 1966, 207–230.

[8] Zu der gegenteiligen Auffassung von *W. Pannenberg* vgl. *Kl. Kienzler*, Logik der Auferstehung. Eine Untersuchung zu R. Bultmann, G. Ebeling und W. Pannenberg (FreibThSt 100) Freiburg 1976, 140ff. 168.

Die Erscheinungen des Auferstandenen sind nicht als objektiv feststellbare und kontrollierbare Ereignisse zu deuten, sondern eher als subjektive Erfahrungen, wenn sie auch nicht mit subjektiven Visionen ohne weiteres auf eine Stufe gestellt werden können; denn die Zeugen der Erscheinungen unterscheiden diese einmaligen Erlebnisse unmißverständlich von anderen mystischen Erlebnissen, Träumen oder Schauungen. Die Subjektivität – sofern diese Kategorie hier überhaupt dem Einzigartigen, Analogielosen der Phänomene gerecht wird – dieser Erfahrungen spricht keineswegs gegen ihre Wirklichkeit (s. w. u. S. 153 f). Daraus folgt allerdings, daß ihre Tatsächlichkeit nicht in naturwissenschaftlicher Weise bewiesen werden kann (wie dies übrigens erst seit der Aufklärung gefordert wurde), wohl aber glaubwürdig zu bezeugen ist. Wenn die heutigen Ausleger der Bibel in diesem Punkt von den Auffassungen des vergangenen Jahrhunderts abrücken, so geschieht das aus einem doppelten Grund: Einmal führte die durch die Kontroverse aufgezwungene intensive Reflexion über die Eigenart des Auferstehungsleibes zu der Erkenntnis (die schon Thomas von Aquin vertraut war),[9] daß der Leib des Auferstandenen nicht mehr den Gesetzen der irdischen Welt unterworfen ist und deshalb auch nicht in einer objektiv verifizierbaren Weise wahrgenommen werden kann (es sei denn, man nähme ein eigens dazu bewirktes Wunder an, das dem Auferstehungsleib eine irdische Erscheinungsweise gibt). Zum anderen ermöglichte das intensive Studium der Evangelien, die literarische Gattung der Erscheinungsberichte näher zu bestimmen: Sie sind – unbeschadet ihrer recht verstandenen Inspiration – keine protokollarischen Berichte, vielmehr veranschaulichende Darlegungen, die mehr einem guten Gemälde als einer einfachen Fotografie gleichen. Über den Vorgang der Erscheinungen geben sie deshalb keine Auskunft. Wer dies beachtet, versteht auch, warum die Kirche so ganz verschiedenartige Darstellungen in einem Buch vereinen konnte.

Drittens werden heute auch in kirchlichen Kreisen die Aussagen über das leere Grab nicht mehr als Beweis für die Wahrheit der Osterbotschaft gewertet. Zwar halten weithin die meisten katholischen und evangelischen Forscher daran fest, daß das Grab Jesu

---

[9] Vgl. *J. Kremer*, ... denn sie werden leben, Stuttgart 1972, 62f und die dort Anm. 8 und 9 angeführte Literatur.

wenige Tage nach seiner Kreuzigung und seinem Begräbnis leer war (s. w. u. S. 49f); doch läßt sich dies ihrer Meinung nach nur mit einem an Sicherheit grenzenden Grad der Wahrscheinlichkeit behaupten und kann nicht als zwingender Beweis für die Auferstehung gelten. Das leere Grab ist als ein »Zeichen« zu deuten. Diese neue Bewertung der Aussagen über das leere Grab hängt – ähnlich wie die Wandlung in der Auslegung der Erscheinungsaussagen – einmal damit zusammen, daß in der Diskussion eine schon den Scholastikern bekannte, dann aber mehr oder minder in Vergessenheit geratene Wahrheit neu in Erinnerung gerufen und bedacht wurde: der Auferstehungsleib ist weder quantitativ noch qualitativ an die biochemische Substanz des irdischen Leibes gebunden bzw. mit dieser identisch (schon innerhalb eines Menschenlebens ändert sich diese ständig); ein leeres Grab bildet nicht die unabdingbare Voraussetzung für die Existenz des verklärten Leibes[10]. Außerdem ist die neue Bewertung der Grabesüberlieferungen dadurch bedingt, daß diese ebensowenig wie die Schilderungen der Erscheinungen als protokollarische Berichterstattung aufgefaßt werden dürfen (s. w. u. S. 42). Schließlich konnte noch darauf hingewiesen werden, daß in den Osterevangelien selbst, entgegen einer weit verbreiteten Annahme, der Hinweis auf das geöffnete, leere Grab niemals die Funktion eines zwingenden Beweises, sondern die eines zum Glauben herausfordernden oder ihn bestärkenden Zeichens hat.

1.3. Heutige Vermittlung der Osterbotschaft

Der kurze Überblick über die neuere und neueste Diskussion lehrt: der heutige Leser befindet sich gegenüber unseren Vorfahren in einer anderen Situation. Dieser Wandel steht in enger Verbindung mit dem Umbruch, der sich in der Neuzeit im Übergang von der Agrar- zur Industriegesellschaft, vom Zeitalter der Manufaktur zu dem der Technik anbahnte. Seither vermag die Menschheit ihre Welt und ihre Geschichte in einer bisher unbekannten Weise zu erforschen und infolge der Kenntnis ihrer Gesetzmäßigkeiten selbst zu steuern. Kein Wunder, wenn seitdem auch die biblischen Schriften kri-

---

[10] Ebd.

tisch erforscht und auf die Gesetzmäßigkeiten ihrer Entstehung hin untersucht werden. Die Berufung auf die Inspiration allein genügt jetzt nicht mehr; denn als Gotteswort in menschlicher Sprache unterliegt auch die Sprache der Bibel – sie ist kein überzeitliches Esperanto – den Gesetzmäßigkeiten unserer Welt und Geschichte. Dadurch stellt sich allerdings das Problem: wie läßt sich in dieser veränderten Welt die Botschaft der Auferstehung vermitteln, so daß ein mit den Erkenntnissen der Neuzeit vertrauter Hörer sie, ohne der Leichtgläubigkeit beschuldigt zu werden, annehmen und in verantwortlicher Weise vertreten kann.

Die oben erwähnten Versuche kirchlicher Apologeten, die Wahrheit der Auferstehung Jesu aufgrund der als Protokolle aufgefaßten Erscheinungs- und Grabestraditionen zu beweisen bzw. als glaubwürdig auszuweisen, haben einer kritischen Prüfung nicht standgehalten. Ebensowenig hat die Forderung, auf jede Begründung zu verzichten und sich bedingungslos (sola fide) auf das Kerygma der Bibel einzulassen, allgemein Zustimmung gefunden.[11] Neuerdings wurde vorgeschlagen, den Glauben an den Auferstandenen aus dem Glauben an den irdischen Jesus abzuleiten, ja im Osterglauben der Jünger lediglich eine besondere Weise des Glaubens an Jesus von Nazaret zu sehen, nämlich die Bewährung und die Vertiefung dieses Glaubens angesichts des Kreuzes.[12] Doch erweist sich auch dieser Weg als nicht gangbar; denn erstens stellen sich im Hinblick auf den Glauben an Jesus ähnliche Probleme (die Aussagen über das vorösterliche Verhalten Jesu und seiner Jünger sind keine protokollarischen Berichte; wer bürgt für die Wahrheit der Aussagen über Jesus?); vor allem aber wird zweitens dadurch das einzigartig Neue des Ostergeschehens, der durch die Auferweckung des Gekreuzigten gesetzte Neuanfang in der Geschichte Gottes mit den Menschen, nivelliert.

Eher noch scheint ein »Bündel-Argument« dazu geeignet, die

---

[11] Zur Auseinandersetzung mit *R. Bultmann* vgl. *Kremer* (Anm. 1), 96–114 (Lit.); neuestens *Kienzler* (Anm. 8), bes. 22–62 (Lit.).

[12] Zu dem an *E. Fuchs* und *G. Ebeling* anknüpfenden Diskussionsvorschlag von *R. Pesch* vgl. *Kremer* (Anm. 6) (Lit.). – Auf der Linie der Erklärung von *W. Marxsen* (»Auferstehung« als »Interpretament« dafür, daß »die Sache Jesu« weitergeht) liegt die sehr anfechtbare Untersuchung von *H. P. Hasenfratz*, Die Rede von der Auferstehung Jesu Christi. Ein methodologischer Versuch, Bonn 1975.

Glaubwürdigkeit der Osterbotschaft zu begründen und auf diese Weise den Glaubensakt vorzubereiten. Gemeint ist damit die Aufzählung verschiedener Fakten, die sich ohne Glauben an die Auferstehung nicht, aber bei ihrer Annahme gut erklären lassen. Als solche Fakten werden genannt: 1. die Erwartung einer messianischen Verherrlichung bei Jesus selbst; 2. das leere Grab; 3. die österliche Christologie; 4. die Bekehrung Pauli; 5. die Bildung der Kirche in Relation zur Erwartung Jesu.[13] Diese Fakten werden allerdings in der heutigen Forschung keineswegs allgemein anerkannt, sondern sind, wie oben schon angedeutet wurde, zum Teil sehr umstritten. Darum dürfte ein sich darauf berufender Konvergenz-Beweis vielen nicht genügen.
Mit einer größeren Zustimmung kann hingegen eine inhaltsbezogene Argumentation rechnen, die seit einigen Jahrzehnten auch für andere Fragen der Fundamentaltheologie angewandt wird. Diese beruft sich weniger auf die wunderbare Entstehung des Glaubens an die Auferstehung Jesu als vielmehr auf die Eigenart und den Inhalt des Bezeugten. Sie liegt übrigens ganz auf der Linie der urkirchlichen Verkündigung, wie die folgenden Erwägungen zeigen und die Auslegung der Evangelientexte erläutern und unterstreichen werden.[14]

1. Ausgangspunkt für die Überlieferung der Osterbotschaft ist nach den älteren Aussagen des Neuen Testaments das »Zeugnis« der Apostel, die versicherten, den Auferstandenen gesehen zu haben (vgl. 1 Kor 15,5–8; Lk 24,34). Nicht die Erzählung der Frauen über das geöffnete, leere Grab und die Engelserscheinung, sondern die Bezeugung des Simon und anderer, den Auferstandenen gesehen zu haben, begründete den Glauben der Urkirche. Sicherlich ist dieses Zeugnis der Apostel wie jede Bezeugung nach außen hin nur eine subjektive Versicherung. Aber dieses Zeugnis kann nach den Aussagen des Neuen Testaments als ein glaubwürdiges ausgewiesen werden. Da nämlich das Zeugnis der Apostel keineswegs unkritisch aufgenommen wurde, führt die Bibel zu diesem Zweck mehrere Zeugen an (vgl. 1 Kor 15,5–8) und unterstreicht deren Authentizität

---

[13] *E. Dhanis*, La résurrection de Jésus et l'histoire. Un mystère éclairant, in: *ders.* (Hrsg.), Resurrexit. Actes du Symposium International sur la Résurrection de Jésus (Rome 1970) Rom 1974, 557–641, hier 586–623.
[14] Vgl. zum folgenden *Kremer* (Anm. 6), hier 11–14.

(vgl. Apg 1,22; 10,4f; 5,32 »wir und der heilige Geist«). In diesem Zusammenhang kommt dem Zeugnis des Apostels Paulus ein besonderer Wert zu. Er weist mehrfach auf seine Begegnung mit dem Auferstanden hin (Gal 1,15f; 1 Kor 9,1; 15,8; vgl. Phil 3,5–10; 2 Kor 4,6) und beruft sich überdies gerade in den Auseinandersetzungen mit seinen Gegnern darauf, weil er einzig darin seine Autorität begründet sieht. Nach 1 Kor 15,15 müßte er sich – so schreibt er in einer an einen Eid erinnernden Diktion – den Vorwurf zuziehen, ein »falscher Zeuge Gottes« zu sein, wenn er »gegen Gott *bezeugte*, daß er [Gott] den Christus auferweckte«, falls dies nicht der Wahrheit entspräche. Diese Zeugenaussage des Paulus wie auch die der übrigen Apostel stellt heute noch jeden Leser der Heiligen Schrift vor die Entscheidung, das Bezeugte anzunehmen oder abzulehnen.

2. In der Auseinandersetzung mit den Gegnern haben die Christen von Anfang an geltend gemacht, daß Jesus »gemäß den Schriften« auferweckt wurde (1 Kor 15,4). In den Predigten der Apostelgeschichte wird mehrfach das Zeugnis der Schriften für die Auferstehung angeführt (z. B. Apg 2,17ff; 13,30ff). Nach der Schilderung des Lukas legt der Auferstandene im Gespräch mit den Jüngern auf dem Weg nach Emmaus den Zweifelnden die ganze Schrift aus und bereitet dadurch ihre Zustimmung zur Osterbotschaft vor (24,25–27). Diese Stellen lassen erkennen (s. w. u. S. 121f), daß »gemäß den Schriften« nicht heißt, in den Büchern des Alten Bundes sei so etwas wie eine Vorschau auf das Programm der Osterereignisse zu finden, vielmehr geht es darum, daß die Osterbotschaft ganz auf der Linie der Offenbarung durch die Propheten liegt. Für die Auseinandersetzung mit den Juden hatte dieser Hinweis auf die heiligen Schriften ein starkes Gewicht; denn mehr als die eigene Erfahrung galt dem Volk Israel die Bibel als Quelle der Erkenntnis und der Wahrheitsfindung. Wir mögen heute solche Berufungen auf das Alte Testament nicht mehr nachvollziehen können: sie sind zu sehr dem Geist der damals üblichen Exegese verpflichtet. Doch hat die Argumentation »gemäß den Schriften« grundsätzlich auch heute noch ihren Wert. Sie macht zunächst darauf aufmerksam, daß die Osterbotschaft in Verbindung mit dem ganzen Alten Testament gelesen werden muß. Die Auferstehung Jesu wird als Tat dessen verkündet, der für die Menschen da ist (Ex 3,14), der zu ihnen kommt

(Jes 40,10), der die Macht hat, Tote lebendig zu machen (1 Sam 2,6; Ez 37,13; Röm 4,17; Apg 26,8) und durch die Propheten sich immer wieder als der offenbarte, der zu allen, besonders zu den von ihm Gesandten steht, die sich auf ihn verlassen (Jes 41,10ff; 43,5). Zudem hatte Jesus von dem Kommen Jahwes, dem Kommen seiner Herrschaft gesprochen (Mk 1,15) und noch zuletzt den Anbruch der Gottesherrschaft in Aussicht gestellt (Mk 14,25). Wenn nun die Apostel die Großtat Gottes bei der Auferweckung Christi verkündeten, war dies ganz gemäß der Verheißung des Alten Bundes. Ferner ist hier zu bedenken: Wie die Berufung auf die Verheißungen der Schriften dem Zeugnis der Apostel damals eine besondere Qualität verlieh, so vermag dies heute darüber hinaus der Hinweis darauf, daß die Osterbotschaft der geistgewirkten Hoffnung aller Menschen auf die Überwindung der Todesmacht entspricht. Der Hörer dieser Botschaft ist zudem bei seiner Suche nach dem Sinn seines Lebens und der Geschichte in besonderer Weise dafür aufgeschlossen. Daraus folgt aber nicht, wie man einwenden könnte, die Osterbotschaft sei demnach das Produkt von »Wunschdenken«; denn so sehr sie auf der Linie alttestamentlicher Verheißungen und der bei allen Menschen verbreiteten Erwartung liegt, so wenig ist sie daraus allein abzuleiten. Wird sie aber infolge der den Aposteln geschenkten Erscheinungen bezeugt, so wird sie dem, der sie hört, als die Erfüllung der prophetischen Worte und der menschlichen Sehnsucht erkennbar.

3. Mehrfach wird in den Evangelien die Glaubwürdigkeit der Osterbotschaft dadurch beteuert, daß auf Voraussagen Jesu verwiesen wird: »Wie er es gesagt hat« (Mt 28,6; Lk 24,6; vgl. Mk 16,7). Damit ist auf die Voraussagen von Tod und Auferstehung angespielt (Mk 8, 31par; 9,31par; 10,34par; auch Mk 9,9 par; 14,28; Lk 13,32; Joh 2,19f u. ö.), die heute von den meisten Exegeten als vaticinia ex eventu charakterisiert werden. Sicherlich wurden diese Worte alle unter dem Eindruck der österlichen Ereignisse aufgeschrieben und erhielten von dort her ihre eindeutige Aussagekraft (vgl. Mk 9,10; Joh 2,20). Sie sind aber insofern im Leben Jesu verankert, als Jesus von der festen Zuversicht erfüllt war, daß seine Ankündigung der Gottesherrschaft durch die Ablehnung seitens der angesprochenen Hörer (vgl. Mt 23,37/Lk 13,34) nicht Lügen gestraft werde. Wie die Jünger nach Ostern die Auferstehung Jesu

als Erfüllung seiner Predigt sahen und verkündeten, so ist darin für uns heute noch ein Hinweis gegeben, die Osterbotschaft in Verbindung mit Jesu irdischem Wirken und Lehren zu sehen.[15] Die Auferstehung wird ja nicht von irgendeinem behauptet, sondern von dem, der mit einzigartiger Autorität und Gottunmittelbarkeit auftrat und dadurch zumindest implizit den Anspruch erhob, der für die Endzeit erwartete Retter, ja der Sohn Gottes zu sein. Wer das bedenkt, für den ist es nicht so unglaubhaft, wenn verkündet wird, daß sein Werk nicht auf Golgota scheiterte und Gott ihn aus dem Tod errettete.

4. Endlich darf nicht übersehen werden, daß nach den Worten des Apostels Paulus die Osterbotschaft nur in der Kraft des heiligen Geistes aufgenommen werden kann: »Keiner kann sagen ›Herr ist Jesus‹ [dies ist gleichbedeutend mit ›Er ist auferstanden‹; vgl. Röm 10,9], es sei denn im heiligen Geist« (1 Kor 12,3). Die Auffassung von der Notwendigkeit des Geistempfangs steht auch hinter der Aussage von 2 Kor 4,6, wo Paulus darlegt, daß es Gottes Schöpferkraft war, die ihn befähigte, Jesus als den durch die Macht Gottes auferweckten und erhöhten Herrn zu erkennen. Wie Gott nach Paulus Jesus durch den heiligen Geist von den Toten auferweckte (Röm 8,11), so ermöglicht er letztlich durch denselben Geist die Kenntnis von dieser Tat (vgl. 1 Kor 2,10–14). Daß es zur Anerkennung der Osterbotschaft der besonderen Hilfe Gottes bzw. des Auferstandenen bedarf, ist ebenfalls mehrfach in den Evangelien angedeutet (z. B. Lk 24, 35; Joh 20,15f.26f; vgl. Mt 16,17 mit Gal 1,15f). Aus dieser Sicht ist es nicht erstaunlich, wenn den Jüngern, die beauftragt sind, Zeugnis für den Auferstandenen abzulegen, der Beistand des heiligen Geistes verheißen (Lk 24, 49; Apg 1,5.8) und verliehen wird (Apg 2,1–13). Der Grund dafür, daß zur Annahme und Vermittlung der Osterbotschaft ein Mitwirken des heiligen Geistes erforderlich ist, dürfte in der sündhaften, einer Läuterung bedürftigen Herzensverhärtung der Hörer liegen, vor allem aber im Inhalt der Botschaft: die durch das Pneuma neugeschaffene Existenz des Gekreuzigten, der in Wahrheit der menschgewordene

---

[15] Es wäre m. E. ein positives Ergebnis der durch *R. Pesch* ausgelösten Diskussion (s. w. o. Anm. 12), wenn dies in Zukunft innerhalb der katholischen Fundamentaltheologie mehr beachtet würde.

Sohn Gottes ist. Von der Theologie wird die Auferstehung Jesu mit Recht als »mysterium stricte dictum« bezeichnet.[16] Die Auferstehung Jesu ist außerdem engstens mit dem unbegreiflichen Geheimnis Gott verbunden, ihr Inhalt ist letztlich eine Konkretisierung von Gottes Kommen und Herrschen, und zwar in seinem Sohn. Deshalb ist der Glaube an den Auferstandenen unlöslich mit dem Glauben an Gott verknüpft (vgl. 1 Kor 15,34; Röm 4,17ff; Apg 26,8).[17] An diesen Gott – und nicht an einen Gott der Philosophen – zu glauben, übersteigt die natürliche Fähigkeit des Menschen, ist aber möglich, wie die Erfahrung vieler Christen, vorab der Heiligen lehrt, in der Kraft des heiligen Geistes. Wer dies bedenkt, wundert sich nicht, daß der Glaube an den Auferstandenen nicht nach Art innerweltlicher Wahrheiten vermittelt und bewiesen werden kann. Er wird eher darüber staunen, daß in unserer Welt viele Menschen sich dazu ermutigt wissen, die Botschaft von der Auferstehung Jesu anzunehmen, danach zu leben und sie durch ihr Leben zu bezeugen.

1.4. Zur Funktion der Osterevangelien bei der Vermittlung der Osterbotschaft

Die voraufgehenden Darlegungen lehren: die Berufung auf die später abgefaßten Osterevangelien allein genügt nicht, um die Wahrheit der Auferstehung Jesu in überzeugender Weise zu vermitteln. Welchen Wert haben diese dann noch? Der Überblick über die mannigfaltige Verkündigung der Osterbotschaft in der Urkirche läßt erkennen, daß den Osterevangelien damals eine wichtige, wenn auch dienende Funktion im Rahmen der gesamten kirchlichen Predigt zukam. Eine solche dienende Aufgabe vermögen sie auch heute noch zu erfüllen.

Wie die folgende Auslegung im einzelnen belegen wird, möchten die Verfasser der Osterevangelien die Leser zu einem festen Glauben an den Auferstandenen hinführen, in diesem Glauben stärken und zu einem Leben aus diesem Glauben ermutigen. Sie tun dies

---

16 Vgl. *A. Kolping*, Vera et perfecta resurrectio. Thomas von Aquin und der Glaube an die Auferstehung Christi: FZThPh 15 (1968) 345–366, hier 361; *ders.*, Wunder und Auferstehung Jesu Christi, Bergen-Enkheim a. M. 1969, 45.

17 Vgl. *F. Mußner,* Die Auferstehung Jesu, München 1969, 136–139.

nicht, indem sie nach der Art neuzeitlicher Geschichtsforschung den Ursprung des Osterglaubens kritisch untersuchen und protokollarisch berichten, sondern indem sie die ihnen zuteil gewordenen Überlieferungen aufgreifen und in freier, erzählerischer Weise wiedergeben. Auf diese Weise informieren sie zwar den neugierigen Leser unserer Tage kaum über den vordergründigen Ablauf der Ereignisse, sie unterweisen ihn aber dafür in fesselnden Darstellungen mehr über den verborgenen Hintergrund der Geschichte und führen ihn so tiefer in die Wahrheit ein. Diese vermag der heutige Leser nur dann zu vernehmen, wenn er sich von der rationalistischen Einstellung befreit, die in erster Linie an äußeren, kontrollierbaren Vorgängen (an der »superficies historica«) interessiert ist und die seit der Aufklärung leider oft auch die kirchliche Auslegung prägt. Wer einmal die Kommentare der Neuzeit mit denen des Mittelalters und besonders der Patristik vergleicht, stellt das ohne Mühe fest; denn letztere wollten vor allem den geistlichen Sinn erschließen. Dieselbe Absicht liegt den vielen Darstellungen in der sakralen Kunst zugrunde; auch sie wollen in erster Linie den Sinn der biblischen Szenen darstellen. Wenn daher die neuere Exegese betont, es handle sich bei den Osterevangelien nicht um protokollarische Berichte, sondern um anschauliche und symbolträchtige Schilderungen, so befreit sie den Leser dadurch von einem Vorurteil und ebnet ihm den Weg zu einem Verständnis, das sich auf die älteste kirchliche Tradition berufen kann.

Der Exegese kommen hierbei die neueren Erkenntnisse der Sprach- und Literaturwissenschaft sehr zugute. Viele kommunikationstheoretische und textlinguistische Forschungen der letzten Jahre versuchen, alltägliche Vorgänge wie Sprechen und Hören, Lesen und Schreiben zu erhellen.[18] Sehr aufschlußreich ist die Unter-

[18] Zu den neueren literaturwissenschaftlichen und linguistischen Methoden vgl. *L. Alonso-Schökel,* Sprache Gottes und der Menschen. Literarische und sprachpsychologische Beobachtungen zur Heiligen Schrift (KBANT) Düsseldorf 1968; *J. Barr,* Reading the Bible as Literature: Bulletin of the John Ryland's Memorial Library 56 (1973) 10–33; *W. Bartholomäus,* Evangelien als Information. Elemente einer theologischen Kommunikationstheorie am Beispiel der Osterbotschaft, Einsiedeln 1962; *H. Bausinger,* Formen der »Volkspoesie« (Grundlagen der Germanistik 6) Berlin 1968; *B. Casper,* Sprache und Theologie. Eine philosophische Hinführung, Freiburg-Basel-Wien 1975; *C. Chabrol - L. Marin* (Hrsg.), Erzählende Semiotik nach den Berichten der Bibel, München 1971; *W. Dressler,* Einführung in die Textlinguistik, Tübingen ²1973; *U. Gerber - E. Güttgemanns* (Hrsg.), »Linguistische« Theologie. Biblische Texte, christliche Verkündigung

scheidung zwischen informativer (zwecks Information) und performativer (als Appell verwendeter) Redeweise.[19] Nicht jede Äußerung dient demnach der Information über einen bestimmten Sachverhalt oder Vorgang; oft wird sie benutzt, um auf diese Weise einer Forderung oder Behauptung Nachdruck zu verleihen (s. w. u. S. 72f zur Wächtergeschichte). Bei der Interpretation von Texten wird in der Linguistik heute der Vorrang der synchronischen Betrachtung, die ganz auf die vorliegende Textgestalt und den Kontext bezogen ist, vor der diachronischen gefordert, die in erster Linie die Geschichte eines Textes untersucht.[20] Gemäß dieser Forderung ist auch in der biblischen Exegese mehr, als es in den letzten Jahren geschah, auf die Bedeutung der nunmehr vorliegenden Texte (ihre Endredaktion) einzugehen. Die wichtige, dienende Funktion der traditions- und redaktionsgeschichtlichen Untersuchungen braucht darum nicht außer acht gelassen zu werden.

Die wohlüberlegt und in kunstvoller Weise verfaßten Osterevangelien gehören gewiß nicht zur gehobenen Literatur und Kunstdichtung (im klassischen Sinne),[21] sie stehen hingegen in großer Nähe

---

und theologische Sprachtheorie (Linguistica Biblica 3) Bonn 1972; *E. Güttgemanns,* »Text« und »Geschichte« als Grundkategorien der generativen Poetik. Thesen zur aktuellen Diskussion um die »Wirklichkeit« der Auferstehung: Ling Bib 2 (1972) Heft 11/12, 2–12; *K. Hamburger*, Logik der Dichtung, Stuttgart ²1968; *A. Jolles,* Einfache Formen, Tübingen ⁵1974; *R. Kosseleck* (Hrsg.), Geschichte – Ereignis und Erzählung, München 1973; *E. Lämmert*, Bauformen des Erzählens, Stuttgart ⁵1972; *G. Lohfink,* Erzählung als Theologie: StdZ 99 (1974) 521–532; *F. Mußner* (u. Mitarbeiter), Methodologie der Frage nach dem historischen Jesus, in: *K. Kertelge* (Hrsg.), Rückfrage nach Jesus (QD 63) Freiburg 1974, 118–147 (Lit.); *K. Netzer,* Literarische Lektüre der Bibel: Conc 12 (1976) 307–311 (Lit.); *I. T. Ramsey*, Christian Discourse. Some logical Explorations, London 1965; *W. Richter,* Exegese als Literaturwissenschaft, Göttingen 1971; *W. Schenk,* Die Aufgaben der Exegese und die Mittel der Linguistik: ThLZ 98 (1973) 881–894; *A. Stock,* Umgang mit theologischen Texten. Methoden, Analysen, Vorschläge, Einsiedeln 1974; *G. Theißen,* Urchristliche Wundergeschichten (Studien zum Neuen Testament 8) Gütersloh 1974, 11–52; *H. Weinrich,* Tempus. Besprochene und erzählte Welt, Berlin-Köln-Mainz ²1971; *ders.,* Narrative Theologie: Conc 9 (1973) 329–334. *M. Weiß,* Einiges über die Bauformen des Erzählens in der Bibel: VT 13 (1963) 456–475.

[19] Vgl. *Bartholomäus* (Anm. 18), bes. 185ff; *Kienzler* (Anm. 8), 240–252 (Lit.).

[20] Vgl. *F. de Saussure,* Grundfragen der allgemeinen Sprachwissenschaft, Berlin ²1967.

[21] Vgl. *K. L. Schmidt,* Die Stellung der Evangelien in der allgemeinen Literaturgeschichte, in: *ΕΥΧΑΡΙΣΤΗΡΙΟΝ* (Fschr. H. Gunkel) Göttingen 1923, 50–134. Unter den Literaturwissenschaftlern ist die herkömmliche Unterscheidung zwischen Volksdichtung und Kunstdichtung heute umstritten.

zur Volksdichtung, zu den »einfachen Formen«, wenn sie auch wegen ihres einzigartigen, analogielosen Inhalts nicht ohne weiteres in bestimmte Kategorien (Sagen, Legenden u. ä.) eingeordnet werden können[22]. Auf sie trifft daher auch vieles zu, was für die Bauformen, Erzählstrukturen und den Wirklichkeitsbezug fiktionaler Literatur gilt.[23] Bei der Auslegung der Osterevangelien, die weithin im Erzählstil abgefaßt sind, ist daher ganz besonders zu achten auf das Verhältnis zwischen Fiktion und Realität, die Eigenart und Gesetzmäßigkeit des Erzählens, die Komposition und nicht zuletzt auf den Gebrauch der Tempora (Präsens, Imperfekt, Aorist, Perfekt, Plusquamperfekt); denn diese bestimmen keineswegs in erster Linie die »Zeit« des Erzählten, sie haben vielmehr innerhalb der Darbietung viel differenziertere Funktionen (das Imperfekt beschreibt z. B. mehr den Hintergrund, der Aorist mehr den Vordergrund der erzählten Handlung).[24]

Die Annahme einer Verwandtschaft (keineswegs Gleichheit) der Osterevangelien mit Werken der Literatur und besonders der fiktionalen Dichtung scheint vielen Christen unvereinbar mit der Sonderstellung, die sie den biblischen Schriften als Glauben forderndes und inspiriertes »Wort Gottes« einräumen. Diesbezüglich ist ein Doppeltes zu beachten: 1. Die recht verstandene Lehre von der Inspiration der Heiligen Schrift besagt keineswegs, diese Bücher seien sozusagen vom heiligen Geist diktiert worden und sprächen darum eine völlig andere Sprache als die unter Menschen übliche.[25] Im Al-

---

[22] Vgl. *Jolles* (Anm. 18), 23–59; *H. Belke*, Einfache Formen, in: Literaturwissenschaft I (dtv Wissenschaftliche Reihe 4226) München ³1975, 269–274; *W. Böhme*, Art. Legende, in: LThK VI, 876–878; *K. Ranke*, Einfache Formen, in: Fischer-Lexikon, Literatur II 1/1 Frankfurt 1975, 185.187; *H. Rosenfeld*, Legende (Sammlung Metzger 9) Stuttgart ³1972; *S. Sudhof*, Die Legende. Ein Versuch ihrer Bestimmung: Studium Generale 11 (1958) 691–698.

[23] Vgl. *Hamburger* (Anm. 18), 53–153; *Lämmert* (Anm. 18); *Bausinger* (Anm. 18).

[24] Vgl. *Hamburger* (Anm. 18), 64ff; *Weinrich*, Tempus (Anm. 18), bes. 7–27. 288–293; dazu die Diskussion: *K. Hamburger*, Noch einmal: Vom Erzählen. Versuch einer Antwort und Klärung: Euphorion 59 (1965) 46–71; *H. Weinrich*, Tempusprobleme eines Leitartikels: Euphorion 60 (1966) 263–272; neuestens *K. Kanzog*, Erzählstrategie (UTB 495) Heidelberg 1976, 49.53.

[25] Vgl. Dogmatische Konstitution *»Dei Verbum«;* Text und Erläuterung: *O. Semmelroth - M. Zerwick*, Vatikanum II über das Wort Gottes. Die Konstitution »Dei Verbum«: Einführung und Kommentar, Text und Übersetzung (SBS 16) Stuttgart 1966; *K. Rahner*, Über die Schriftinspiration (QD 1) Freiburg 1958; *J. Beumer*, Die katholische Inspirationslehre zwischen Vatikanum I und II. Kirchliche Dokumente im Licht der theologischen Diskussion (SBS 20) Stuttgart 1966;

ten Testament finden sich, wie allgemein anerkannt wird, ausgesprochen dichterische Werke (z. B. das Buch Ijob, die Psalmen) und sehr viele fiktionale Geschichten (z. B. in den Büchern der Könige und der Chronik). Auch die Gleichnisse Jesu sind meist erfundene Geschichten. Kein Wunder, daß sich die Evangelisten – und schon vor ihnen die urkirchlichen Tradenten – der gerade in ihrem Umkreis verbreiteten Ausdrucksweise bedienten (vgl. auch die »Geschichten« in der rabbinischen und chassidischen Tradition).[26] 2. Das Ziel jeglicher fiktionalen Erzählweise, ob in der profanen oder in der religiösen Literatur, in der Kunst- oder Volkserzählung ist, Zeigens- und Sagenswertes mit Hilfe von Erdichtetem (Erfundenem) auszudrücken, bewußt zu machen und zu vermitteln. Dies kann in einer rein fiktiven Erzählung (Roman, Parabel, Gleichnis) geschehen, aber auch in enger Anlehnung an geschichtliche Fakten und zur Aufhellung derselben (z. B. Geschichtsroman, Autobiographie, Geschichtsdarstellungen).

Bei den Osterevangelien handelt es sich, wie später im einzelnen gezeigt wird, keineswegs um reine Fiktion, sondern hier bedient sich der Erzähler (ähnlich wie der Verfasser einer Biographie, eines Geschichtsromans oder der Ersterzähler einer Heiligenlegende) der fiktionalen Erzählweise, um ein ihm und den Lesern bekanntes Geschehen zu deuten und deutend zu bezeugen. Wegen ihres einfachen Aufbaus, ihres bewußten Bezugs zur Geschichte und ihrer Betonung des Wirklichen sind die Osterevangelien eher als »Geschichten« denn als »Erzählungen«, die eine ausgeprägtere Struktur aufweisen, zu bestimmen.[27] Sie werden mit Recht *Oster*geschichten genannt, denn sie kreisen inhaltlich um die »Geschichte« von Ostern, um das vom Historiker nicht kontrollierbare Geschehen der Auferstehung Jesu, das die geschichtlichen Erfahrungen der Jünger bezeugen und das die Geschichte der Menschheit bestimmt.

O. Loretz, Das Ende der Inspirations-Theologie. Chancen eines Neubeginns I (SBB) Stuttgart 1974.

[26] Vgl. dazu *M. Buber*, Die Erzählungen der Chassidim, Werke III, München-Heidelberg 1963, bes. 70ff.

[27] *J. Braak*, Poetik in Stichworten, Kiel [4]1972, 179–183. Einzig dort fand ich eine nähere Bestimmung. In der Literaturwissenschaft scheint der Terminus »Geschichte« sonst wenig geklärt zu sein. Innerhalb der Gattung Epik werden Erzählung, Kurzgeschichte, Anekdote behandelt. »Geschichte« wird oft mehr in trivialem Sinn gebraucht (Detektivgeschichte, Kindergeschichte, Kriminalgeschichte u. a.). Vgl. *Kanzog* (Anm. 24), 9ff.12ff.38.

In diesem Zusammenhang ist daran zu erinnern, daß die biblischen Texte allein – ihre Buchstaben und Wörter – nicht im strengen Sinn »Wort Gottes« sind, vielmehr dazu dienen, das Wort Gottes zu vermitteln. Wie der gesprochene ist auch der geschriebene Text Mittel zur Verständigung. Darum sind die Texte der Osterevangelien losgelöst von ihrer Herkunft, Verkündigung und Aufnahme nicht im eigentlichen Sinn »Wort Gottes«: sie sind es aber, insofern sie in menschlicher Sprache eine Botschaft übermitteln, die dazu bestimmt ist, vom Leser als »Wort Gottes« (1 Thess 2,13) gläubig aufgenommen zu werden.[28] Dazu aber bedarf es nach der Auffassung des Neuen Testaments der Hilfe des heiligen Geistes (vgl. 1 Kor 2,10–15; 12,3; 2 Kor 3,6–18; Joh 16,13 u. ö.). Wie die Evangelien nach alter kirchlicher Überlieferung unter dem Einfluß des heiligen Geistes formuliert, aufgeschrieben und in den Kanon der biblischen Schriften aufgenommen wurden, so müssen sie im Licht dieses Geistes gelesen werden. Darum sind auch die Osterevangelien im Einklang mit der ganzen kirchlichen Predigt auszulegen – in ihr wird eine wichtige Interpretationshilfe des heiligen Geistes konkret faßbar. Sie können in ihrer vollen Bedeutung nur mit einem Herzen, das durch den heiligen Geist ständig geläutert und geöffnet wird (Ez 36,26), verstanden werden. Dann vermögen sie wie in der Zeit ihrer Abfassung gerade als »Ostergeschichten« die kirchliche Osterbotschaft zu bekräftigen und zu ihrer Weiterverkündigung zu ermutigen.

---

[28] Die Hinordnung der biblischen Texte auf den Leser und die Bedeutung der Rezeption für ihre Interpretation ist aber nicht in dem Sinne aufzufassen (wie dies heute unter Literaturwissenschaftlern diskutiert wird), als sei ihre Interpretation ganz in das Belieben des Lesers gestellt. Das ästhetische Element tritt nämlich bei den biblischen Texten im Unterschied zur schönen Literatur zurück (vgl. *J. Kremer,* Homer und die Bibel: BiLe 13 [1972] 37–47). Außerdem sind die Grundaussagen der Texte für den gläubigen Leser durch den Kontext des ganzen Neuen Testaments und dessen Rezeption in der Kirche bestimmt.

2. Das Osterevangelium des Markus

Die markinische Grabesgeschichte

Von der Entdeckung des geöffneten und leeren Grabes erzählen alle Evangelisten. Die älteste Niederschrift dieser Überlieferung findet sich in dem um das Jahr 70 verfaßten Markusevangelium[29] und war Mattäus und Lukas sicher bekannt, während Johannes einer Sonderform dieser Tradition folgt. Die Auslegung der Osterevangelien beginnt deshalb am besten mit der markinischen Grabesgeschichte.

Das älteste uns erhaltene Evangelium, das vermutlich auch das erste ist, stellt die dem Verfasser bekanntgewordenen Jesusüberlieferungen im Rahmen eines kunstvollen Aufrisses zusammenhängend dar (Beginn mit der Predigt und Tauftätigkeit des Vorläufers in Galiläa, Ende in Jerusalem). Dabei geht der Evangelist auf viele uns interessierende Fragen überhaupt nicht ein (z. B. exakte Zeitangaben, Beschreibung von Jesu Aussehen u. ä.). Statt dessen läßt er von den ersten Zeilen an das Ziel seines Buches erkennen: »Evangelium von Jesus Christus (dem Sohne Gottes)« (1,1; vgl. 1,11). Markus will seinen Lesern in Form der Schilderung von Jesu Wirken, Lehren und Leiden verkünden, wer der in Jerusalem gekreuzigte und seither überall gepredigte Jesus von Nazaret war und ist: der Messias und Sohn Gottes (vgl. 15,39). Nach kurzen Andeutungen in den ersten Kapiteln (z. B. 3,6) bereitet er durch die dreimalige Leidensankündigung den Leser auf das Ende, die Kreuzigung in Jerusalem vor (8,31; 9,31; 10,33 f). In diesen Ankündigungen wie auch in der Pe-

---

[29] Vgl. *A. Wikenhauser - J. Schmid,* Einleitung in das Neue Testament, Freiburg-Basel-Wien ^{6}1973, 220f; *W. G. Kümmel,* Einleitung in das Neue Testament, Heidelberg ^{17}1973, 70.

rikope von der Verklärung (9,2–13) klingt schon das Thema Auferstehung an. Innerhalb der anschaulichen Schilderung des Leidens Jesu sprechen die Abendmahlsworte eine positive Deutung seines Todes und die Hoffnung auf die Verwirklichung der Gottesherrschaft aus (14,22–25), ja kündigt Jesus offen sein Vorangehen nach Galiläa nach der Auferstehung an (14,28). Auf dem Höhepunkt des Evangeliums interpretiert der heidnische Hauptmann – es ist die Sprache der urkirchlichen Predigt – Jesu Leben und Sterben mit den Worten: »Wahrhaftig, dieser Mensch war Gottes Sohn« (15,39). Wer nach der gerafften Darstellung von Jesu Wirken und Sterben die Perikope von der Entdeckung des geöffneten und leeren Grabes liest, weiß also schon, wer der Gekreuzigte und Begrabene ist, und ist mit dem Thema »Auferstehung« vertraut. Dies darf bei der Erklärung des Schlußkapitels nicht außer acht gelassen werden.

1 Und als der Sabbat vorüber war, kauften Maria von Magdala und die Maria des Jakobus und Salome wohlriechende Gewürze, damit sie hingingen, um ihn zu salben.
2 Und sehr früh am ersten Tag der Woche gehen sie zum Grab, als die Sonne aufgegangen war (aufging).

3 Und sie sprachen zueinander: »Wer wird uns den Stein von der Tür des Grabes wälzen?«
4 Und als sie aufblickten, sehen sie, daß der Stein weggewälzt ist; denn er war sehr groß.

5 Und als sie ins Grab hineingingen, sahen sie einen jungen Mann auf der rechten Seite sitzen, bekleidet mit einem weißen Gewand, und sie erschraken.
6 Er aber sagt zu ihnen: »Erschreckt nicht! Jesus sucht ihr, den von Nazaret, den Gekreuzigten. Er wurde auferweckt; er ist nicht hier. Seht den Ort, wo sie ihn hingelegt hatten.

7 Aber geht weg, sagt seinen Jüngern und dem Petrus: Er geht euch vorauf nach Galiläa; dort werdet ihr ihn sehen, wie er [es] euch gesagt hat.«

8 Und sie gingen hinaus und flohen vom Grab; denn Zittern und Entsetzen hatte sie erfaßt. Und sie sagten niemand etwas; denn sie fürchteten sich.

2.1. Texterklärung

Der unmittelbar auf die Schilderung von Tod und Begräbnis folgende Text Mk 16,1–8, der textkritisch im wesentlichen einheitlich überliefert ist,[30] bildet den Abschluß der ältesten uns bekannten Fassung des Markusevangeliums (Mk 16,9–20 ist ein späterer Nachtrag)[31]. Mk 16,1–8 ist zwar von der voraufgehenden Grablegungsgeschichte abhängig, aber doch eine verhältnismäßig geschlossene Texteinheit. Nach kurzen Angaben über die Vorbereitung des Grabbesuchs nach dem Sabbat und über den Gang von drei Frauen zum Grab (16,1–2) wird dargelegt, daß diese das Grab geöffnet vorfinden (16,3–4) und beim Betreten des Grabes von einem dort sitzenden Boten die Osterbotschaft vernehmen, mit der ein Auftrag an die Jünger verbunden ist (16,5–7); die Perikope endet mit einer kurzen Notiz über die Flucht und das Schweigen der Frauen, das mit dem Hinweis auf ihre Furcht begründet wird (16,8). Die Gliederung des sehr knappen Textes läßt unschwer erkennen: im Mittelpunkt steht die Entdeckung des geöffneten Grabes und die Botschaft des weißgekleideten jungen Mannes. Die Bedeutung und das Gewicht dieser kurzen Aussagen erschließen sich dem heutigen Leser erst dann, wenn er zunächst die einzelnen Textelemente und darauf den Text als Ganzes in seiner Form und Gattung, Redaktion und Tradition näher bestimmt.

Wie die vorher erwähnten Erörterungen über die Bedeutung der Tempora (Zeitformen) lehren (s. w. o. S. 27), darf der Gebrauch einer sogenannten Vergangenheitsform nicht dazu verleiten, das Erzählte vordergründig nur unter dem Aspekt des Vergangenen zu betrachten. Um dem verbreiteten Mißverständnis der Texte als protokollarische Berichte über Vergangenes (s. w. o. S. 14f) nicht weiter Vorschub zu leisten, wird deshalb bei der folgenden Textanalyse bewußt die Präsensform benützt. Diese wird eher der vergegenwär-

[30] Auf Einzelfragen der Textkritik wird hier und bei anderen Texten jeweils im Rahmen der Texterklärung eingegangen. Vgl. dazu bes. *B. M. Metzger* (Hrsg.), A Textual Commentary on the Greek New Testament, London-New York 1971.

[31] Zur neuesten Literatur über den Schluß des Markusevangeliums vgl. *K. Aland*, Der Schluß des Markusevangeliums, in: *M. Sabbe* (Hrsg.), L'Evangile selon Marc. Tradition et rèdaction (Bibl. Eph. Theol. Lovan. 34) Leuven 1974, 435–470; *R. Pesch*, Das Markusevangelium I (HThK 2,1) Freiburg-Basel-Wien 1976, 40–47. Auf die Perikope Mk 16,9–20, die zur kirchlichen Osterverkündigung zählt, wird hier nicht näher eingegangen.

tigenden Erzählweise gerecht und gestattet es, den eigentümlichen Erzählcharakter der Evangelien hervorzuheben. (Die Liturgie trägt diesem vergegenwärtigenden Erzählstil oft dadurch Rechnung, daß Vorsänger und Hörer der Evangelien das Vorgetragene mitunter selbst nachahmen [z.B. dramatisierender Vortrag der Passion]. In der sakralen Kunst wurden deshalb bis zum Beginn der Neuzeit die biblischen Szenen innerhalb der Landschaften der Künstler dargestellt.)

16,1–2: Vorbereitung des Grabbesuchs und Gang zum Grab

Und als der Sabbat vorüber war: Es ist der Abend nach dem Todestag Jesu; denn Jesus ist nach Mk 15,42 am Vortag eines Sabbats gekreuzigt worden. (Darin stimmen übrigens alle Evangelisten überein, während sie hinsichtlich des Datums [15. oder 14. Nisan] bekanntlich abweichende Angaben machen.) Der Sabbat endet für die Juden mit dem Sonnenuntergang (vgl. Mk 1,32). Während des Sabbats war es verboten, Totenklage zu halten und Einkäufe zu machen.

... Maria von Magdala, Maria des Jakobus und Salome: Die genannten drei Frauen sind nach Mk 15,40 Zeugen des Todes Jesu und nach Mk 15,47 mit Ausnahme der Salome auch Zeugen des Begräbnisses (allerdings heißt die 16,1 genannte »Maria des Jakobus« in 15,47 »Maria des Joses« und in 15,40 »Maria, die Mutter des Jakobus des Kleinen und des Joses«). Nach Lk 23,56 bereiten die Frauen schon am Abend des Todestages Jesu die Kräuter zusammen mit Myrrhe und halten während des Sabbats die vorgeschriebene Ruhe ein.

Kauften wohlriechende Gewürze, damit sie hingingen und ihn salbten: Der Kauf wohlriechender Gewürze steht im Dienst einer Salbung des Gekreuzigten; diese ist, wie die griechische Satzkonstruktion zeigt (*ἵνα ἐλθοῦσαι ἀλείψουσιν*), das Motiv für den Gang zum Grab. Bei der beabsichtigten Salbung ist also nicht an eine in Palästina unbekannte Einbalsamierung, sondern an eine mit der Waschung des Leichnams verbundene Handlung gedacht. Die genannte Absicht der Frauen weckt die Erinnerung an die Mk 14,3–9 geschilderte Szene in Betanien, die ausdrücklich als Vorwegnahme der Salbung beim Begräbnis gedeutet wird. Nach Auffassung des Evangelisten (in Widerspruch zu Joh 19,39) ist bei dem Begräbnis Jesu offensichtlich die sonst übliche Salbung unterblieben und denken die Frauen daran, diese baldmöglichst nachzuholen. (Die mitunter gegebene Erklärung, es handle sich um eine »Salbung« in der Art des Auflegens wohlriechender Kräuter und des Gießens von Salböl auf den Leichnam bei Gelegenheit eines Grabbesuchs[32], scheitert an der griechischen Satzstruktur.) Der Gedanke, der Tote könne nicht mehr im Grab sein, liegt den Frauen anscheinend fern; sie setzen auch voraus, daß sie Zutritt zum Grab haben und rechnen (im Gegensatz zu Mt 27,62ff) nicht mit einer Versiegelung oder gar Bewachung des Grabes. Warum sie die Salbung vornehmen bzw. nachholen wollen, sagt der Evangelist nicht.

Und sehr früh am ersten Tag der Woche gehen sie zum Grab, als die Sonne aufgegangen war: Nach der Aussage von V. 2 führen die Frauen den vorbereiteten Besuch des Grabes Jesu am Tag nach dem Sabbat durch; denn dies meint die semitische Ausdrucksweise »am ersten der Sabbate«, die bei allen Synoptikern und bei Johannes steht und am ehesten eine rein chronologische Zeitangabe darstellt (im Unterschied zu der Wendung »am dritten Tage«, die in festgefügten Formulierungen auftaucht [1 Kor 15,4] und zumindest auch einen theologischen Sinn haben kann). Die Zeit des Ganges zum Grab wird noch durch zwei weitere Angaben näher bestimmt: »sehr früh«, es dürfte die Stunde der Morgendämmerung sein (vgl. Joh 20,1: »früh, als es noch dunkel war«) und »als die Sonne aufgegangen war«. Beide Angaben, werden sie rein chronologisch aufgefaßt, lassen sich nicht ohne weiteres harmonisieren; denn die Zeit des Sonnenaufgangs ist für einen Orientalen kaum als »sehr früh« zu bezeichnen. (Vielleicht kam es dadurch zu der Textvariante D: »als die Sonne aufging«.) Da schon in ältester Zeit Jesus Christus in der Kirche als »Licht« und »Sonne« gefeiert wurde (vgl. Eph 5,14; Justin, Apologia I,67) stellt sich zumindest die Frage, ob nicht die zweite Zeitangabe in dem sonst so wortkargen Text eine symbolische Bedeutung hat.
Das Verbum ἔρχονται (sie kommen bzw. gehen, Präsens!) welches

[32] *J. Blinzler,* Der Prozeß Jesu, Regensburg [4]1969, 399f. Diese Auffassung habe ich früher selbst geteilt.

die Bewegung der Frauen zum Grab ausdrückt, wird in den meisten Übersetzungen mit dem Präteritum »kamen« oder »gingen« wiedergegeben. Um aber das wie in der Antike so auch in der deutschsprachigen gehobenen Literatur bekannte Präsens historicum zur Geltung zu bringen,[33] wird es richtiger mit »kommen« oder »gehen« übersetzt; denn dem Erzähler geht es weniger um den vergangenen Vorgang (»erzählte Welt«) als um die zu bedenkende Situation (»besprochene Welt):«[34] die Frauen befinden sich auf dem Weg zum Grab. Das hier gewählte griechische Wort für »Grab« (*μνημεῖον* oder nach der vielleicht besseren Lesart *μνῆμα*) heißt ursprünglich »Erinnerungszeichen« und läßt noch erkennen, daß die Gräber in der damaligen Zeit sowohl Stätten der Beerdigung als auch des Gedächtnisses waren. Nach Mk 15,46 ist der Leichnam Jesu nicht, wie das für Hingerichtete sonst üblich war, in einem Massengrab verscharrt, sondern in ein Einzelgrab gelegt worden, das in einen Felsen gehauen war. Es besteht kein triftiger Grund, daran zu zweifeln, daß dieses Grab zumindest einigen von den Anhängern Jesu bekannt war.

16,3–4: Die Entdeckung des geöffneten Grabes

Und sie sprachen zueinander: Wer wird uns den Stein von der Tür des Grabes wegwälzen? Was die Frauen auf dem Weg zum Grab erleben (wem sie begegnen) und was sie vermutlich alles beschäftigt (vgl. das Gespräch der Emmausjünger), teilt uns der Evangelist nicht mit; er erzählt lediglich, daß sie miteinander darüber sprechen, wer ihnen wohl den Stein von der Grabestür wegwälzen würde. Die sprachliche Formulierung ruft die Aussage von Mk 15,46 in Erinnerung: »und er legte ihn in ein Grab, das aus Felsen gehauen war und wälzte einen Stein vor die Tür des Grabes«. Ein großer Rollstein wurde vor die Grabkammer gewälzt, um wilde Tiere von der Grabstätte fernzuhalten. Gewöhnlich ließ er sich unschwer

---

[33] *R. Kühner - B. Gerth*, Grammatik der griechischen Sprache II, 1, Hannover 1966 (Nachdruck ³1898) 132–134; *Hamburger* (Anm. 18), 84–91; *Kanzog* (Anm. 24), 53.

[34] Vgl. *Weinrich*, Tempus (Anm. 18), 18; anders *R. Pesch*, Der Schluß der vormarkinischen Passionsgeschichte und des Markusevangeliums: Mk 15,42–16,8, in: *Sabbe* (Anm. 31), 365–409, hier 392.397.

wegrollen. Die Frage der Frauen weckt die Vorstellung, daß der Stein vor dem Grab Jesu nicht ohne weiteres zu entfernen ist. Wer nach dem Ablauf der Ereignisse fragt, muß sich über die erst unterwegs geäußerte Frage wundern; denn diese hätte doch die Frauen schon bei der Vorbereitung des Grabbesuchs beschäftigen müssen. Die Frage hat aber im Zusammenhang der Geschichte die Funktion, auf das Folgende vorzubereiten.

Und als sie aufblickten, sehen sie, daß der Stein weggewälzt ist; denn er war sehr groß: Worauf die vorher geäußerte Frage hinzielt, wird jetzt kurz gesagt (und zwar in Form des auf das Partizip *ἀναβλέψασαι* [aufblickend] folgenden Präsens historicum *θεωροῦσιν*, [sehen] dem die mit *ὅτι* – eingeleitete Inhaltsangabe folgt, die durch einen Begründungssatz [*γάρ*] näher erläutert wird): Als die Frauen aufblicken, sozusagen ihren Gesichtskreis, der durch ihre eigenen Überlegungen bestimmt war, weiten, stellen sie das Ungewöhnliche fest: der Stein ist weggewälzt. Daß es sich dabei um etwas ganz Ungewöhnliches, Staunenerregendes und Wunderbares handelt, gibt der Evangelist dadurch zu erkennen, daß er erklärend anfügt: »denn er war sehr groß«. Die Aussage »daß der Stein weggewälzt ist«, ist demnach eine sehr kurz gefaßte Bezeichnung für ein wunderbares Geschehen. Das Passiv *ἀποκεκύλισται* (weggewälzt) ist hier vom Zusammenhang her im Sinn eines theologischen Passivs, das heißt als Umschreibung des nicht ausgesprochenen Gottesnamens zu interpretieren (wie es dann Mt 28,2 durch die Nennung des »Engels des Herrn« explizit dargelegt wird): durch eine Tat Gottes ist das Grab geöffnet worden. Mit Recht darf gefragt werden, ob die Aussage über die Öffnung des Grabes durch das wunderbare Entfernen des Steines nicht neben der apologetischen (zwecks Abwehr von Gerüchten eines Diebstahls) auch oder noch mehr die symbolische Bedeutung hat: den Sieg über die Macht des Todes darzustellen, der die Toten im Grab festhalten möchte.[35]

[35] Vgl. *X. Léon-Dufour,* Résurrection de Jésus et message pascal, Paris 1971, 190 (allerdings zu Mt).

und als sie ins Grab hineingingen: Durch die wunderbare Öffnung haben die Frauen die Möglichkeit, in die Grabkammer hineinzugehen, also dorthin, wo ihrer Meinung nach der Gekreuzigte liegt, den sie salben wollen.

sahen sie einen jungen Mann auf der rechten Seite sitzen, bekleidet mit einem weißen Gewand, und sie erschraken: Anstelle des Leichnams, den sie rechts oder links in einer der Nischen der Grabkammer vorzufinden hoffen, sehen sie auf der rechten Seite einen jungen Mann sitzen. Dessen weiße Kleidung kennzeichnet ihn nicht als einen Täufling oder den Mk 14,51 erwähnten Jungen (der nur mit einem Linnen bekleidet flieht) oder gar den Auferstandenen[36], sondern als einen himmlischen Boten (vgl. die ähnliche Beschreibung 2 Makk 3,26.33; Apg 1,10; – Offb 6,11; 7,9.13). Für diese Interpretation spricht vor allem der folgende Kontext: Sein Anblick ruft bei den Frauen ähnlich wie bei den anderen Engelserscheinungen Furcht hervor. Seine Worte kennzeichnen ihn überdies eindeutig als Boten. Ob dem Sitzen auf der rechten Seite eine besondere Bedeutung zukommt, abgesehen davon, daß die rechte Seite die gewichtigere ist, läßt sich nicht bestimmen. Der Evangelist stellt die Erscheinung des himmlischen Boten in ganz menschlicher Weise dar. Die Frauen sehen ihn so, wie sie einen Menschen sehen, und er redet sie an, so wie Menschen zueinander sprechen:

Er aber sagt zu ihnen: Erschreckt nicht: Das Präsens historicum λέγει (sagt) steht hier nicht zufällig, sondern hebt den Gegenwartsbezug der Engelsbotschaft hervor. Die Wendung »erschreckt nicht« findet sich sehr oft in ähnlichen Erscheinungstexten (z. B. Lk 1,13; 2,10). Sie klingt formelhaft und unterstreicht, daß es sich nicht um eine menschliche Kunde, sondern um die eines himmlischen Boten handelt.

Jesus sucht ihr, den von Nazaret, den Gekreuzigten. Er wurde auferweckt; er ist nicht hier: Der Engel nimmt zunächst Bezug auf die Situation der Frauen. Sie sind ja gekommen, um Jesus zu salben; der von ihnen Gesuchte wird, ohne daß ein Hoheitstitel verwendet

---

[36] *R. Scroggs - K. I. Groff,* Baptism in Mark: Dying and Rising with Christ: JBL 92 (1973) 531–548, hier 543.

wird, unter Hinweis auf seine Herkunft (Nazaret) und das ihm zuteil gewordene Geschick (gekreuzigt) näher gekennzeichnet. So könnte ihn jeder in Jerusalem nennen. Die Osterbotschaft selbst steht in chiastischer Anordnung (sucht – Gekreuzigten/auferweckt – nicht hier) und ist in Anlehnung an zweigliedrige, urkirchliche Bekenntnistexte (gestorben und auferweckt: 1 Thess 4,13; 1 Kor 15,4; 1 Petr 3,18) formuliert. *'Ηγέρθη* (er wurde auferweckt) ist alte, kirchliche Verkündigungssprache, die in metaphorischer Weise ausspricht, daß der Tote wie ein Schlafender und Liegender aufgeweckt und aufgerichtet, also aus seinem Totsein befreit und einer neuen Existenz teilhaftig wurde. Daß er nicht mehr im Grab ist, steht hier zunächst als eine Feststellung, die aber zugleich eine Erklärung der voraufgehenden Aussage ist und als solche meint: Der Gekreuzigte ist nicht mehr im Grab bei den Toten (vgl. Lk 24,5). Für den Juden war das Grab nicht nur Stätte des Leichnams, sondern Aufenthaltsort des Toten. Darum konnte sich ein Jude die Botschaft »er wurde auferweckt« gar nicht anders vorstellen als eben »er ist nicht mehr im Grab« (vgl. Mt 27,53).[37]

Seht den Ort, wo sie ihn hingelegt hatten: Erst nach der Verkündigung der Botschaft fordert der Engel die Frauen auf, sich selbst von dem Fehlen des Leichnams zu überzeugen. Die Feststellung, daß das Grab leer ist, dient also nicht als Ausgangspunkt oder Beweis der Osterbotschaft, wohl aber als bestätigendes Zeichen. Ähnlich wird in Epiphaniegeschichten nach der Übermittlung der Botschaft ein Zeichen genannt (z. B. Gen 18,14; Ex 3,12; Ri 6,36–40; Jes 7, 11–14; Lk 1,20.36). Im Zusammenhang mit der Osterbotschaft kann der Hinweis auf das leere Grab als der auf eine »Siegestrophäe«[38] verstanden werden.

Aber geht weg, sagt seinen Jüngern und dem Petrus: Der Engel ergänzt seine Botschaft, indem er den Frauen einen Auftrag erteilt.

---

[37] *K. Schubert,* Die Entwicklung der Auferstehungslehre von der nachexilischen bis zur frührabbinischen Zeit: BZ (NF) 6 (1972) 177–214; *ders.,* Auferstehung als religionswissenschaftliches Problem: BiLit 42 (1969) 19–26; *G. Stemberger,* Der Leib der Auferstehung. Studien zur Anthropologie und Eschatologie des palästinensischen Judentums im neutestamentlichen Zeitalter (Analecta Biblica 56) Rom 1972.

[38] *U. Wilckens,* Auferstehung. Das biblische Auferstehungszeugnis historisch untersucht und erklärt (Gütersloher Taschenbücher 80) Gütersloh 1974, 64.

Das am Anfang dieses Satzes stehende »Aber« kann sich zwar auf »erschreckt nicht« oder auf die bei den Frauen vorausgesetzte Enttäuschung, Jesus nicht gefunden zu haben, beziehen; es dürfte jedoch am ehesten den Kontrast zwischen einer unausgesprochenen Folgerung aus der Botschaft und den folgenden Worten anzeigen: Die Frauen sollen nicht beim Grab verharren, sie müssen weggehen, um den Jüngern und Petrus eine Nachricht zu bringen. Die Osterbotschaft geht nicht nur sie an, sondern auch andere. Die Jünger waren nach Markus bei der Gefangennahme Jesu alle geflohen (14,50; vgl. 14,27), und Simon Petrus hatte sogar seinen Meister verleugnet und damit das Jüngerverhältnis zerstört (14,66ff). Doch dürfte hier weniger auf ihre Begnadigung angespielt werden als darauf, daß sie es sind, denen nach urkirchlicher Auffassung in erster Linie die Verkündigung der Osterbotschaft zukommt (vgl. Mk 9,9).

Er geht euch vorauf nach Galiläa; dort werdet ihr ihn sehen, wie er [es] euch gesagt hat: Die Weitergabe der Osterbotschaft selbst wird nicht genannt, aber vorausgesetzt (anders Mt 28,7); denn das Voraufgehen nach Galiläa setzt die Auferstehung voraus. Jesus selbst führt demnach als Auferstandener sein Werk fort. Zur Erklärung des Verbums »er geht vorauf« ist die Voraussage von Mk 14,28 heranzuziehen, auf die hier ausdrücklich Bezug genommen wird (»wie er [es] euch gesagt hat«): »Aber nach meiner Auferstehung werde ich euch vorangehen nach Galiläa (14,28). »Vorangehen« meint Mk 16,7 nicht »anführen« (was es 14,28 wohl bedeuten könnte), da die Jünger Jesus ja erst in Galiläa sehen werden, sondern »voraufgehen«. Für die Jünger ist diese Ankündigung der Auftrag, sich nach Galiläa zu begeben. Markus setzt voraus, daß sie nicht schon bei der Flucht dorthin zurückgekehrt sind. Galiläa ist die Heimat Jesu und der meisten Jünger, außerdem das Gebiet, wo Jesus öffentlich wirkte. Daß Markus bei der Nennung von »Galiläa« an den Anfang der Heidenmission (an das »Galiläa der Heiden«, vgl. Mt 4,15; Jes 9,1) dachte, ist dem Text nicht zu entnehmen. Ähnlich ist »dort werdet ihr ihn sehen« keine Ankündigung der Parusie in Galiläa,[39] sondern

---

[39] So *E. Lohmeyer*, Das Evangelium des Markus (KEK 2,1) Göttingen ¹⁰1937, 355–356 und *W. Marxsen*, Der Evangelist Markus, Göttingen ²1952, 52ff.

der dort erfolgenden Erscheinungen des Auferstandenen; denn nur dann hat die besondere Erwähnung des Petrus einen Sinn. »Wie er [es] euch gesagt hat« ist in erster Linie ein Rückverweis auf 14,28, dient aber auch dem Anliegen, durch die darin enthaltene Voraussage der Auferstehung die Botschaft der Frauen als glaubwürdig auszuweisen.

16,8: Flucht und Schweigen der Frauen

Und sie gingen hinaus und flohen vom Grab; denn Zittern und Entsetzen hatte sie erfaßt: Der Evangelist sagt nichts darüber, ob der himmlische Bote nach Verkündigung der Botschaft noch im Grab bleibt oder entschwindet. Er schließt hingegen seine kurze Erzählung, indem er die Reaktion der Frauen schildert. Anstatt von großer Freude erfüllt zu werden (vgl. Mt 28,8), packt sie das Entsetzen, so daß sie aus dem Grab hinausgehen, geradezu vor ihm wegfliehen. (Im griechischen Text liegt der Akzent eindeutig auf *ἔφυγον* [flohen].) Sie haben nach Mk 15,40 in der Nähe des Kreuzes ausgeharrt und den Mut gefunden, zum Grab des Gekreuzigten zu gehen, um ihn zu salben; jetzt fliehen sie ängstlich so wie die Jünger bei der Gefangennahme. Es ist die gleiche Haltung, wie sie nach Mk 13,14–18 (vgl. Offb 6,15) die Menschen angesichts des drohenden Gerichts zeigen.

und sie sagten niemand etwas; denn sie fürchteten sich: Markus notiert eine weitere Reaktion der Frauen. Ihr Schweigen ist um so auffallender, als sie doch V. 7 den ausdrücklichen Auftrag erhalten, zu sprechen. Wenn der Evangelist dieses erzählen kann, setzt er voraus, daß die Frauen einmal ihr Schweigen gebrochen haben. Diese Bemerkung ist aber kaum ein adäquates literarisches Mittel, um den Erzählzusammenhang von Passion und Auferstehung zum Abschluß zu bringen und den Leser zugleich über ihn hinauszuführen.[40] Markus erklärt das schweigsame Verhalten der Frauen aus ihrer Furcht. Doch gibt er nicht an, wen oder was die Frauen fürchten. Ähnlich heißt es vor der dritten Leidensankündigung von den Jüngern: »Sie waren auf dem Weg nach Jerusalem und Jesus ging

[40] Vgl. *Pesch*, Schluß (Anm. 34), 383.

ihnen voraus, und sie staunten, die nachfolgten aber fürchteten sich« (Mk 10,32. – Beachtenswert ist die freizügige Wiedergabe von Mk 16,8 bei Mattäus und Lukas).

Gerade das Rätselhafte des Schlusses und die zumindest für den heutigen Leser bestehende Spannung zwischen V. 7 und V. 8 mahnen, nach der Eigenart und Traditionsgeschichte des vorliegenden Textes zu fragen. Die kurze Textanalyse mit Einzelerklärungen zeigt, daß der auf den ersten Blick so einheitlich wirkende Text bei näherer Betrachtung viele Rätsel aufgibt. Es ist nun bekannt und anerkannt, daß die übrigen Kapitel der Evangelien oft ganz verschiedenartige, mitunter vom heutigen Gebrauch abweichende Gattungen (Textsorten) enthalten und außerdem eine längere Traditions- und Redaktionsgeschichte verraten, deren Beachtung wesentlich zum vollen Verständnis der Perikopen beiträgt. Zur näheren Bestimmung des Mk 16,1–8 Ausgesagten ist es deshalb unerläßlich, die literarische Form bzw. Gattung zu bestimmen, sowie nach Möglichkeit auch die Redaktions- und Traditionsgeschichte zu klären.

2.2. Form und Gattung

In der Fachliteratur wird heute viel über Form und Gattung (Textsorte) diskutiert, aber nicht immer ein und dieselbe Terminologie verwendet.[41] Mit »Form« ist in dieser Untersuchung die Gestalt eines Textes gemeint, die vor allem an Wortwahl, Satzbau, Komposition und Stil der Texteinheit zu erkennen ist. »Gattung« (Textsorte) hingegen meint die Zuordnung eines Textes zu anderen Texten, die sowohl der Form wie auch dem Inhalt nach verwandt sind (also unter einem Gattungsbegriff subsumiert werden können), auf einen gemeinsamen »Sitz im Leben« zurückgehen und eine dadurch geprägte Aussageabsicht erkennen lassen (z. B. Protokoll, Brief, Hymnus, Legende, Midrasch u. ä.).

Der *Form* nach handelt es sich bei Mk 16,1–8 um locker aneinandergereihte Sätze, die von der Frage der Frauen und der Rede des En-

[41] Vgl. *Richter* (Anm. 18), 72–74. Die Divergenz in der Terminologie spiegelt eine Entwicklung in der Bibelwissenschaft wider. Bis vor einigen Jahren diente die Form- bzw. Gattungsbestimmung vornehmlich der Klärung traditionsgeschichtlicher Fragen; in letzter Zeit tritt statt dessen mehr das linguistische und literaturwissenschaftliche Interesse in den Vordergrund. Vgl. *Weiß* (Anm. 18), 458 ff.

gels abgesehen als Erzählerbericht (Aorist, Imperfekt oder Präsens historicum und häufige Partizipialkonstruktionen) abgefaßt sind. Grammatikalisch, nicht inhaltlich betrachtet, reiht sich ein Satz fugenlos an den anderen an. Nur einzelnen Aussagen ist eine begründende Erklärung als Erzählerkommentar beigefügt (»denn er war sehr groß«; »denn Zittern und Entsetzen hatte sie erfaßt«). Lediglich der Bote im Grab wird näher beschrieben (»sitzend auf der rechten Seite, bekleidet mit einem weißen Gewand«); ausgesprochen ausmalende Züge aber fehlen (abgesehen vielleicht von »als die Sonne aufgegangen war«).

Versucht man den Textabschnitt unter Berücksichtigung von Form und Inhalt mit anderen Texten zu vergleichen und die *Gattung* zu bestimmen, so bieten sich verschiedene Möglichkeiten an. Der Abschnitt erweckt den Eindruck, ein einfacher oder sogar protokollarischer Bericht zu sein. Dafür kann geltend gemacht werden: der voraufgehende Bericht über die Grablegung, die Zeitangaben, die Aufzählung der Frauen als Zeuginnen und der fortschreitende äußere Ablauf. Dagegen jedoch spricht: 1. der Verfasser der sehr gerafften Schilderung ist weniger an historischen Details als an der Botschaft des jungen Mannes interessiert; 2. die Schilderung selbst weist, wenn sie als Bericht gewertet wird, viele Unwahrscheinlichkeiten auf (z. B. das Verhalten der Frauen); 3. die Botschaft des Engels ist auffallend verwandt mit der kirchlichen Verkündigungssprache; 4. die Angaben über innere Vorgänge gelten als Indizien für fiktionales Erzählen[42] (»Entsetzen hatte sie erfaßt«; »denn sie fürchteten sich sehr«; in etwa zählt dazu auch die auf dem Weg zum Grab geäußerte Frage als Ausdruck des Überlegens); 5. die übrigen Synoptiker haben den Text nicht als Bericht aufgefaßt, sonst hätten sie nicht so frei damit umgehen können. Schließlich gilt zu beachten, daß auch andere Texte des Alten und Neuen Testaments, die zwar zunächst den Anschein von Berichten erwecken, bei näherer Betrachtung einer anderen Textsorte zuzuordnen sind (z. B. Schöpfungsberichte, Kindheitsgeschichten, Gleichnisse).

In letzter Zeit wurde der Text aufgrund der Erwähnung von außergewöhnlichen Ereignissen und überirdischen Wesen (Engeln) oft als Legende bezeichnet.[43] Dabei faßte man allerdings den Begriff

[42] *Hamburger* (Anm. 18), 73.

[43] *M. Dibelius,* Die Formgeschichte des Evangeliums, Tübingen ⁴1961, 191; *R.*

Legende sehr weit und verstand ihn als Gegensatz zum protokollarischen Bericht (nicht aber zur Historizität). Innerhalb der Literaturwissenschaft ist »Legende« jedoch der Name für eine ganz bestimmte Erzählform: die erbauliche, auf Nachahmung hin angelegte Schilderung des Lebens einer überragenden Persönlichkeit.[44] Gerade die für eine Legende typischen Merkmale fehlen aber Mk 16,1–8. (Die Bezeichnung »Legende« ist hier außerdem deshalb ungeeignet, weil »Legende« vielfach als eine völlig frei erfundene und unwahre Geschichte gilt, mitunter sogar in einem Wortspiel »Lügende« genannt wird.)

Neuerdings wurde mehrfach versucht, den Text bzw. die ihm zugrundeliegende Fassung als Kultätiologie zu charakterisieren,[45] das heißt als eine Geschichte, die erzählt wurde, um einen bestehenden Kult zu begründen. Die Zeit- und Ortsangaben, die Nennung des jungen Mannes in weißen Kleidern (ein Täufling?), der Besuch des Grabes und die den Besuchern ausgerichtete Kunde sollen demnach einen jährlich an bzw. in der Grabesstätte gefeierten Kult widerspiegeln und diesen erklären. Hier und da muß in der Bibel gewiß mit Kultätiologie gerechnet werden, aber diese Kategorie trifft auf die Grabesüberlieferung nicht zu, allein schon deshalb nicht, weil

Bultmann, Die Geschichte der synoptischen Tradition (FRLANT 29 = NF 12) Göttingen [8]1970, 300–313; *H. Graß,* Ostergeschehen und Osterberichte, Göttingen [3]1964, 20f.

[44] Vgl. die Anm. 22 zitierten Arbeiten. – Der Versuch von *G. W. Ittel,* Ostern und das leere Grab, Gütersloh 1967, 29f, die Elemente der Legende in Mk 16,1–8 aufzuzeigen, läßt das Versagen dieser Klassifizierung erst recht deutlich werden.

[45] *G. Schille,* Das Leiden des Herrn: Die evangelische Passionstradition und ihr Sitz im Leben: ZThK 52 (1955) 161–205, bes. 199; *W. Nauck,* Die Bedeutung des leeren Grabes für den Glauben an den Auferstandenen: ZNW 47 (1956) 243–267, hier 261; *L. Schenke*, Auferstehungsverkündigung und leeres Grab. Eine traditionsgeschichtliche Untersuchung von Mk 16,1–8 (SBS 33) Stuttgart 1968, 86–93; *B. M. F. van Iersel*, Jesus verrijzenis in het Nieuwe Testament. Informatie of interpretatie?: Vox theologica 37 (1967) 131–143, hier 138–140; *J. Delorme*, Résurrection et tombeau de Jésus: Marc 16,1–8 dans la tradition évangelique, in: *P. de Surgy-P. Grelot u. a.* (Hrsg.), La résurrection du Christ et l'exégese moderne (Lectio Divina 50) Paris 1969, 105–151, hier 123–129. *P. Stuhlmacher,* »Kritischer müßten mir die Historisch-Kritischen sein«: ThQu 153 (1973) 245–251, hier 248, beurteilt Mk 16,1–8 in freier Anlehnung an L. Schenke »als eine alte Jerusalemer Glaubenslegende, die in ätiologischer Form begründet, weshalb sich die Christen in Jerusalem der Verehrung Jesu als eines noch im Grabe ruhenden prophetischen Märtyrers gerade verwehren und ihn angesichts seines leeren Grabes als bereits auferstandenen Herrn anbeten und verkündigen müssen«.

der Text selbst keinen Anhaltspunkt für eine kultische Verehrung des Grabes bietet und eine solche auch sonst nicht bezeugt ist.
Die vereinzelt vorgenommene Klassifizierung legendenhaftes Apophtegma (die um ein Logion gerankte Schilderung),[46] trifft ebensowenig zu wie katechetische Erzählung[47]. Auch der vor kurzem mehrfach gemachte Versuch, die Grabesgeschichte aufgrund formaler, strukturaler Verwandtschaft den Wundergeschichten (Notlage V. 1–3; Überwindung der Notlage V. 4–6; Chorschluß V. 8) zuzuordnen, wird dem Text in seiner vorliegenden Fassung nicht gerecht.[48]

Beachtet man hingegen die sprachliche Form und den einzigartigen, analogielosen Inhalt der Perikope im Zusammenhang mit damals verbreiteten Aussageweisen (Theophaniegeschichten, Haggada, apokalyptische Literatur), dann läßt sich die Gattung am besten als *urkirchliche Verkündigung nach Art von Haggada und apokalyptischer Literatur* kennzeichnen.[49] Im Mittelpunkt des Textes steht die urkirchliche Osterbotschaft; diese wird im Rahmen einer lebendigen Szene von einem himmlischen Boten verkündet, der nach Art eines angelus interpres (vgl. z. B. Dan 7,16; Sach 1,8f. 13ff; 2,2–4; Offb 1,1; 5,2; 22,8; Mt 1,18ff; Lk 2,8–14) den Frauen die Geschichte deutet, ihnen einen Auftrag erteilt und in ihnen zunächst allergrößte Betroffenheit, ja sogar Schweigen (vgl. Offb 1,17; Dan 7,16.28; 8,17.27; 10,7) auslöst. Eine solche haggadische Erzählweise, mittels derer man in Form einer Geschichte ein überliefertes Geschehen aufzuhellen sucht und bei der man gern von Engeln sprach (z.B. Apg 7,30.35.38.53; Gal 3,19; Hebr 2,2; vgl. die sogenannten

---

46 *A. Mahoney*, Two Disciples at the Tomb. The Background and Message of John 20,1–10 (Theologie und Wirklichkeit 6) Frankfurt 1974, 161.

47 *M. Brändle*, Die synoptischen Grabeserzählungen: Orientierung 31 (1967) 179–184, hier 183.

48 *W. Schmithals*, Der Markusschluß, die Verklärungsgeschichte und die Aussendung der Zwölf: ZThK 69 (1972) 379–411, hier 380; vgl. auch die für unser Ziel wenig ergiebigen Strukturanalysen von *E. Güttgemanns*, Linguistische Analyse von Mk 16,1–8, in: »Linguistische« Theologie (Anm. 18), 59–100 und *L. Marin*, Die Frauen am Grabe. Versuch einer Strukturanalyse an einem Text des Evangeliums, in: Erzählende Semiotik (Anm. 18), 67–85.

49 Vgl. unter Hinweis auf *W. Trilling*, Christusverkündigung in den synoptischen Evangelien, München 1968, 228–230 (zu Mt 28) *Kremer* (Anm. 9), 73; *ders.*, Zur Diskussion über »das leere Grab«. Ein Beitrag zum Verständnis der biblischen Überlieferung von der Entdeckung des geöffneten, leeren Grabes, in: Resurrexit (Anm. 13), 137–168, hier 150.

Kindheitsevangelien und die Weiterbildung unseres Textes in Mt 28,2–5), war in der Umwelt des Neuen Testaments verbreitet. Die Verwandtschaft mit apokalyptischer Ausdrucksweise ist nicht ungewöhnlich bei einer Botschaft, deren Inhalt die Erfüllung eschatologischer und apokalyptischer Erwartungen (Auferstehung der Toten) bildet. Charakteristisch ist für die Art der Darstellung schließlich noch, daß sie auch Elemente urkirchlicher Apologetik aufweist (z. B. der große Stein; vielleicht auch das Schweigen der Frauen). Da es sich bei dieser Gattung letztlich um eine zwar mit haggadischen und apokalyptischen Texten verwandte, aber durch ihren einzigartigen Inhalt bestimmte Erzählform handelt, die sich nur in den Osterevangelien findet, ist es angebracht, dafür auch den Begriff *Ostergeschichte* zu verwenden. Er unterscheidet sich vom »Osterbericht« dadurch, daß hier nicht über den Ablauf von Vorgängen ein protokollarischer Bericht erstattet, sondern eine das Ostergeschehen und die dadurch ausgelöste Geschichte betreffende Wahrheit in Form einer erzählten Geschichte bezeugt und gedeutet wird.

2.3. Redaktion und Tradition

Bei der Texterklärung fiel die Spannung zwischen V. 7 und V. 8 auf. Diese Nahtstelle wie auch einige stilistische Eigentümlichkeiten stellen uns vor die Frage, ob und inwieweit hier wie bei anderen Texten der Evangelien eine Scheidung zwischen markinischer Redaktion und vorgegebener Tradition möglich ist. Daß Markus hier auf vorgegebenen mündlichen oder sogar schriftlichen Überlieferungen fußt, wird allgemein angenommen.

Auf eine von Markus übernommene Vorlage weisen vor allem folgende Indizien hin:
1. Die aramäisch klingende Angabe »am ersten Tag der Sabbate«.
2. Die Aufzählung der drei Frauen, die bei einem gemeinsamen Grundbestand der Namen in der Einzelbezeichnung von den Angaben in 15,40.47 abweicht, wie die folgende Übersicht erkennen läßt:

15,40	*15,47*	*16,1*
Maria von Magdala	Maria von Magdala	Maria von Magdala
Maria des Jakobus		
des Kleinen und		
des Joses Mutter	Maria des Joses	Maria des Joses
und Salome		und Salome

3. Die V. 5b–6a geschilderte Erscheinung des himmlischen Boten und dessen Botschaft; denn die verkündete Osterbotschaft ergeht in der auch sonst bezeugten urkirchlichen Sprache; die Schilderung des Boten ist für Markus höchst ungewöhnlich.
4. Die Reaktion der Frauen auf die Botschaft mit Furcht, Zittern, Entsetzen und Flucht (8a) (vgl. Joh 20,2).

Als Spuren markinischer Redaktion werden besonders genannt:
(1) V. 8b paßt auffallend zu den markinischen Schweigegeboten (1,44; 3,12; 5,43; 7,36; 8,30; 9,9) und dem markinischen Motiv des Unverständnisses der Jünger (6,52; 8,21)
(2) V. 7 ist engstens mit der Voraussage 14,28 verknüpft, die ebenfalls von Markus dem Zusammenhang eingefügt wurde.
(3) V. 3–4 sind sprachlich engstens mit 15,46 verwandt und vermutlich in Anlehnung daran formuliert.
(4) Das Salbungsmotiv in V. 1b weist zurück auf die von Markus vorgefundene, aber seinem Passionsbericht eingegliederte Szene 14,3–9. Es könnte darum gut erst von Markus mit einer vorgegebenen Ostererzählung verbunden worden sein (es fehlt bei Mattäus und Johannes).
(5) Vielleicht ist V. 2 die Zeitangabe »als die Sonne aufgegangen war«, die nicht gut zu der Bestimmung »sehr früh« paßt, von Markus nachgetragen worden.
Angesichts der Quellenlage ist es im einzelnen unmöglich, in Mk 16,1–8 zwischen Tradition und Redaktion sauber zu unterscheiden.[50] Lediglich als Hypothese kann daher erwogen werden, ob Markus nicht eine Vorlage redigierte, die etwa V. 1a.2a.5.6.8a umfaßte:

> Als der Sabbat vorüber war [kommen] Maria von Magdala und Maria
> sehr früh am ersten Wochentag zum Grab.

[50] *Pesch* vertritt neuerdings die Auffassung, daß Mk die ganze Perikope (abgesehen von V. 1) in der vorgefundenen Weise wiedergebe (Anm. 34), 378–384.386.

> Als sie in das Grab hineingingen, sahen sie einen jungen Mann, auf der rechten Seite sitzen, bekleidet mit einem weißen Gewand. Und sie erschraken. Er aber sagt zu ihnen: »Erschreckt nicht! Jesus sucht ihr, den von Nazaret; er ist nicht hier. Seht den Ort, wo sie ihn hingelegt hatten«.
> Sie gingen hinaus und flohen vom Grab; denn Zittern und Entsetzen hatte sie erfaßt.

Da diese hypothetisch angenommene Überlieferung ein Interesse am Grab Jesu, an den Namen der Frauen und eine aramäisierende Tagesbezeichnung aufweist und in ihr eine Reflexion über die Bedeutung der Auferstehung fehlt, könnte dafür auf ein hohes Alter und eine Herkunft aus Palästina geschlossen werden. Wie eine solche vermutete Tradition entstand, ist noch schwerer auszumachen. Verlockend ist die Annahme, die V. 5–6 geschilderte Engelserscheinung sei erst auf einer zweiten Stufe dieser Überlieferung zugewachsen, da bei ihrer Ausklammerung ein Text zum Vorschein kommt, der auffallend mit Joh 20,1–2 verwandt ist und einigen Autoren als ältester Bericht gilt.[51]
Warum aber dann schon früh mit diesem Kurzbericht eine Engelserscheinung verbunden wurde, dafür werden verschiedene Erklärungen (Hypothesen) vorgeschlagen: Jahrhunderte hindurch war man der Annahme, eine tatsächlich stattgefundene Engelserscheinung am Grab bilde dafür die Grundlage. Aber zumindest dürfen nicht überall, wo die Bibel von Engelserscheinungen spricht, auch solche als wirklich geschehen vorausgesetzt werden (vgl. Joh 12,29; Gal 3,19). Sehr oft dient in der Bibel und besonders in der apokalyptischen Literatur die Erwähnung eines Engels dazu, eine Aussage als übermenschliche Botschaft zu bestätigen. Außerdem weichen die Angaben in den vier Osterevangelien sehr voneinander ab (betreffs Anzahl, Ort und Zeit). Deshalb nehmen heute die meisten Ausleger an, es handle sich bei der Erwähnung von Engeln in der Grabesüberlieferung nur um eine Aussageweise. Als deren

---

[51] *P. Benoit*, Marie-Madeleine et les disciples au tombeau selon Jo 20,1–18, in: *W. Eltester* (Hrsg.), Judentum, Urchristentum, Kirche (Fschr. J. Jeremias) Berlin ²1964, 141–152, hier 142.149f; *J. Jeremias*, Neutestamentliche Theologie I. Die Verkündigung Jesu, Gütersloh 1971, 289f; vgl. *E. Ruckstuhl*, Die evangelischen Ostererzählungen, in: *E. Ruckstuhl-J. Pfammatter* (Hrsg.), Die Auferstehung Jesu, Luzern 1968, 44–50, hier 49.

Haftpunkt in der Geschichte wird vereinzelt eine Christophanie vor den Frauen am Grab (vgl. Mt 28,9–10; Joh 20,14–17) angegeben, die aus apologetischen Gründen (daß die Osterbotschaft nicht auf dem unzuverlässigen Zeugnis von Frauen fußt) in eine Engelserscheinung umgewandelt wurde[52] (vgl. die Wiedergabe der Erscheinung Jahwes in Ex 3,14 als Erscheinung des »Engels des Herrn«). Andere sehen diese Aussageweise in den Erscheinungen des Auferstandenen vor den Jüngern verankert, auf die in Form einer Engelsbotschaft Bezug genommen wurde, um den überirdischen Ursprung der Osterbotschaft aufzuzeigen.[53]

Keine der bisher vorgetragenen Hypothesen vermag in zufriedenstellender Weise die Entstehung des vorliegenden Textes oder einer vermuteten Vorlage zu erklären. Zu Recht wird neuestens gefordert, die Bildung von Mk 16,1–8 mehr noch als bisher in Verbindung mit der ganzen Passionsgeschichte zu betrachten.[54] Außerdem ist die Gesetzmäßigkeit zu berücksichtigen, die auch sonst zur Bildung von Geschichten und Anekdoten führt. Inwieweit die urkirchlichen Erzähler dabei durch vorhandene Muster (»pattern«) und angeborene Fähigkeiten (»generative Grammatik«)[55] im einzelnen geleitet wurden, ist noch nicht geklärt und wird sich vermutlich auch nicht klären lassen. Der Exeget muß hier eingestehen, daß er wegen der Quellenlage mit seinen Methoden nicht alle Rätsel lösen kann. Mit Sicherheit kann er jedoch feststellen, daß die urkirchlichen Erzähler der Ostergeschichten an vorgegebene Fakten (an Geschichte) anknüpften. Dazu gehören, wie schon 1 Kor 15,3–5 bezeugt, einerseits Tod und Begräbnis Jesu und zum anderen die urkirchliche Verkündigung der Auferstehung des Gekreuzigten un-

---

[52] *C. Masson,* Le tombeau vide. Essai sur la formation d'une tradition: RTPhil 32 (1944) 161–174; *M. Hengel,* Maria Magdalena und die Frauen als Zeugen, in: *O. Betz-M. Hengel* (Hrsg.), Abraham unser Vater (Fschr. O. Michel) Leiden-Köln 1963, 243–256, hier 252–256.

[53] *A. Vögtle,* Werden und Wesen der Evangelien, in: *L. Klein* (Hrsg.), Diskussion über die Bibel, Mainz 1963, 73–75; *ders.,* Was heißt »Auslegung der Schrift«?, in: *W. Joest-F. Mußner u.a.* (Hrsg.), Was heißt Auslegung der Heiligen Schrift, Regensburg 1966, 63f; *Ruckstuhl* (Anm. 51), 48; *Kremer* (Anm. 9), 81; dagegen wird mit Recht eingewandt, die Existenz eines Berichtes vom leeren Grab, der keinen direkten Bezug zur Osterverkündigung enthalte, sei unwahrscheinlich. *Delorme* (Anm. 45), 138; ebenso *Léon-Dufour* (Anm. 35), 160f.

[54] *Pesch* (Anm. 34), 372–375.

[55] Vgl. *Güttgemanns* (Anm. 18), 2–12.

ter Hinweis auf die ersten Zeugen (Petrus, die Apostel). Nach den meisten Exegeten zählt dazu außerdem das Faktum der Entdeckung des geöffneten und leeren Grabes.

Exkurs: War das Grab Jesu leer?

Seit der Aufklärungszeit wird die Frage, ob das Grab Jesu wirklich leer war, diskutiert (s. w. o. S. 14f). Sehr oft wurde in ihrer Beantwortung ein Indiz für die Leugnung oder Bejahung der Osterbotschaft gesehen. Zur Entschärfung der Problematik kann zunächst daran erinnert werden, daß zumindest vom heutigen Verstehenshorizont aus das leere Grab keine unabdingbare Voraussetzung für die Wahrheit der Osterbotschaft ist, da die Existenz des Auferstehungsleibes nicht von seiner materiellen Identität mit dem biochemischen Substrat des irdischen Leibes abhängt (s. w. o. S. 18). Deshalb können heute auch ernsthafte Verteidiger der kirchlichen Osterbotschaft die These vertreten, Jesu Grab sei wahrscheinlich nicht leer gewesen.

Als Gründe für die Kritik lassen sich vor allem folgende aufzählen:
1. In den ältesten Zeugnissen fehlt nicht nur ein direkter Hinweis auf das leere Grab, sondern vor allem jegliche Argumentation unter Berufung auf dasselbe.
2. Die aus jüngerer Zeit stammenden Evangelientexte kommen für den Historiker zudem wegen ihrer widersprüchlichen Angaben nicht als zuverlässige Quellen in Betracht. Vermutlich, so wird argumentiert, war das Grab Jesu den Aposteln überhaupt nicht bekannt.[56]
3. Schließlich spricht das wunderbare Verschwinden des Leichnams aus dem Grab gegen jede Analogie zu innerweltlichem Geschehen.

Weitaus die meisten Exegeten[57] halten trotz dieser Bedenken an der

---

[56] *I. Broer,* Die Urgemeinde und das Grab Jesu (StANT 31) München 1972, bes. 280–294; dagegen *J. Kremer,* ThR 69 (1973) 460–461. Die von *Stuhlmacher* (Anm. 45), 247f angeführten neuesten Ausgrabungsergebnisse (Fund der in einem Felsengrab beigesetzten und mit Öl gesalbten Gebeine eines gekreuzigten Juden aus dem 1. Jhdt.) bilden eine interessante Analogie zu den biblischen Angaben.

[57] Z. B. Blank, Blinzler, Bode, v. Campenhausen, Delorme, Dhanis, Grundmann,

Zuverlässigkeit der biblischen Aussagen über das leere Grab fest, und zwar aus folgenden Gründen:

1. Offenbarungen und Deutungen in der apokalyptischen Literatur nehmen meist auf geschichtliche Ereignisse Bezug und knüpfen daran an. Von der literarischen Gattung aus ist deshalb mit einem historischen Kern der Überlieferung zu rechnen.

2. Selbst eine kritische Exegese der Grablegungsgeschichte ergibt, daß das Grab Jesu bekannt war. Wenn aber ein Kult dieses Grabes, womit in der jüdischen Umwelt zu rechnen war[57a], ausblieb, so muß es dafür eine Erklärung geben.

3. Es entsprach damaligem Gebrauch, daß Frauen die Gräber von Toten besuchten und die während des Sabbats unterbrochene Totenklage wieder aufnahmen. Die Entdeckung des geöffneten, leeren Grabes durch Frauen kann außerdem kaum als Erfindung der Urkirche erklärt werden, da Frauen nicht als zuverlässige Zeugen galten und die Gemeinde sich ihre Verkündigung dadurch nur erschwert hätte (vgl. Lk 24,11).

4. Die Osterbotschaft implizierte für Juden das leere Grab, da ihnen die abendländischem Denken vertraute Trennung von Leib und Seele nicht geläufig war. Hätte man in Jerusalem auf den Leichnam Jesu im Grab zeigen können, wäre die Verkündigung der Osterbotschaft unmöglich gewesen.

5. Das leere Grab Jesu wurde auch von den Gegnern nicht bestritten, sondern nur anders gedeutet (vgl. Mt 28,13 ff).

6. Für die Auferweckung des Gekreuzigten als der neuen Schöpfungstat Gottes gibt es keine Analogie in der bestehenden Weltordnung; deshalb kann auch für die Offenbarung dieser Machttat Gottes nicht a priori gefordert werden, daß sie in Analogie zu dem innerweltlichen Geschehen stehen müsse.

Aus der Sicht des kritischen Forschers gilt darum auch heute noch: »Es spricht vieles für und nichts Durchschlagendes und Bestimmtes gegen sie (die Tradition vom leeren Grab); sie ist also wahrscheinlich historisch«.[58]

Hengel, Lehmann, Léon-Dufour, Lichtenstein, Manek, Martini, Mußner, Nauck, Rengstorff, Ruckstuhl, Schenke, Schmitt, K. Schubert, Schwank, Schweizer, Seidensticker, Strobel, Stuhlmacher, Trilling, Vögtle, Wilckens. *Vögtle* änderte seine Meinung: vgl. (Anm. 2), 130.

[57a] Vgl. *J. Jeremias*, Heiligengräber in Jesu Umwelt, Göttingen 1968, 127–129. 144–145.

[58] *H. v. Campenhausen*, Der Ablauf der Osterereignisse und das leere Grab. Sit-

2.4. Bedeutung für den Leser

Bei der Untersuchung, wie groß der Anteil vormarkinischer Tradition ist und wie es im einzelnen zu dieser Überlieferung kam, mußten und müssen viele Fragen offen bleiben. Dennoch ist es nicht unmöglich, das näher zu bestimmen, was der Evangelist mit dieser Ostergeschichte in der vorliegenden Fassung seinen Lesern sagen wollte und was diese für uns heute noch bedeutet. Der Inhalt der Perikope kann mit folgenden Worten zusammengefaßt werden: Derjenige, von dem das ganze Buch berichtet, gehört nicht zu den Toten, und zwar trotz seiner Kreuzigung; sein Werk geht weiter – die Existenz des Markusevangeliums ist dafür ein Zeugnis –, und zwar weil er selbst dank eines staunenerregenden Geschehens nicht mehr im Grab ist, sondern lebt und seinen Jüngern erscheint; dies ist die von Gott gegebene Deutung des Beginns der urkirchlichen Predigt über Jesus Christus, den Sohn Gottes. Wenn der Evangelist diese Gedanken in Form einer Ostergeschichte darbietet, dann wird eine bloße Wiedergabe des Inhalts dem Text nicht gerecht. Der Leser muß sich immer wieder in den Bann der Erzählung ziehen und sich durch sie ansprechen lassen. Die folgenden Gedanken zu einzelnen Motiven wollen dazu anleiten.

1. Frauen entdecken das geöffnete Grab. Markus – und wohl vor ihm schon ein anderer – greift die ihm zugekommene Nachricht, daß Frauen Zeugen des Todes und Begräbnisses Jesu waren, auf und erzählt von ihnen in anschaulicher, vergegenwärtigender Weise: sie finden nach drei Tagen gegen ihre Erwartung Jesu Grab geöffnet und anstelle des Leichnams den himmlischen Boten, der ihnen eine Botschaft ausrichtet. Das auf unerklärliche Weise geöffnete und leere Grab ist für sie ein Zeichen, das sie betroffen und aufnahmebereit macht für die Erklärung und das als Bestätigung für die Osterbotschaft dient. Der Evangelist reflektiert nicht darüber, ob nun tatsächlich Frauen das geöffnete, leere Grab Jesu entdeckten oder nicht; er stellt hingegen dem Leser die Verwunderung der Frauen vor Augen. Damit lädt er ihn ein, ebenfalls über den unerklärlichen und verborgenen Grund der Osterbotschaft – das leere Grab ist ihm

---

zungsberichte der Heidelberger Akademie der Wissenschaften (Phil. hist. Kl., Jg. 1952, Abh. 4) Heidelberg [3]1966, 42.

dafür ein sinnfälliges, sprechendes Zeichen – zu staunen und sich in seiner Selbstsicherheit erschüttern zu lassen. Im Falle des gekreuzigten Jesus von Nazaret wurde also – die folgende Botschaft des Engels deutet das Zeichen unmißverständlich – das allen bekannte, unerbittliche Gesetz des Todes durchbrochen. Die Tatsache, daß nach dem Tod und Begräbnis Jesu in Palästina über das Schicksal Jesu auf diese Weise gesprochen wurde, vermag auch heute noch Verwunderung zu wecken und zwingt zum Nachdenken über die kirchliche Verkündigung.

2. Botschaft Gottes. Markus schildert, daß den Frauen die in der Kirche proklamierte Osterbotschaft durch einen himmlischen Boten verkündet wird. Damit betont er: die kirchliche Osterbotschaft ist »Wort Gottes« und nicht etwa menschliche Erfindung oder Illusion (z. B. Produkt menschlichen Wunschdenkens). Nach der Darstellung des Evangelisten konnten nicht einmal die Jünger und Frauen, die Jesus erlebt hatten, von sich aus zu einer solchen Erklärung des Schicksals Jesu gelangen. Gegenüber dieser im Namen Gottes vorgetragenen Botschaft kann sich auch der heutige Leser nicht neutral verhalten; er wird vor die Entscheidung gestellt, entweder im Eingeständnis der Grenzen seines Wissens demütig dieser Kunde Glauben zu schenken oder unter der Berufung auf eigene Erklärungen – sind diese so überzeugend? – den Glauben zu verweigern.

3. Er wurde auferweckt. Aus dem Kontext ist unschwer zu erkennen, wie der Evangelist diese in seiner Gemeinde verbreitete Formulierung der Osterbotschaft versteht. Denn erstens erzählt er ja zuvor, daß der Stein des Grabes auf wunderbare Weise weggewälzt und damit ebenso wie der Zutritt zum Grab offenbar auch das Verlassen des Grabes möglich wurde. Zweitens schildert er, daß sich die Frauen davon überzeugen können: der Gekreuzigte ist nicht mehr im Grab. Drittens läßt er den Jüngern die Nachricht zukommen, daß der Gekreuzigte ihnen nach Galiläa vorangehe und sie ihn dort sehen würden. »Auferweckt« heißt demnach für den Evangelisten: nicht mehr im Grab, nicht mehr bei den Toten, und zwar kraft eines machtvollen Wirkens Gottes. Auf den ersten Blick hin könnte diese Aussage – aus der Sicht heutiger Religionswissenschaft – nach Art eines Mythos von der Rückkehr des Toten in das Leben dieser

Welt gedeutet werden. Vor einer solchen Fehlinterpretation sollte aber schon der Umstand warnen, daß jegliche Schilderung des Vorgangs der Auferstehung fehlt. Wenn auch die Erzählung des Evangelisten nicht direkt auf heutige Fragestellungen Bezug nimmt, so hat sie für den Ausleger unserer Tage einen kaum zu unterschätzenden Wert; denn sie bietet sozusagen eine authentische Interpretation der kirchlichen Verkündigung: der Gekreuzigte ist nicht mehr bei den Toten, sondern lebt.

4. Sagt seinen Jüngern. Der den Frauen vom Engel übermittelte Auftrag an die Jünger spiegelt zunächst die auch sonst in der Urkirche vorhandene Überzeugung wider, daß mit der Osterbotschaft im allgemeinen ein Auftrag verbunden ist. Wer erfahren darf, daß der Gekreuzigte lebt, kann diese Erkenntnis nicht für sich behalten. Wenn den Jüngern ausgerichtet wird, daß ihnen der Auferweckte nach Galiläa vorangehe und sie ihn dort sehen werden, heißt das ferner: nicht nur die Sache Jesu geht weiter, sondern er selbst führt sein Werk fort. Die Ablehnung, die Jesus durch die leitenden Stellen Israels erfuhr, konnte zwar das endgültige Offenbaren der Gottesherrschaft hinauszögern, aber nicht vereiteln. Indem der Auftrag an die Frauen gerade den Jüngern gilt, die bei der Passion geflohen waren, und dem Petrus, der seinen Herrn verleugnete und damit die Jüngerschaft aufkündigte, wird deutlich: Trotz ihres Versagens werden die Jünger zur Fortführung seines Werkes berufen; ihre Predigt geht auf den Auferstandenen zurück; der Auferstandene selbst ist also der Urheber der kirchlichen Mission. Wer heute die Kunde von der Auferstehung gläubig annehmen darf, erhält damit zugleich den Auftrag, sie weiterzusagen.

5. Flucht, Furcht und Schweigen der Frauen. In dem rätselhaften Schluß des Markusevangeliums lenkt der Evangelist zunächst die Aufmerksamkeit auf das Verhalten der Frauen. Sie sind bekannt als Zeugen des irdischen Wirkens und sogar – im Unterschied zu den Jüngern – des Todes und Begräbnisses Jesu; ihr Besuch des Grabes kann als Ausdruck ihrer über den schmachvollen Tod hinaus bleibenden Anhänglichkeit und Treue gewertet werden. Dennoch sind sie über die Osterbotschaft erschrocken. Aus der Sicht des Evangelisten, dem die Sprache der apokalyptischen Literatur vertraut war, kann das zunächst nur heißen: die Osterbotschaft ist keine Nachricht wie jede andere. Wer sie vernimmt, der muß zutiefst erschrekken; denn er steht dem Wirken Gottes in dieser Welt gegenüber. Der am Kreuz hingerichtete Mensch Jesus von Nazaret ist dann in der Tat Gottes Sohn (15,39), der Gekreuzigte ist der Menschensohn und Richter (14,62). Wer von den Menschen, deren Vertreter ihn gekreuzigt haben, kann dies hören, ohne darüber zu erschrecken?

Mit der Bemerkung, daß die Frauen aus Furcht schweigen und keinem etwas sagen, kann Markus wohl auf ganz konkrete Erfahrungen seiner Leser anspielen, die uns nicht bekannt sind. Wollte er damit in apologetischer Absicht seinen Erstlesern gegenüber betonen, daß die Osterbotschaft nicht von den Frauen, sondern von den Jüngern ihren Anfang nahm (vgl. Mk 9,9)? Oder wollte er andeuten, daß wie die Jünger während des Wirkens Jesu oftmals seine Worte und Taten nicht verstanden (z. B. Mk 6,52), so auch die Frauen der Osterbotschaft zunächst kleingläubig und verständnislos gegenüberstanden? In diesem Fall – wofür mehr spricht – wäre das Verhalten der Frauen ein Bild für die allgemeine Verständnislosigkeit und Herzenshärte der Menschen, die der heilenden und ermutigenden Wirkung des heiligen Geistes bedürfen, um die Osterbotschaft annehmen und verkünden zu können. Indem sich der Schluß des Markusevangeliums einer eindeutigen Erklärung entzieht, wird er für uns ein Ansporn, weiter über den Sinn der ganzen Ostergeschichte und des ganzen Evangeliums nachzudenken und uns so für die unauslotbare Tiefe der Osterbotschaft zu öffnen.

3. Die Osterevangelien des Mattäus

Wie das Markusevangelium endet auch das des Mattäus nicht mit der Schilderung des Todes und des Begräbnisses Jesu. Doch weicht das Schlußkapitel des Mattäusevangeliums in wichtigen Punkten von dem des Markus ab: einmal enthält die Grabesgeschichte zusätzliche Angaben über Wächter, Erdbeben und eine Erscheinung des Auferstandenen vor den Frauen (27,62–28,15); zum anderen folgt darauf noch die kurze Schilderung der Erscheinung des Auferstandenen vor den Jüngern auf einem Berg in Galiläa (28,16–20). Obwohl letztere in enger Verbindung mit der Grabesgeschichte steht, bildet sie in etwa eine eigene Einheit, die es gestattet, sie getrennt zu behandeln.

Das dem Apostel Mattäus zugeschriebene Evangelium wurde zwischen den Jahren 85–90 von einem uns unbekannten Verfasser geschrieben, den wir, dem eingebürgerten Brauch folgend, Mattäus nennen. Es ist, wie heute meistens angenommen wird, vom Markusevangelium, von einer Mattäus mit Lukas gemeinsamen Quelle (Q) und von Sonderüberlieferungen abhängig.[59] Dem Verfasser kam es vor allem darauf an, Jesus von Nazaret gegenüber den Vorwürfen seitens jüdischer Kreise als den erwarteten Messias und den Sohn Gottes zu bezeugen. Die Weisungen Jesu umfassen nach ihm »Neues und Altes« (vgl. 13,52); sie bilden für seine aus der jüdischen Glaubensgemeinschaft ausgegliederte Kirche (»meine Kirche« 16,18), die das neue Israel ist (21,43), die Erfüllung der Tora (5,17ff; 7,12; 22,40). Im Rahmen der Darstellung des Wirkens Jesu

---

[59] Vgl. *Kümmel* (Anm. 29), 76–89; *Wikenhauser-Schmid* (Anm. 29), 234–236, anders allerdings *Léon-Dufour* (Anm. 35), 149f.

wird mehrfach auf das Schicksal Jesu, seine Verwerfung durch die Obrigkeiten des Volkes Israel und seine Auferweckung hingewiesen (2,1ff; 16,21; 17,9.23; 20,19; 26,32). Noch deutlicher als im Markusevangelium wird betont, daß Jesus der »Sohn« ist, dem vom Vater alles übergeben ist (11,27) und den seine Jünger, besonders Petrus, als den bekennen, der »der Sohn des lebendigen Gottes« ist (16,16; vgl. 14,33; 27,54).

Die mattäische Schilderung des Todes Jesu weicht in zwei Passagen von der markinischen Vorlage ab: sie schreibt die Verantwortung für den Tod Jesu dem ganzen Volk in Jerusalem zu (27,25; s. w. u. S. 77) und erwähnt ein Beben der Erde, so daß sich die Gräber öffnen und viele Tote diese verlassen (27,51–53). Letzteres ist offensichtlich ein Hinweis darauf, daß der Tod Jesu Anfang der Auferstehung der Toten und die Erfüllung von Ez 37,13 bedeutet: »Wenn ich eure Gräber öffne und euch, mein Volk, aus den Gräbern hervorhole, dann werdet ihr erkennen, daß ich der Herr bin«.[60] Unter dem Eindruck dieser nach Darstellung des Evangelisten äußerlich wahrnehmbaren Vorgänge betont der Hauptmann zusammen mit den anderen Wachhabenden die göttliche Majestät des Gekreuzigten, indem er – ähnlich wie der Centurio bei Markus, aber unter Auslassung des Wortes »Mensch« – bekennt: »Wahrhaft, dieser war Gottes Sohn« (27,54). In Abänderung der markinischen Vorlage spricht Mattäus außerdem von »vielen« Frauen, die nicht bloß »von ferne zuschauen«, sondern dort sind, und unter denen dann auch die von Markus Genannten eigens aufgezählt werden. Bei der Schilderung des Begräbnisses Jesu durch Josef von Arimatäa hebt Mattäus hervor, daß dieser den Leichnam Jesu in ein »reines« Linnen einwickelt, ihn in ein »neues« Grab legt, einen »großen« Stein davorwälzt und dann weggeht. Mattäus schließt die Angaben über das Begräbnis Jesu mit der Bemerkung: »Es waren aber dort Maria von Magdala und die andere Maria, die dem Grab gegenüber saßen« (27,61). Warum sie dort sitzen und sozusagen Wache halten, erklärt der Evangelist nicht. Wie aus dem folgenden hervorgeht, setzt Mattäus voraus, daß die Frauen diese Wache am Grab jüdischem Brauch gemäß bei Anbruch des Sabbats abbrechen und damit zugleich einer anderen Wache Platz machen. Stärker als Markus betont Mattäus

[60] Vgl. *M. Riebl*, Auferstehung Jesu in der Stunde seines Todes? Zur Botschaft von Mt 27,51b–53 (erscheint Stuttgart 1977).

besonders in der Passionsgeschichte, daß der von den maßgebenden Vertretern Israels abgelehnte, verworfene Jesus von Nazaret in der Tat der Messias und Sohn Gottes ist. Seine Majestät wird nicht zuletzt durch die Vorgänge offenbar, die mit seinem Sterben verknüpft sind.

3.1. Die mattäische Grabesgeschichte (27,62–28,15)

62 Am nächsten Tag, dem Tag nach dem Rüsttag, versammel-
ten sich die Oberpriester und Pharisäer bei Pilatus 63 und sag-
ten:
»Herr, wir haben uns daran erinnert, daß jener Betrüger, als
er noch lebte, sagte: ›nach drei Tagen werde ich auferste-
hen‹. 64 Befiehl nun, daß das Grab bis zum dritten Tag sicher
bewacht wird, damit nicht seine Jünger kommen, ihn
[nachts] stehlen und dem Volk sagen: ›Er wurde von den To-
ten auferweckt‹; und der letzte Betrug wird schlimmer sein
als der erste«.

65 Pilatus sprach zu ihnen: »Ihr sollt eine Wache haben!
Geht und sichert, wie ihr könnt«.

66 Sie aber gingen hin und sicherten das Grab, indem sie den
Stein versiegelten und eine Wache aufstellten.

1 Nach dem Sabbat aber, als es aufleuchtete zum ersten Wo-
chentag, kamen Maria von Magdala und die andere Maria, um
das Grab zu sehen.

2 Und siehe, es entstand ein gewaltiges Erdbeben; denn ein
Engel des Herrn stieg vom Himmel herab, trat hinzu und
wälzte den Stein weg und setzte sich darauf.
3 Sein Aussehen war wie ein Blitz und sein Gewand weiß wie
Schnee.
4 Aus Furcht vor ihm erbebten die Wächter und wurden wie
tot.

5 Der Engel aber antwortete und sprach zu den Frauen:
»Ihr, fürchtet euch nicht; denn ich weiß, ihr sucht Jesus, den
Gekreuzigten. 6 Er ist nicht hier; denn er wurde auferweckt,
wie er gesagt hat. Kommt, seht den Ort, wo er gelegen hat;
7 und geht schnell und sagt seinen Jüngern, daß er von den
Toten auferweckt wurde. Und siehe, er geht euch vorauf nach
Galiläa, dort werdet ihr ihn sehen.
Siehe, ich habe es euch gesagt«.

8 Und sie gingen schnell vom Grab weg, mit Furcht und gro-
ßer Freude und liefen, um es seinen Jüngern zu verkünden.
9 Und siehe, Jesus begegnete ihnen und sprach: »Seid ge-
grüßt«. Sie aber traten hinzu, umfaßten seine Füße und hul-
digten ihm.
10 Da sagt Jesus zu ihnen: »Fürchtet euch nicht! Geht weg,
verkündet meinen Brüdern, daß sie nach Galiläa gehen;
dort werden sie mich sehen«.

11 Während sie aber gingen, siehe, da kamen einige von der
Wache in die Stadt und meldeten den Oberpriestern alles, was
geschehen war.
12 Und nachdem sie sich mit den Ältesten versammelt und ei-
nen Beschluß gefaßt hatten, gaben sie den Soldaten viel Geld
13 und sprachen: »Sagt, daß seine Jünger des Nachts kamen
und ihn stahlen, während wir schliefen. 14 Und wenn dies
dem Statthalter zu Ohren kommt, werden wir (ihn) überre-
den und dafür sorgen, daß ihr nichts zu befürchten habt«.

15 Die aber nahmen das Geld und taten, wie sie belehrt wor-
den waren.
Und diese Rede wurde bei den Juden verbreitet bis auf den
heutigen Tag.

3.1.1. Texterklärung

Der ohne wichtige Varianten überlieferte Text Mt 27,62–28,15 weist eine wohlüberlegte Gliederung auf:
Auf die Ausführungen über die Bitte der Schriftgelehrten und Pha-

risäer um die Sicherung des Grabes und deren Gewährung durch Pilatus (27,62–66) folgen die Notiz über den Gang der beiden Frauen zum Grab (28,1), die kurze Schilderung von der Öffnung des Grabes durch den vom Himmel herabkommenden Engel des Herrn, vor dem die Wächter aus Furcht zu Tode erschrecken (28,2–4), ferner die Botschaft des Engels an die Frauen (28,5–7), die Angaben über ihr freudiges Weggehen (28,8) und ihre Begegnung mit dem Auferstandenen (28,9–10). Nach Art einer Inclusio schließt die Perikope mit dem Bericht über die Rückkehr einiger Wächter, über ihre Bestechung und das dadurch entstandene Gerücht (28,11–15).

27,62–66: Sicherung des Grabes

Am nächsten Tag, dem Tag nach dem Rüsttag: Es ist der Tag nach der Kreuzigung Jesu; die Bestimmung »nach dem Rüsttag« kennzeichnet ihn, ohne dies ausdrücklich zu sagen, als Sabbat, der den Juden seit frühester Zeit als heiliger Tag gilt.

versammelten sich die Oberpriester und Pharisäer bei Pilatus: Im allgemeinen führt Mattäus »die Oberpriester und Ältesten« als die an, die in besonderer Weise für die Kreuzigung Jesu verantwortlich sind (26,3.47; 27,12.20; 28,11.12). Die beiden hier genannten Gruppen werden dagegen noch 21,45 als die bezeichnet, die Jesus gemeinsam feindlich gegenüberstehen. Sie also versammeln sich, so erzählt es der Evangelist, an dem Tag, da sich die frommen Juden nur zum Gebet versammeln, im Hause des heidnischen Beamten.

und sagten: Herr, wir haben uns daran erinnert, daß jener Betrüger, als er noch lebte, sagte: nach drei Tagen werde ich auferstehen: Nicht ohne Ironie steht hier *κύριε* (Herr); die Gegner erkennen durch diese Anrede den verhaßten römischen Beamten als ihren »Herrn« an und nicht Jesus Christus, auf den bei Mattäus sonst diese Anrede beschränkt ist; ihn bezeichnen sie hingegen als einen »Betrüger«, das heißt als falschen Messias (vgl. 24,4f.24). Durch die Bezugnahme auf ihre »Erinnerung« deuten die Oberpriester und Pharisäer an, daß ihnen das Wissen um die Voraussage der Auferstehung nicht immer (wohl auch nicht im Prozeß) gegenwärtig war, sie ihnen aber jetzt klar vor Augen steht. Woher sie diese Ankündigung, die Jesus nach Mt 16,21; 17,23; 20,19 nur den Jüngern gegenüber geäußert hat, kennen, schreibt der Evangelist nicht.

Befiehl nun, daß das Grab bis zum dritten Tag sicher bewacht wird, damit nicht seine Jünger kommen, ihn (nachts) stehlen und dem Volk sagen: Er wurde von den Toten auferweckt; und der letzte Betrug wird schlimmer sein als der erste: Die Oberpriester und Pharisäer bitten Pilatus um eine sichere Wache für das Grab; denn sie fürchten, die Jünger könnten (wohl veranlaßt durch Jesu Voraussagen) den Leichnam Jesu stehlen und dem Volk die Auferstehung predigen. Auffallend ist hier folgendes: Erstens rechnen nach dieser Bitte die Gegner schon vor Ostern zwar nicht mit einer Auferstehung Jesu, wohl aber mit einem Diebstahl der Jünger (nach einigen Handschriften ahnen sie sogar schon, daß dieser Diebstahl »nachts« erfolgt). Zweitens kennen sie schon den Wortlaut der in der Urkirche verkündigten Osterbotschaft »er wurde von den Toten auferweckt« (vgl. Mt 28,7). Drittens bezeichnen sie die Verkündigung der Osterbotschaft als einen Betrug, der noch ärger sei als der erste Betrug, das heißt als Jesu Messiasanspruch.

Pilatus sprach zu ihnen: Ihr sollt eine Wache haben! Geht und sichert, wie ihr könnt: Die Antwort des Pilatus ist nicht ganz eindeutig zu übersetzen. Die Worte *ἔχετε κουστωδίαν* (»ihr sollt eine Wache haben« oder: »ihr habt eine Wache«) und *ὡς οἴδατε* (»wie ihr könnt« oder: »wie ihr wißt«) weisen einen Anflug von Skepsis auf.

Sie aber gingen hin und sicherten das Grab, indem sie den Stein versiegelten und eine Wache aufstellten: Die Oberpriester und Pharisäer (sie sind wohl das nicht ausdrücklich genannte Subjekt des Satzes) sichern daraufhin das Grab auf doppelte Weise: durch eine von ihnen selbst oder von den Soldaten vorgenommene Versiegelung des Grabsteines (vgl. Dan 6,18) und durch das Aufstellen einer Wache (diese ist wohl ähnlich wie Apg 12,4 vorzustellen, daß jeweils vier Soldaten Wache halten). Durch diese Maßnahme scheint jeder Diebstahl, aber auch jedes Verlassen des Grabes ausgeschlossen. Nach dem apokryphen Petrusevangelium, das im zweiten Jahrhundert nach Christus entstanden und von den neutestamentlichen Schriften abhängig ist,[61] gehen die Ältesten und Schriftgelehrten

[61] Vgl. *M. G. Mara,* Evangile de Pierre (SChr 201) Paris 1973, 149f; *Léon-Dufour* (Anm. 35), 164ff sieht hingegen im Petrusevangelium eine ältere Tradition.

mit der Wache zum Grab: »Und alle, die dort waren, wälzten zusammen mit dem Hauptmann und den Soldaten einen großen Stein herbei und legten ihn vor den Eingang des Grabes und legten sieben Siegel an, schlugen ein Zelt auf und hielten Wache« (8/31–33).

28,1: Kommen der Frauen zum Grab

Nach dem Sabbat aber, als es aufleuchtete zum ersten Wochentag: Die meist mit »nach dem Sabbat« übersetzte Zeitangabe (*ὀψὲ σαββάτων*) legt die Wiedergabe mit »spät am Sabbat« nahe. Eine solche könnte noch empfohlen werden durch die nähere Bestimmung *τῇ ἐπιφωσκούσῃ εἰς μίαν σαββάτων* (als es aufleuchtete zum ersten Wochentag); denn in fast gleichlautender Weise bezeichnet Lk 23,54 *καὶ σάββατον ἐπέφωσκεν* (und der Sabbat leuchtete auf) den Abend des Todestages Jesu. Demnach wäre das Kommen der Frauen zum Grab auf den späten Abend des Samstag zu datieren. Dagegen aber sprechen der Kontext (28,13 ist vorausgesetzt, daß den 28,2 ff geschilderten Vorgängen eine Nacht voraufgeht) und die Mattäus bekannte Zeitangabe von Mk 16,2 (»als die Sonne aufgegangen war«). Außerdem ist für *ἐπιψώσκειν* nur die Bedeutung »dämmern«, für *ὀψέ* hingegen außerhalb der Bibel auch die präpositionale Bedeutung »nach« belegt. Schließlich kann Mattäus kaum ein Irrtum über das Ende des jüdischen Tages (mit Sonnenuntergang, nicht aber mit der Dämmerung) zugemutet werden.[62] Die Partikel »aber« deutet an, daß das Folgende einen Kontrast zu dem vorher Erzählten bildet.

kamen Maria von Magdala und die andere Maria: Wie Mt 27,61 werden hier nur zwei Frauen genannt, während Mt 27,56, ähnlich wie immer bei Markus, drei Frauen namentlich angeführt werden. »Die andere Maria« ist offensichtlich die Mt 27,56 erwähnte Mutter von Jakobus und Josef. Woher sie kommen, wird nicht gesagt, doch ist vorausgesetzt, daß sie von ihrem Aufenthaltsort in Jerusalem oder Betanien aufgebrochen sind, wohin sie sich vermutlich zur Einhaltung der Sabbatruhe begeben haben.

---

[62] So mit Recht *M. D. Goulder* in einem Paper bei dem Meeting der SocNTS 1976.

um das Grab zu sehen: Damit wird das Motiv ihres Ganges zum Grab angegeben. Sie gehen nicht wie nach Markus und Lukas, um die Salbung nachzuholen (eine solche ist wegen der Versiegelung und Bewachung des Grabes unmöglich) und auch nicht allein, um die Totenklage, die während des Sabbats untersagt ist, fortzusetzen (dies setzt das Petrusevangelium voraus: »Wenn wir auch an jenem Tage, da er gekreuzigt wurde nicht weinen und klagen konnten, so wollen wir solches wenigstens jetzt an seinem Grab tun« 12/52), vielmehr sind sie unterwegs, um die Grabstätte zu »sehen«. Vermutlich denkt der Evangelist dabei daran, daß sie nach Art von Zeugen feststellen wollen, was sich mit dem Grab in der Zwischenzeit zugetragen hat. Für diese Interpretation sprechen folgende Gründe: 1. wird dasselbe Verbum *ϑεωρέω* (»sehen«) in diesem Sinn kurz vorher verwendet, um die Augenzeugenschaft der Frauen bei den Vorgängen in Verbindung mit der Kreuzigung auszudrücken (27,55); 2. legt die voraufgehende Geschichte von der Sicherung des Grabes bei dem Leser die Erwartung nahe, daß mit dem Grab Jesu etwas geschieht (dies wird im Petrusevangelium sogar – wohl in Abhängigkeit von Mattäus – ausdrücklich geschildert: »Frühmorgens, als der Sabbat anbrach, kam ein Volkshaufe aus Jerusalem und der Umgebung, um das versiegelte Grab zu sehen« 9/34); 3. schildert der Evangelist das Verhalten der Frauen als Kontrast zu dem der Oberpriester, Schriftgelehrten und Wächter; er deutet dadurch möglicherweise sogar an, daß auch die Frauen sich der Voraussagen Jesu erinnern und angesichts der Vorgänge bei der Kreuzigung mit der Auferstehung Jesu rechnen.

28,2–4: Öffnung des Grabes durch den Engel des Herrn

Und siehe, es entstand ein gewaltiges Erdbeben; denn ein Engel des Herrn stieg vom Himmel herab, trat hinzu und wälzte den Stein weg und setzte sich darauf: Die Einleitung »und siehe« lenkt die Aufmerksamkeit des Lesers auf das, was nun folgt. Sie zeigt zudem an, daß das im folgenden Geschilderte in enger zeitlicher Beziehung zu dem Voraufgehenden steht, das heißt, die Frauen werden bei ihrer Ankunft am Grab Zeugen eines großen Erdbebens, ebenso wie sie als Zeugen des Erdbebens in der Todesstunde Jesu gelten (27,51–55). Wie sich das große Erdbeben bemerkbar macht, woran

etwa seine Wucht zu erkennen ist, wird nicht dargelegt. Der Evangelist, der auch von einem Erdbeben beim Einzug Jesu in Jerusalem (21,10) erzählt und den Sturm auf dem Meer in einem solchen begründet sieht (8,24), gibt einzig den Grund an (»denn«): der vom Himmel herabsteigende und zum Grab hinzutretende Engel des Herrn wälzt den Stein weg und setzt sich darauf. Den »Engel des Herrn« erwähnt Mattäus außerdem in den Kindheitsgeschichten (1,20.24; 2,13). Indem er niemals dessen Namen nennt (anders Lk 1,19) und ihn sehr hoheitsgebietend darstellt, weckt er beim Leser den Eindruck, daß der Engel des Herrn hier wie mehrfach im Alten Testament (z. B. Gen 16,7ff; 22,11; Ex 3,2) der mächtige Repräsentant Jahwes ist. Nach der Konstruktion des Satzes (die ihn regierenden Prädikatsverba sind *ἀπεκύλισεν* [wälzte weg] – *ἐκάθητο* [setzte sich darauf]) ist das Erbeben die Folge der machtvollen Entfernung des großen Steines und der triumphalen Platznahme des Engels; es ist also nicht bloß Begleiterscheinung seiner Herabkunft (diese wird durch das Partizip *καταβάς* [herabsteigend] nur als Voraussetzung erwähnt) oder gar die Ursache für die Öffnung des Grabes. (Vgl. die Schilderung der Kreuzabnahme im Petrusevangelium 6/21: »Und da zogen die Juden die Nägel aus den Händen des Herrn und legten ihn auf die Erde. Und die ganze Erde erbebte«.)
Im Alten Testament und im jüdischen Schrifttum ist von Erdbeben vornehmlich in Theophanieberichten und Gerichtsszenen (z. B. Ex 19,18; Ps 114,7; Joel 2,10; 4,16; Jes 13,13; 24,18f; Ez 38,20) die Rede. Die Erschütterung der Erde gilt dort als ein eindrucksvolles Anzeichen für Gottes Nähe und Macht. So weist auch die Erwähnung des Erdbebens an dieser Stelle auf die Macht Gottes hin. Was die Gegner Jesu und seiner Jünger so klug und überlegt zur Bewachung des Grabes entbieten, macht der Bote Gottes in überlegener Weise zunichte; er läßt sich anstelle der Wächter auf dem Stein nieder.

Im Unterschied zum Petrusevangelium 9/35–11/44 schildert Mattäus die Auferweckung des Gekreuzigten nicht. Er deutet auch in keiner Weise an, daß Jesus das Grab erst nach dessen Öffnung verläßt, während der Evangelist über die Auferstehung vieler entschlafener Heiliger schreibt, daß sie nach der Öffnung der Gräber in der Todesstunde Jesu diese verlassen (27,52f).

Sein Aussehen war wie ein Blitz und sein Gewand weiß wie Schnee: In Anlehnung an bekannte Bilder aus dem Alten Testament wird die majestätische und ehrfurchtgebietende Gestalt des Engels kurz beschrieben. Ähnlich heißt es zum Beispiel Dan 7,9f vom »Hochbetagten«: »sein Gewand war weiß wie Schnee ... ein Strom von Feuer ging von ihm aus«. (Vgl. aethHen 71,1: »Ich sah die Söhne der heiligen Engel auf Feuerflammen treten; ihre Kleider waren weiß, ebenso ihr Gewand, und ihr Antlitz leuchtete wie Schnee«.) Diese Beschreibung unterstreicht, daß dem »Engel des Herrn« eine wichtige Funktion zukommt; zugleich bereitet sie die folgende Aussage vor.

Aus Furcht vor ihm erbebten die Wächter und wurden wie tot: Die machtvolle, furchterregende Erscheinung des Engels bringt wie die Erde so auch die Wächter zum Erbeben; wohl mit Absicht ist im griechischen Text das gleiche Verbum verwendet. Die den Toten bewachen sollen, werden selbst wie Tote, daß heißt wie Menschen, die von der Todesmacht besiegt sind, ihre Hinfälligkeit erfahren und nicht mehr wahrnehmen können, was um sie herum vor sich geht. Die Schilderung erfolgt wieder mit Worten aus dem Alten Testament (z. B. Dan 10,8–9: »... Meine Kräfte verließen mich; ich wurde Toten gleich und konnte mich nicht mehr aufrecht halten. Ich hörte den Klang seiner Stimme; beim Klang seiner Stimme fiel ich betäubt zu Boden und blieb, mit dem Gesicht am Boden, liegen«. Vgl. Offb 1,17).

28,5–7: Die Botschaft des Engels

Der Engel aber antwortete und sprach zu den Frauen: Im Kontrast zu der Auswirkung der Engelserscheinung auf die Wächter steht ihre Wirkung auf die Frauen. Jene stürzen zu Boden, diese erhalten eine Antwort auf ihre ungenannten Fragen.

Ihr, fürchtet euch nicht; denn ich weiß, ihr sucht Jesus, den Gekreuzigten: In merklicher Abänderung der Rede des Boten bei Mk 16,6 werden die Frauen im Unterschied zu den Wächtern ausdrücklich angeredet (»Ihr«) und wird ihnen gesagt, daß sie sich nicht zu fürchten brauchen. Als Grund dafür (»denn«) gibt der Engel an, daß er die Absicht ihres Grabbesuchs kenne: nicht der Wunsch, den Leichnam ängstlich oder gar feindselig zu bewachen, führt sie hierher, sondern das Verlangen, den Gekreuzigten zu sehen; das heißt: sie zählen trotz der Kreuzigung noch zu den Anhängern Jesu. Aus den Worten des Engels ist eine leise Hoffnung der Frauen auf die Auferstehung herauszuhören.

Er ist nicht hier; denn er wurde auferweckt, wie er gesagt hat: Wiederum läßt der Unterschied zu der parallelen Engelsbotschaft in Mk 16,6 die besondere Note dieser Worte erkennen. Die voranstehende Aussage »er ist nicht hier« (bei Markus steht sie erst nachher) erklärt, daß die Frauen Jesus im Grab nicht finden. Der Engel begründet dies mit der kirchlichen Formel »er wurde auferweckt« und fügt den kleinen Nachsatz bei »wie er [es voraus-]gesagt hat«. Der himmlische Bote verkündet also nicht nur die Auferstehung des Gekreuzigten, er betont darüber hinaus, daß diese gemäß der Vorhersage Jesu geschehen sei. Der Evangelist setzt demnach voraus – anders als Markus –, daß die Frauen um diese Vorhersage wissen und vermutlich auch auf ihre Verwirklichung hoffen.

Kommt, seht den Ort, wo er gelegen hat: Statt des einfachen »seht« (Mk 16,6) fordert der Engel die Frauen auf, näher zu treten, womöglich in das Grab hineinzugehen und die Stelle anzuschauen, wo er (viele Handschriften lesen: »wo ›der Herr‹«) gelegen hat. Die Besichtigung der leeren Grabstätte dient der Bestätigung und Illustration der Botschaft von der Auferstehung.

und geht schnell und sagt seinen Jüngern, daß er von den Toten auferweckt wurde: Wie Mk 16,7 erteilt auch hier der Engel den Frauen einen Auftrag im Hinblick auf die Jünger (Simon Petrus wird nicht eigens erwähnt, vermutlich in Einklang mit 28,16, wo auch nur die Elf als Gruppe genannt werden). Die abweichende Formulierung läßt aber die nicht unwesentliche Sinnverschiebung bei Mattäus erkennen. Das Adverb »schnell« (es wird V. 8 wiederholt) zeigt, wie sehr dem Verfasser an der Eile gelegen ist. Die griechische Satzkonstruktion *πορευθεῖσαι εἴπατε* (weggehend sagt) zeigt, daß es weniger auf das Weggehen vom Grab als auf das Ausrichten der Botschaft ankommt (anders Mk 16,7: *ὑπάγετε εἴπατε* [aber geht weg, sagt]). Der Inhalt der den Jüngern auszurichtenden Worte ist zunächst – anders wieder als bei Markus – die Osterbotschaft selbst, die jetzt mit der schon von den Pharisäern und Schriftgelehrten verwendeten Formel ausgedrückt wird: »daß er von den Toten auferweckt wurde«. Darin ist deutlicher als Mk 16,7 ausgesprochen, daß der Auferweckte nicht mehr zu den Toten gehört.

Und siehe, er geht euch vorauf nach Galiläa; dort werdet ihr ihn sehen: Die Einleitung »und siehe«, die zu besonderer Aufmerksamkeit auffordert, verknüpft die Osterbotschaft mit der den Jüngern geltenden Ankündigung. Diese wird ihnen – mit denselben Worten wie Mk 16,7 – in Aussicht gestellt. Anstatt aber diese Ankündigung mit der Erinnerung an die Vorhersage Jesu zu bekräftigen (so Mk 16,7: »wie er es euch gesagt«), folgt:

siehe, ich habe es euch gesagt: Dieser für ein Engelswort unerwartet hoheitsvolle Abschluß der Botschaft erinnert an die Wendung »so spricht der Herr«, mit der die Propheten im Alten Bund oft ihren Spruch beenden. Betrachtet man diese Bekräftigung in Verbindung mit dem zu Beginn stehenden »denn ich weiß ...«, so wird deutlich, daß der Engel des Herrn als der Repräsentant Jahwes fungiert, der im Alten Testament mehrfach in der ersten Person die Botschaft Gottes verkündet (z. B. »der Engel des Herrn sprach zu ihr [Hagar]: ›Deine Nachkommen will ich so zahlreich machen, daß man sie nicht zählen kann‹« Gen 16,10; vgl. 22,15.18). Im Vergleich zu Mk 16,6f wird hiermit die göttliche Herkunft der Osterbotschaft noch unterstrichen.

28,8: Rückkehr der Frauen

Und sie gingen schnell vom Grab weg, mit Furcht und großer Freude, und liefen, um es seinen Jüngern zu verkünden: Die Frauen reagieren auf die Botschaft des Engels, über dessen Verbleiben beim Grab nichts ausgesagt wird, indem sie eilends weggehen. Sie tun dies aber nicht fluchtartig – Mattäus überliefert zwar noch die Bemerkung von Mk 16,8 »mit Furcht«, ergänzt aber: »und mit großer Freude« –, vielmehr laufen sie, um den Jüngern Jesu baldmöglichst die Nachricht zu bringen (im griechischen Text ist *ἔδραμον* [sie liefen] das den Satz bestimmende Verb, dem das Partizip *ἀπελθοῦσαι* [weggehend] untergeordnet ist). Es drängt sie also, den Auftrag des Engels auszuführen.

28,9–10: Jesu Erscheinung vor den Frauen

Und siehe, Jesus begegnete ihnen und sprach: Seid gegrüßt: Wiederum lenkt die Einleitung »und siehe« (vgl. 28,2.7) die Aufmerksamkeit auf das, was nun erzählt wird. (Nach einigen Handschriften wird ausdrücklich gesagt, daß sich das Folgende während des Laufens zuträgt: »Wie sie nun hingingen, um seinen Jüngern die Botschaft auszurichten, siehe«.) Jesus, dessen Auferstehung vorausgesetzt ist, begegnet ihnen, so wie ein Mensch anderen begegnet. Dies wird zwar nicht ausgesprochen, ist aber aus der Notiz über seinen Gruß und über die Reaktion der Frauen zu entnehmen.

Sie aber traten hinzu, umfaßten seine Füße und huldigten ihm: Wie auf einen Bekannten gehen die Frauen auf Jesus zu. Sie tun dies, um seine Füße zu umfassen und ihm zu huldigen (hier darf die Konstruktion des griechischen Textes nicht übersehen werden: Das Partizip *προσελθοῦσαι* [hinzutretend] ist den beiden Hauptverben *ἐκράτησαν* [faßten an] und *προσεκύνησαν* [beteten an] untergeordnet). Das Umfassen der Füße wird oft mit dem Verlangen erklärt, sich von der Wirklichkeit der Auferstehung zu vergewissern. Der Zusammenhang (die geschilderte Glaubensbereitschaft der Frauen), der alttestamentliche (2 Kön 4,27) und besonders der verwandte mattäische Sprachgebrauch »niederfallend huldigen« (Mt 4,9; 18,26) legen jedoch nahe, daß dieser Gestus in enger Verbindung mit dem Niederfallen bei einer Proskynese zu sehen ist, für die Mattäus eine besondere Vorliebe hat (2,2.8.11; 4,9.10; 8,2; 14,33; 15,25; 28,17; s. w. u. S. 83). Die Frauen erkennen damit Jesus als den Messias und Sohn Gottes an und erweisen ihm ihre Huldigung.

Da sagt Jesus zu ihnen: In sprachlich auffallender (erstmals in dieser Perikope ein Präsens historicum!), aber auch sonst bei Mattäus verbreiteter Diktion (*τότε λέγει*, 4,10; 9,6.37; 12,44; 22,8.21; 26,31.38; 27,13) leitet der Evangelist die Wiedergabe der Worte Jesu ein. Sie nehmen auf die Haltung der Frauen keinen direkten Bezug und stimmen sprachlich weithin mit Mt 28,5a.7, noch mehr mit Mk 16,6a–7 überein.

Fürchtet euch nicht! Geht weg, verkündet meinen Brüdern, daß sie nach Galiläa gehen; dort werden sie mich sehen: Die Ermutigung, sich nicht zu ängstigen, paßt nicht ganz zu der vorher erwähnten Huldigung, entspricht aber den Worten des Engels in 28,5a und Mk 16,6a. Der doppelte Imperativ »geht weg, verkündet« erinnert auffallend an Mk 16,7 (geht weg, sagt). Ohne Parallele bei Markus ist die Bezeichnung der Jünger mit »meinen Brüdern«, die aber mit den Worten des Auferstandenen an Maria von Magdala in Joh 20,17 (»geh aber zu meinen Brüdern«) übereinstimmt. Dem Mattäusevangelium ist diese Bezeichnung sachlich nicht fremd (» ... siehe da, meine Mutter und meine Brüder«, 12,49). Die Botschaft an die Jünger umfaßt zunächst den im ἵνα (daß)-Satz ausgesprochenen Auftrag, nach Galiläa zu gehen (Mt 28,7; Mk 16,7 steht nur die Aussage über das Vorausgehen Jesu); analog zu Mt 28,7 und Mk 16,7 folgt darauf die Voraussage des dortigen Sehens. Über den weiteren Verlauf und das Ende dieser Begegnung berichtet Mattäus nichts. Daß die Frauen den Jüngern diese Botschaft ausrichten, ist Mt 28,16f vorausgesetzt.

28,11–15: Bestechung der Wächter

Während sie aber gingen, siehe da kamen einige von der Wache in die Stadt und meldeten den Oberpriestern alles, was geschehen war: Nach einer kurzen Bemerkung (im griechischen Text in der Form des genitivus absolutus) darüber, daß die Frauen noch unterwegs sind, die Jünger also noch keine Kunde von den Geschehnissen beim Grab besitzen, leitet der Erzähler mit »siehe« die Aufmerksamkeit auf eine neue Episode: Einige von der Wache (hier steht derselbe Ausdruck wie 27,65f), also nicht alle, gehen in die Stadt, um den Oberpriestern alles zu melden, was vorgefallen ist. (Nach der griechischen Satzkonstruktion [ἐλθόντες ... ἀπήγγειλαν] ist ihr Gang in die Stadt der Berichterstattung zugeordnet.) Beachtenswert ist, daß die Wächter sich nicht an ihren Auftraggeber, Pilatus, wenden. Der Inhalt ihres Berichtes wird mit »alles, was geschehen war« bestimmt. Damit ist vor allem die Öffnung des Grabes durch den furchterregenden Engel des Herrn gemeint. Da die Auferstehung im Text nicht geschildert wird, kann sie auch nicht, wie oft angenommen wurde, direkt zum Inhalt der Berichterstattung gehören. Allerdings legt sich dies als Schlußfolgerung nahe.

Und nachdem sie sich mit den Ältesten versammelt und einen Beschluß gefaßt hatten, gaben sie den Soldaten viel Geld: Welche Wirkung diese Nachricht auf die Oberpriester macht (etwa Staunen, Erschrecken, Zweifel, Spott), erzählt der Evangelist nicht. Statt dessen erwähnt er, daß sie zusammen mit den Ältesten (Oberpriester und Älteste betreiben nach Mt 26,3; 27,1.3.12.20.41 Jesu Gefangennahme und Hinrichtung) einen gemeinsamen Beschluß fassen und die Soldaten mit Geld bestechen. Aus der Sicht des Verfassers sind die beiden Gruppen so blind und betört, daß sie nur darauf bedacht sind, um jeden Preis der Verkündigung der Osterbotschaft entgegenzutreten. Da sie die Vorgänge beim Grab nicht wegleugnen können, greifen sie zum Betrug.

Und sprachen: Sagt, daß seine Jünger des Nachts kamen und ihn stahlen, während wir schliefen: Als Gegenleistung für das Geld sollen die Soldaten die Nachricht verbreiten, die ihnen ihre Geldgeber vorsagen. Inhaltlich deckt sich ihre Rede größtenteils mit dem 27,64 angegebenen Grund für die Aufstellung der Wache (»damit seine Jünger nicht [nachts] kommen und ihn stehlen«). Um das Versagen der Wache zu begründen, sollen die Soldaten sich sozusagen selbst beschuldigen und erklären: »während wir schliefen«. Aus der Sicht des Erzählers liegt darin eine unerhörte Ironie, einmal durch die Anspielung auf den oben erwähnten todesähnlichen Schlaf (28,4: »wie tot«) und zum anderen, weil Schläfer einen Diebstahl eben nicht feststellen können. Bedenkt man weiter, daß damals auf Schlafen während der Wache in Feindesland die Todesstrafe stand (vgl. die Textvariante zu Apg 12,19), so wird erst recht erkennbar, welchen Unsinn zu verbreiten die Oberpriester und Ältesten den Soldaten zumuten. Zudem muß sich für Soldaten, die Pilatus unterstehen, die Sorge um ihr Leben aufdrängen, falls sie sich zu einer solchen Selbstbeschuldigung verleiten lassen. Da die Auftraggeber dies – aus der Sicht des Erzählers – offenbar empfinden, fügen sie noch bei:
Und wenn dies dem Statthalter zu Ohren kommt, werden wir (ihn) überreden und dafür sorgen, daß ihr nichts zu befürchten habt: Sie bieten also für diesen Fall ihre Hilfe an (wohl wieder eine Bestechung?), um eine Bestrafung zu verhindern.

Die aber nahmen das Geld und taten, wie sie belehrt worden waren: Die Wächter lassen sich bestechen und als Bestochene verbreiten sie das, was ihnen vorgesagt wurde. Wenn dies auffallenderweise mit dem Ausdruck »belehrt« ausgedrückt wird, so liegt darin vielleicht eine Anspielung auf den Mt 28,20 den Jüngern gegebenen Auftrag zu »lehren«. Der »Lehre« der bestochenen Wächter stünde dann die Lehre der Jünger gegenüber.

Und diese Rede wurde bei den Juden verbreitet bis auf den heutigen Tag: Der die Perikope abschließende Satz stellt fest, daß das Gerücht von dem Diebstahl – dies meint »diese Rede« – unter Juden verbreitet wurde. Der Terminus »Juden« steht im Mattäusevangelium nur hier und in dem von Heiden verwendeten Titel »König der Juden« (2,2; 27,11.29.37). Dieser Sprachgebrauch verrät die bereits vollzogene Trennung zwischen Christen und Juden. Ausdrücklich bemerkt der Evangelist, daß dieses Gerücht bis in seine Gegenwart hinein verbreitet ist. Dies bestätigt in etwa Justin (+ 165) in seinem Dialog mit Tryphon (108,2). Der Evangelist gibt hier zu erkennen, daß er sich mit dieser Anschuldigung auseinandersetzen mußte.

3.1.2. Form und Gattung

Der sprachlichen *Form* nach ist die Perikope eine in Prosa dargebotene Komposition von zum Teil ganz verschiedenartigen Einzeltexten: Es wechseln kurze, skizzenartige Erzählstücke (27,62.66; 28,1.2.4.8.9.11.12.15a) ab mit einer Beschreibung (28,3), einer Feststellung (28,15b), Redestücken, und zwar in Form von Bitte und Gewährung (27,62–65), von Botschaft und Auftrag (28,5) – dieser Auftrag wird später wiederholt (28,10) – und von Aufforderung zur Verbreitung eines Gerüchts (28,13 f). Die einzelnen Textstücke werden durch die beiden Wächterszenen kunstvoll umrahmt. Durch den mehrfachen Appell »und siehe« wird der Leser aufgefordert, der fortschreitenden Handlung seine Aufmerksamkeit zuzuwenden. Abgesehen von der geschilderten Sicherung des Grabes und der abschließenden Feststellung, die auf die Gegenwart Bezug nimmt, umfaßt die Handlung einen kurzen Zeitabschnitt. In ihr stehen die Oberpriester und Pharisäer bzw. Ältesten den Jüngern, die aber selbst nicht in die Handlung eingreifen, und die Wächter den Frauen gegenüber. Im Mittelpunkt steht das Auftreten und die Botschaft des Engels, dem in etwa, wenn auch in abgeschwächter Weise, die Erscheinung und kurze Rede des Auferstandenen entspricht.

Versucht man die *Gattung* der Textkomposition zu bestimmen, so ist es notwendig, diese Perikope mit verwandten Textsorten zu vergleichen. Ein solcher Vergleich (z. B. mit anderen Evangelien, mit dem Petrusevangelium, mit Evangelienharmonisierungen und mit heutigen Berichten) kann zudem den Blick für ihre Eigenart schärfen. Dazu ist es angebracht, zunächst darauf zu achten, was in dem vorgegebenen Text alles nicht gesagt ist: Es findet sich kein Hinweis darauf, woher die Schriftgelehrten die Voraussage Jesu kannten und wieso sie den Verdacht schöpften, die Jünger würden den Leichnam stehlen; der Text enthält keine Angabe über die Reaktion des Pilatus auf diese Verdächtigungen (wie etwa im Petrusevangelium, wo er seine Unschuld beteuert). Es fehlt die Erwähnung, daß die Frauen zum Grab gingen, um den Leichnam Jesu zu salben, sowie jede Angabe über ihre Empfindungen auf dem Weg zum Grab. Der Text gibt nicht an, welcher Art das große Erdbeben war und ob es Schäden anrichtete und auch sonst noch bemerkt wurde. Besonders auffallend ist, daß im Unterschied zu Mt 27,52 und besonders zu PetrEv 10/39ff die Auferstehung nicht geschildert wird. Es wird nicht erklärt, warum der Auferstandene selbst den Frauen erscheint. Anders als der Engel wird der Auferstandene in keiner Weise beschrieben. Über die Art und die Dauer dieser Erscheinungen wird nichts gesagt. Hinsichtlich der Bestechung der Wächter fehlt jede Andeutung, ob alle Oberpriester und Ältesten diesem Betrug zustimmten, was die übrigen Wächter taten und wie schließlich Pilatus reagierte, dem doch die Osterbotschaft nicht verborgen bleiben konnte (vgl. PetrEv 11/46).
Diese Beobachtungen – sie könnten noch um viele Punkte erweitert werden – zwingen zu der Erkenntnis: Mt 27,62–28,15 liegt kein Bericht vor, der in erster Linie an dem äußeren Verlauf der Ereignisse interessiert ist. Dafür bleibt zu vieles offen und unbestimmt. Gegen eine solche – außerhalb der Fachwissenschaft – immer noch verbreitete Gattungsbestimmung spricht außerdem die Tatsache, daß sich die Schilderung des Mattäus nicht mit der des Markus, die Mattäus gekannt hat, harmonisieren läßt.
Die Darstellung von Mt 27,62–28,15 kann ebenfalls nicht als »Legende« im strengen Sinn charakterisiert werden; denn es fehlt jede erbauliche und auf Nachahmung angelegte Verherrlichung einer Person. Gegen die Bestimmung als Befreiungsgeschichte (analog zu den Schilderungen einer wunderbaren Befreiung; z. B. Apg 12,16

u. ä.)[63] spricht, daß die Befreiung des Begrabenen aus dem Grab zwar in der wunderbaren Entfernung des Steins angedeutet wird, aber nicht den Mittelpunkt und das zentrale Thema bildet. Einzelne Gemeinsamkeiten machen noch nicht die Zugehörigkeit zu einer Gattung aus. Trotz aller Verwandtschaft mit der markinischen Grabesgeschichte kann die mattäische nicht in der gleichen Weise der Gattung haggadisch-apokalyptische Ostergeschichte zugeordnet werden. Die Bemerkung von Mt 28,15b (»und diese Rede wurde bei den Juden verbreitet bis auf den heutigen Tag«), die inhaltlich nicht nur die Aussagen von 28,13, sondern auch die damit übereinstimmende von 27,64 (»damit nicht seine Jünger kommen ihn stehlen und sagen, er wurde von den Toten auferweckt«) betrifft, zeigt unmißverständlich: die vorliegende Perikope ist eine apologetische Tendenzgeschichte. In einer scharfen, zum Teil ironischen Anti-Polemik versucht ihr Verfasser, die Polemik jüdischer Kreise gegen die von den Jüngern verkündete Osterbotschaft zu widerlegen. Dabei bedient er sich der haggadisch-apokalyptischen Sprechweise noch mehr als Markus. Was dieser in der Form eines einfachen theologischen Passivs über die Öffnung des Grabes aussagt (»daß der Stein weggewälzt war«), bringt Mattäus durch die eindrucksvolle, in der Sprache von Theo- oder Angelophaniegeschichten vorgetragenen Schilderung des »Engels des Herrn« und dessen Wirken zum Ausdruck: er wälzt den Stein weg und setzt sich darauf; dies ist so machtvoll, daß dadurch ein Erdbeben entsteht. Gott selbst, den der Engel verkörpert, hat demnach das Grab geöffnet. Die Botschaft des Engels unterstreicht Mattäus noch dadurch, daß er sehr kurz eine Begegnung der Frauen mit dem Auferstandenen schildert – ähnlich wie es in alttestamentlichen Theophaniegeschichten über die Begegnung einzelner Menschen mit Gott oder dem Engel geschieht (s. w. u. S. 153 f) –, der die Engelsbotschaft wiederholt. Mehr als an den äußeren Vorgängen ist also der Verfasser von Mt 27,62–28,15 daran interessiert, einen polemischen Einwand gegen die Osterbotschaft zu widerlegen. Er tut dies nicht in der sachlichen Sprache eines Gelehrten des zwanzigsten Jahrhunderts, der exakte Information bieten möchte, sondern in der anschaulichen performativen Erzählweise eines Erzählers und Predigers aus dem Orient

[63] *R. Kratz*, Auferweckung als Befreiung (SBS 65) Stuttgart 1973, 25 ff; vgl. dazu *Riebl* (Anm. 60).

und seiner Zeit[64]. Durch eine *apologetische Tendenzgeschichte im Stil haggadisch-apokalyptischer Literatur* – so ist am besten die Gattung dieser Grabesgeschichte zu bestimmen – deckt er die Unsinnigkeit und Verlogenheit der gegnerischen Behauptungen auf.

3.1.3. Redaktions- und traditionskritische Erörterung

Die unverkennbare Verwandtschaft der mattäischen Grabesgeschichte mit der markinischen, aber auch die vielen Abweichungen stellen den Exegeten vor die Frage, inwieweit Mt 27,62–28,15 vorgegebene Traditionen übernommen wurden und welche eigene Note sie durch die redaktionelle Einarbeitung erhielten.[65]

Die Schilderung von der Sicherung des Grabes (27,62–66) weist viele Kennzeichen mattäischer Redaktion auf, zum Beispiel für Mattäus charakteristische Vokabeln (*συνάγομαι, τάφος*), die Wendungen »auferweckt von den Toten« (vgl. noch 28,7; 17,9) und »dieser letzte Betrug wird größer sein als der erste« (vgl. 12,45), die kurze Darstellung in Form von Rede und Gegenrede. Als Indiz für eine vormattäische Überlieferung dürfen die vielen innerhalb des Neuen Testaments einzig hier vorkommenden Vokabeln angeführt werden, die Hapaxlegomena *ἐπαύριον, παρασκευή, πλάνος – πλάνη, κουστωδία* (im Unterschied zu *τηροῦντες* 27,54 und 28,4), *ἀσφαλίζω, σφραγίζω*.[66] Dies gilt auch für die nur noch 21,45 (dort redaktionell?) vorkommende Formulierung »die Oberpriester und Pharisäer«, während sonst (auch 28,11–12) »die Oberpriester und Ältesten« als die für den Tod Jesu Verantwortlichen genannt werden.

Die Notiz über das Kommen der Frauen zum Grab ist sicher als mattäische Redaktion von Mk 16,2 zu bestimmen, schwieriger ist es hingegen bei den Angaben über die Öffnung des Grabes (28,2–4). Mehrfach wurde darin eine ältere Vorlage, sogar eine ursprüngliche Schilderung der Erhöhung Jesu erkannt.[67] Das Vorhandensein vie-

---

[64] Vgl. *Trilling* (Anm. 49), 226–230.

[65] Vgl. besonders die redaktionsgeschichtlichen Untersuchungen von *Broer* (Anm. 56), 69–78 und *F. Neirynck*, Les femmes au tombeau. Etude de la rédaction mathéenne: NTS 15 (1968/69) 168–190.

[66] *Broer* (Anm. 56), 72–73 meint, diese seien durch die Thematik bedingt.

[67] *H. W. Bartsch*, Das Auferstehungszeugnis. Sein historisches und sein theologi-

ler nur bei Mattäus belegten bzw. von Mattäus bevorzugten Vokabeln und Wendungen (*καὶ ἰδού, σεισμός, ἄγγελος κυρίου, τηροῦντες, ἐσείσθησαν*) und weniger sprachlicher Anklänge an die markinische Parallele (*ἀποκυλίζω, λίθος, κάθημαι*) sprechen aber dafür, daß Mattäus die markinische Grabesgeschichte als Vorlage redigierte und szenisch gestaltete.[68] Dabei legt die von 27,65f und 28,11 abweichende, aber mit 27,54 übereinstimmende Bezeichnung der Wächter (*τηροῦντες*) die Vermutung nahe, daß der Verfasser hier in eigenständiger Weise das vorgegebene Motiv der Wächter mit der markinischen Grabesgeschichte verbunden hat.[69]
Die Botschaft des Engels (28,5–7) sowie die Notiz über die Reaktion der Frauen (28,8) sind mattäische Überarbeitung der markinischen Vorlage und fordern keine besondere Quelle (die auffallende Verwandtschaft der Mattäus mit Lukas gemeinsamen Abweichungen von Markus genügen hier nicht, um auf eine Q-Überlieferung für diese Verse zu schließen).
Die völlig von Markus abweichende Schilderung der Erscheinung des Auferstandenen (28,9–10) weist sprachlich mehrere Kennzeichen mattäischer Redaktion auf (z. B. die Vokabeln *προσελθοῦσαι, προσκυνέω, τότε λέγει* und die kurze dialogartige Schilderung), jedoch stimmen die Worte Jesu auffallend mit der Engelsbotschaft von Mk 16,7 überein. Im ganzen hat diese Szene eine Parallele in Joh 20,14–18 (Erscheinung am Grab vor Maria von Magdala; »halte mich nicht fest« setzt sachlich das Verbum *κρατέω* [fassen] voraus; »meinen Brüdern«). Die Verwandtschaft zwischen Mt 28,9–10 und Joh 20,14–18 führt die meisten Exegeten zu der Annahme, hier die Spur einer Mattäus und Johannes bekannten Sonderüberlieferung zu sehen.[70] Es scheint aber nicht ganz unmöglich, die Gemeinsamkeiten letztlich auf eine mattäische[71] oder eher noch vormattäische Redaktion der markinischen Grabesgeschichte zurückzuführen. Dafür lassen sich besonders folgende Gründe anführen: 1. die Bezeichnung der Jünger als »Brüder« Jesu ist den Synoptikern nicht unbekannt (Mt 12,46–50par; vgl. 25,40). 2. Die Worte des Aufer-

---

sches Problem (Theologische Forschung 41) Hamburg-Bergstedt 1965, 12–15; vgl. *Léon-Dufour* (Anm. 35), 154–159.
[68] *Neirynck* (Anm. 65), 171. 173–174.
[69] *Riebl* (Anm. 60).
[70] Vgl. *Graß* (Anm. 43), 27–28. 58.
[71] *Neirynck* (Anm. 65), 181–184.

standenen in Mt 28,10 stimmen auffallend mit den Worten des Engels in Mk 16,7 überein. 3. Mk 16,7 wird durch die kleine Bemerkung »wie er euch gesagt hat« der Hinweis auf die Erscheinungen in Galiläa schon in einem Wort Jesu (in seiner Voraussage) verankert. Mt 28,9–10 ist diese Verankerung lediglich in etwas abgewandelter und verdeutlicherender Weise szenisch dargestellt. (Vgl. die Abänderung der Voraussage Jesu in Lk 24,6, s. w. u. S. 108).

Die den Schluß der Perikope bildende Schilderung der Bestechung (28,11–15) weist so viele Anzeichen mattäischer Sprache auf, daß zumindest für die Formulierung keine Vorlage erforderlich ist (z. B. *ἰδού* nach genitivus absolutus; »in die Stadt kommend meldeten sie alles«, vgl. 8,33; *συμβούλιον λαμβάνω, ἀργύρια, μέχρι τῆς σήμερον*, vgl. 11,23b und 27,8).

Abgesehen von den Motiven der Grabeswächter und vielleicht auch der Christophanie vor den Frauen läßt sich die mattäische Grabesgeschichte also mühelos als Redaktion von Mk 16,1–8 erklären. Der Evangelist hat aber, wie der Vergleich lehrt, seiner Vorlage eine ganz eigene Note gegeben: er schenkt dem Grab und dessen wunderbarer Öffnung eine größere Aufmerksamkeit und hebt stärker hervor, daß diese Öffnung wie auch die erste Verkündigung der Osterbotschaft auf Gott zurückgeht. Die Formulierung der Osterbotschaft »auferweckt von den Toten« spricht aus, was in der Schilderung schon angedeutet ist: Auferstehung heißt: von Gott gewirkte Befreiung aus dem Bereich des Todes. Die Christophanie vor den Frauen und der den Jüngern geltende Auftrag, nach Galiläa zu gehen, unterstreichen die Osterbotschaft sowie die Verheißung der Erscheinung vor den Jüngern in Galiläa. Dadurch und vor allem durch die den ganzen Text einklammernde Geschichte von der Bestellung und der Bestechung der Wächter widerlegt Mattäus das von den Gegnern verbreitete Gerücht. Ihre nachösterliche Agitation ist genauso sinnlos wie ihr Bestreben, Jesus zu vernichten.

Das von Mattäus schon vorgefundene Motiv der Grabeswache, das sich mit der Darstellung der übrigen Evangelien nicht vereinbaren läßt, geht mit Sicherheit auf eine volkstümliche Überlieferung zurück. Es ist bekannt, daß sich heute wie früher um bestimmte Vorgänge und Orte sehr schnell Geschichten oder Anekdoten bilden, um ein Ereignis interpretierend auszumalen. Das scheint auch hier geschehen zu sein: um die Verleumdung der Gegner zu widerlegen, entwerfen urkirchliche Erzähler eine solche Geschichte, die sie zunächst untereinander weitergeben. Sie legte sich deshalb nahe, weil bei der Kreuzigung Jesu Soldaten beteiligt waren und damals zur Verhinderung eines Diebstahls mitunter der Leichnam eines Hingerichteten bewacht wurde.[72]

Hinsichtlich der Christophanie vor den Frauen am Grab, die ganz im Widerspruch zu den Angaben von Lk 24,22 steht (»ihn selbst aber sahen sie nicht«), kann natürlich nicht a priori ausgeschlossen werden, daß die Schilderung auf einer Erscheinung fußt, die vielleicht zu einer späteren Zeit stattgefunden hat. Bei Berücksichtigung der biblischen Darstellungsweise, besonders der Übereinstimmung zwischen den Worten des Auferstandenen und denen des Engels ist jedoch eher damit zu rechnen, daß Mt 28,9–10 entweder auf eine Mattäus und Johannes gemeinsame freie Wiedergabe von Mk 16,7 zurückgeht oder ganz mattäische Redaktion von Mk 16,7 ist.

Für die Beantwortung der Frage nach dem historischen Kern der Ostergeschichten läßt sich demnach aus Mt 27,62–28,15 nicht mehr erschließen als aus Mk 16,1–8. Allerdings verrät die in der zeitgenössischen Polemik gründende Anti-Polemik des Evangelisten, daß zumindest in seiner Zeit die Gegner das Faktum des leeren Grabes nicht bestritten.

3.1.4. Bedeutung für den Leser

Wie bei der Exegese von Mk 16,1–8 bleiben auch bei der mattäischen Grabesgeschichte viele Probleme betreffs der Entstehung und Verankerung in der Geschichte offen. Nicht unbeantwortet bleibt die Frage nach der Bedeutung der Perikope für die Leser. Denn die unverkennbar polemische Zielsetzung, die der Tendenz des ganzen Mattäusevangeliums entspricht, zeigt an: Mattäus spricht hier nicht in informativer Weise, um Auskunft über den Ablauf der Vorgänge zu erteilen, vielmehr widerlegt er in performativer Redeweise die von den Gegnern verbreitete Verleumdung der Jünger und stellt ihr gegenüber die göttliche Herkunft der Osterbotschaft heraus.

---

[72] *Petronius,* Sartyricon 111 f (Die Witwe von Ephesus); *Plutarch,* Parallelviten Agis und Cleomenes 38,3.

Um die Perikope im Sinne des Verfassers zu verstehen, genügt es nicht, sein Grundanliegen zu erfassen und mit wenigen Sätzen wiederzugeben. Der Leser muß sich vielmehr durch die Geschichte selbst von der Wahrheit der umstrittenen Osterbotschaft überzeugen und für ihre Verteidigung stärken lassen. Die Betrachtung der einzelnen Motive vermag dafür den Blick zu öffnen.

1. Oberpriester, Älteste, Pharisäer – Wächter. Die Wächterszenen enthüllen anschaulich das Vorgehen der Gegner: sie bedienen sich der ihnen im Grunde verhaßten weltlichen Macht nicht nur, um Jesus ans Kreuz zu bringen, sondern auch um das Aufkommen der Osterbotschaft zu verhindern. Nach dem Mißlingen ihres Planes scheuen sie nicht vor einem weiteren Verbrechen zurück, der Bestechung der Wächter. Mattäus entwirft hier, wie auch sonst in seinem Evangelium (z. B. 23,2ff), ein dunkles Bild von der Bosheit der offiziellen Vertreter des damaligen Judentums. Die traurigen Erfahrungen der Christen mit den einflußreichen pharisäischen Kreisen dürften diese Darstellung mitbestimmt haben (Ausschluß aus der Synagoge, Verleumdung, Verfolgungen). Wie die Gegner Jesus eines Paktes mit Beelzebul beschuldigten (Mk 3,22ffpar), so scheuen sie sich auch nicht, den Verkündigern der Osterbotschaft – bis in die Zeit des Evangelisten – einen Betrug zu unterstellen. Wie sie aber Jesus durch die Kreuzigung nicht erledigen können, so scheitert auch ihr Versuch, die Osterbotschaft zu verhindern oder als Betrug zu entlarven. Ihre Zusammenarbeit mit den heidnischen Autoritäten und Soldaten erweist sich als ohnmächtig und tölpelhaft. Der Leser wird unwillkürlich an Ps 2,1–4 erinnert: »Warum toben die Völker und warum machen die Nationen vergebliche Pläne ... doch der, der im Himmel wohnt, lacht ...« (vgl. Apg 4,25ff).
Bis zum heutigen Tag gibt es solchen Widerstand gegen Jesus und seine Jünger. Nicht selten wird auch heute noch von den Gegnern die staatliche Obrigkeit zum Vorgehen gegen die Anhänger Jesu herangezogen. Wohl bis zum Ende der Zeiten wird dem Christentum immer wieder der Vorwurf gemacht werden, seine Predigt beruhe auf Betrug (vgl. z. B. J. Lehmann, Jesus-Report. Protokoll einer Verfälschung). Heute wie damals tragen die Beschuldigungen nicht selten den Stempel des Unsinnigen und Tölpelhaften an sich. Das von Mattäus entworfene Bild der Gegner – es wäre falsch, damit das ganze jüdische Volk zu identifizieren, wie es leider oft ge-

schehen ist – regt schließlich zur Selbstprüfung an; denn in jedem Menschen liegt die Veranlagung dazu, in die Rolle der Gegner Jesu (Auflehnung gegen den von Gott Gesandten wegen des Festhaltens an den eigenen liebgewordenen Vorstellungen) bzw. der Mitläufer (der Wächter) zu verfallen.

2. *Frauen – Jünger.* Einen scharfen Kontrast zu den Gegnern bilden die Frauen. Anders als jene, die Anstalten treffen, um das Grab zu sichern, harren diese zunächst beim Grab aus und kehren nach dem Ende des Sabbats dorthin zurück, um zu schauen, was sich dort zuträgt. Sie tun dies offensichtlich als Konsequenz ihrer Anhänglichkeit an Jesus, dem sie seit dessen Wirken in Galiläa nachfolgen (27,55f). Sie werden durch die Erscheinung des Engels nicht zu Boden geworfen, sie vernehmen seine Botschaft. Ihnen begegnet schließlich der Auferstandene selbst, dem sie gläubig die gebührende Huldigung erweisen und der die Sendung zu den Jüngern wiederholt. – Die Jünger selbst stehen im Hintergrund der Geschichte; die Gegner bezichtigen sie des Diebstahls und Betrugs, ihnen aber gilt die Botschaft Gottes und des Auferstandenen. Sie werden nach Galiläa verwiesen, um dort vom Auferstandenen selbst den Auftrag zur Osterbotschaft zu erhalten. Nicht von Jerusalem, dessen führende Männer Christus ablehnen, sondern von dem Galiläa der Heiden (Mt 4,15) nimmt nach Mattäus die durch Gott und den Auferstandenen autorisierte Predigt der Jünger ihren Anfang. Nicht den Eigenmächtigen und Großen wird die Osterbotschaft kund, sondern denen, die als Zeugen nicht ernstgenommen werden, aber sich nicht abhalten lassen, dem Ruf Jesu bis unters Kreuz zu folgen. Sie dürfen sogar Boten Gottes und des Auferstandenen werden. Die Erwählung der Kleinen und Schwachen durchzieht den ganzen Alten und Neuen Bund (vgl. 1 Kor 1,26–30). Sie gilt auch heute noch. Die Ankündigung der Jüngeraussendung in Galiläa ist ein sprechendes Zeichen: die Osterbotschaft stammt nicht von Menschen; Gott setzt damit im »Galiläa der Heiden« einen neuen Anfang, er ist nicht an die Mächtigen in Jerusalem gebunden. In der Kirchengeschichte kamen die größten Anstöße zur Erneuerung der Kirche meistens aus »Galiläa«.

3. *Jesu Grab.* Für die Gegner ist das Grab Jesu ein deutliches Zeichen seines Todes, für sie kann ein leeres Grab als Zeichen der Auf-

erstehung gedeutet werden. Gerade deshalb bemühen sie sich um dessen Sicherung und greifen sie zur Bestechung der Wächter. – Die Frauen kommen nach dem Sabbat zum Grab, »um es zu sehen« (28,1). Sie werden nach der Verkündigung der Osterbotschaft aufgefordert, es zu besichtigen.
Mattäus schreibt dies in einer Umwelt, für die das Grab Aufenthaltsort der Toten ist und auch von den Gegnern die Öffnung des Grabes Jesu nicht bestritten wurde. Der erste Evangelist sagt damit seinen Lesern noch unmißverständlicher als Markus: der Gekreuzigte ist dem Machtbereich des Todes entrissen; er weilt nicht mehr bei den Toten, er ist »auferweckt von den Toten«. Dem heutigen Leser zeigt diese Geschichte, was »auferweckt von den Toten« im Sinn der Urkirche meint: der Gekreuzigte teilt nicht mehr das Los der Verstorbenen.

4. Engel des Herrn. Indem Mattäus das Gemälde von dem Engel des Herrn entwirft, der den Stein wegwälzt, sich machtvoll daraufsetzt und ein Erdbeben bewirkt, bringt er zum Ausdruck, daß letztlich Gott das Grab des Gekreuzigten geöffnet hat. Die verschiedenartige Auswirkung dieser österlichen Erscheinung des göttlichen Boten einerseits auf die Wächter, andererseits auf die Frauen deutet das Gericht an: während die Wächter aus Furcht erbeben und wie Tote werden – all ihr Bemühen ist umsonst –, dürfen die Frauen die Osterbotschaft als Bestätigung ihres Suchens erfahren.
Wer nur ein wenig die Bildersprache der Bibel versteht, wird durch diese Schilderung betroffen und vernimmt: Gott greift in die Geschichte der Welt ein; die Auferweckung Jesu ist Gottes Tat, die Osterbotschaft ist Gottes Wort, das Antwort verlangt. Je nach persönlicher Einstellung und Entscheidung des Menschen trifft ihn entweder das vernichtende Gericht oder wird er beauftragt, anderen die Osterbotschaft weiterzugeben.

5. Erscheinung des Auferstandenen. Bei der kurzen Schilderung der Erscheinung des Auferstandenen vor den Frauen, wird auffallenderweise jede nähere Bestimmung oder gar Beschreibung (etwa wie die des »Engels des Herrn«) vermieden. Der Erscheinende wird schlicht mit seinem irdischen Namen »Jesus« genannt und sein Auftreten als Begegnung bezeichnet, auf die die Frauen mit der Geste einer nur Gott gebührenden Huldigung antworten. Ausführlicher wird dann nur sein an die Frauen gerichtetes Wort wiedergegeben.

Dem Verfasser kommt es auf das eine an: der Auferstandene selbst ist neben und mit Gott Ursprung der Osterbotschaft; er ruft die Jünger durch die Frauen nach Galiläa, um ihnen den Missionsauftrag zu erteilen. Wenn der heutige Leser kritisch fragt, ob und wie diese Erscheinung stattgefunden habe, trägt er eine dem Mattäus unbekannte Fragestellung an den Text heran, auf die der Text allein keine Antwort gibt. Unter Berücksichtigung der biblischen Ausdrucksweise vermag diese kleine Szene ihm aber lebendig vor Augen zu halten: im Grunde ist der Auferstandene selbst Urheber der Osterbotschaft, er ist also mit Gott eins; und – entgegen verbreiteten Vorurteilen – nimmt er Frauen in den Dienst seiner Verkündigung.

3.2. Die Geschichte von der Erscheinung auf dem Berg (28,16–20)

Auf die Grabesgeschichte folgt im Mattäusevangelium noch eine kurze Perikope, die den Abschluß des ganzen Evangeliums bildet. Wie schon erwähnt ist die voraufgehende Grabesgeschichte auf die Erscheinung in Galiläa hingeordnet: der Auftrag des Engels und noch deutlicher der Auftrag des Auferstandenen verweisen darauf; die Beauftragung der Jünger durch den Auferstandenen bildet zudem den Gegenpol zu der Bestechung der Wächter durch die jüdischen Behörden. Die Stellung dieser Szene am Schluß des Evangeliums gibt ihr eine ganz besondere Note.

> 16 Die elf Jünger aber zogen nach Galiläa auf den Berg, wohin Jesus sie bestellt hatte;
> 17 und als sie ihn sahen, huldigten sie [ihm], sie aber zweifelten.
>
> 18 Und Jesus trat hinzu und sprach zu ihnen und sagte: »Gegeben ist mir alle Gewalt, im Himmel und auf Erden.
>
> 19 Geht nun und macht zu Jüngern alle Völker, indem ihr sie tauft auf den Namen des Vaters und des Sohnes und des heiligen Geistes 20 und indem ihr sie lehrt, alles zu halten, was ich euch geboten habe.

Und siehe, ich bin mit euch alle Tage bis zur Vollendung der Weltzeit«.

3.2.1. *Texterklärung*

Der kurze Abschnitt Mt 28,16–20, dessen Text in den wichtigsten Handschriften einheitlich bezeugt ist, beginnt mit einem Bericht über die Jünger (28,16–17); darauf folgt nach einer kurzen Einleitung (28,18a) ein Wort des Erscheinenden über sich selbst (28,18b), dann sein Auftrag an die Jünger (28,19.20a), und abschließend eine Zusicherung (28,20b). Wegen seiner Bedeutung als Abschluß des Mattäusevangeliums ist es angebracht, ihn mit besonderer Sorgfalt auszulegen.

Die elf Jünger aber: Durch die Partikel »aber« wird der Kreis der elf Jünger den Oberpriestern, Pharisäern bzw. Ältesten und den Wächtern gegenübergestellt. Seit der Einleitung zur Bergpredigt (5,1) war sehr oft von den Jüngern, die Jesus nachfolgten und in seiner Nähe weilten, die Rede. In der Passionsgeschichte heißt es, daß sie alle Jesus allein lassen und fliehen (26,56). In den Wächterszenen werden sie von den Gegnern als die Urheber der Osterbotschaft bezeichnet und des Diebstahls und Betrugs verdächtigt bzw. beschuldigt (27,64; 28,15); nach 28,7 gilt ihnen der den Frauen anvertraute Auftrag (28,10 wird derselbe Kreis vom Auferstandenen »meine Brüder« genannt). Es ist möglich, daß der Ausdruck »Jünger« hier steht, weil er in der Urkirche als Bezeichnung für die Christen verbreitet war und die Elf hier stellvertretend für alle genannt werden.[73] Bei der Zahl »Elf« denkt der Evangelist, der sie nur hier verwendet, an die ursprünglichen Zwölf, deren Namen er 10,2ff im Rahmen der Aussendungsrede aufzählt. Sie sendet Jesus zur Predigt aus (10,5ff); ihnen gibt er eine besondere Verheißung für die Zukunft (19,28); auf dem Weg nach Jerusalem nimmt er sie beiseite (20,17) und vor seinem Tod hält er mit ihnen das letzte Mahl (26,20). Judas, »der eine der Zwölf«, hat sich von ihnen getrennt (26,14). Nach dem alten Zeugnis 1 Kor 15,5 war es dieser Kreis, dem der Auferstandene erschien.

---

[73] *J. Zumstein*, Matthieu 28,16–20: RTPhil 105 (1972) 14–33, hier 17; *A. Vögtle*, Was Ostern bedeutet. Meditation zu Mattäus 28,16–20, Freiburg-Basel-Wien 1976, 36f.

zogen nach Galiläa auf den Berg, wohin Jesus sie bestellt hatte: Nach dieser Angabe ziehen die Jünger erst nach Ostern (also nicht schon in Verbindung mit einer Flucht, wie oft angenommen wurde) in ihre Heimat Galiläa zurück. Innerhalb des ersten Evangeliums, das sich besonders mit dem Problem der Ablehnung Jesu durch die Vertreter seines Volkes auseinandersetzt, kommt Galiläa als Stätte der Wirksamkeit Jesu nicht zuletzt wegen der Nähe zur Heidenwelt eine besondere Bedeutung zu (»Galiläa der Heiden«, 4,15). Die Ortsbezeichnung steht hier also nicht nur als topographische, sondern auch als eine symbolische Angabe: der Auferstandene offenbart sich den Jüngern abseits von der heiligen Stadt. Ebenso ist die Erwähnung des Berges weniger geographisch als theologisch zu verstehen (Mattäus nennt einen solchen auffallend oft: 5,1; 14,23; 15,29; 17,1; 24,3). Jede Bemühung, den Ort genau zu bestimmen (etwa Tabor), geht darum an der wesentlichen Aussage vorbei. Die Bezugnahme auf den Berg, auf dem Jesus umgeben von seinen Jüngern die neue Tora verkündet (5,1), ist unverkennbar. Der Nachsatz »wohin Jesus sie bestellt hatte« bezieht sich grammatikalisch auf »Berg«, sachlich jedoch mehr auf »Galiläa« und den vorher (28,10) ausgesprochenen Auftrag. Der Verfasser setzt voraus, daß die Frauen inzwischen zu den Jüngern gingen und diese dem übermittelten Befehl gehorchten.

und als sie ihn sahen, huldigten sie [*ihm*]: Ohne jede Einzelbeschreibung wird hier – wie vorher bei der Erscheinung des Auferstandenen vor den Frauen (28,9) – nur ausgesagt, daß die Jünger, als sie Jesus sehen, ihm ihre Huldigung durch Niederfallen entgegenbringen. Das im griechischen Text in Form des Partizips (*ἰδόντες*) ausgedrückte Sehen wird ebenso wie in alten Verkündigungstexten (z. B. 1 Kor 15,5–8; Lk 24,34) nicht näher bestimmt. Im Unterschied zu der Formulierung »er erschien« wird die Begegnung als ein Erleben (»sahen«) der Jünger bezeichnet (ähnlich Mk 16,7par; vgl. 1 Kor 9,1). Dieses wird hier zudem nur als Voraussetzung und Grund ihrer Proskynese genannt. Eine solche vollziehen nach Mattäus die Magier vor dem Kind (2,11) und Bittsteller vor Jesus (8,2; 9,18; 15,25; 20,20; einzig 18,26 wird das Verbum verwendet, um die Huldigung einem menschlichen Herrn gegenüber auszusagen). Nach Mt 4,9f verlangt auch der Versucher von Jesus eine solche Proskynese, sie steht aber gemäß Jesu Wort einzig Gott zu. Dem entspricht, daß die Jünger nach dem Seewandel vor Jesus niederfallen und ihn als den Sohn Gottes bekennen (14,33). In diesem Sinn ist nach Mattäus sowohl die Proskynese der Frauen wie die der elf Jünger vor dem Auferstandenen aufzufassen. Jesus nach seinem Tod zu sehen, ist für Mattäus offensichtlich ebenso Ehrfurcht gebietend und majestätisch wie der über das Meer (Inbegriff der Todesmacht) wandelnde Herr.

sie aber zweifelten: Die griechische Formulierung des kleinen Nachsatzes (*οἱ δὲ ἐδίστασαν*) ist nicht leicht zu übersetzen. Spricht der Evangelist von einem Teil des Kreises (»einige aber«)?[74] Meint er damit sie alle (»sie aber«)?[75] Stellt er vielleicht die Haltung der Elf dem Verhalten der Frauen gegenüber (»aber«)? Ob nun alle oder nur ein Teil des Kreises, von ihnen sagt der Evangelist: *ἐδίστασαν* (sie zweifelten). Nach mattäischem Sprachgebrauch ist dadurch kaum in Zweifel gezogen, ob der ihnen Erscheinende wirklich Jesus ist (dann wäre eine Huldigung völlig unverantwortlich); der Ausdruck ist im Neuen Testament nur noch Mt 14,31 in der Frage »Kleingläubiger, warum hast du gezweifelt?« belegt und meint dort in einem verwandten Zusammenhang den Zweifel des Kleinglaubens. Dazu paßt die hier folgende Selbstvorstellung des Erscheinenden, der auf die ihm verliehene Macht verweist. Der Zweifel der Elf oder eines Teiles ist also durch ihren Kleinglauben bedingt, und zwar weniger bezüglich der Auferstehung als im Hinblick auf die Vollmacht Jesu und die ihnen zugemutete Aufgabe der Verkündigung; denn dieser Mission dient die Erscheinung, wie aus dem Kontext des ganzen Kapitels, besonders aber aus den folgenden Worten hervorgeht.

Und Jesus trat hinzu und sprach zu ihnen und sagte: Die Jünger sehen Jesus nicht nur wieder, sie dürfen sein Wort vernehmen. Ihr Hören wird zwar nicht ausgesprochen, ist aber eingeschlossen, wenn Mattäus schreibt, daß Jesus zu ihnen spricht, indem er an sie herantritt. Dabei deutet der Evangelist in keiner Weise an, wie Jesus herantritt und ob sich sein Verhalten irgendwie von seinem früheren

---

[74] So die Vulgata (quidam) und die meisten Übersetzungen; vgl. *I. P. Ellis,* ›But some doubted‹: NTS 14 (1967/68) 574–580.

[75] So *F. Hahn,* Trinitatis. Matthäus 28,16–20; *A. Falkenroth – H. J. Held* (Hrsg.), Hören und Fragen III 2, Neukirchen 1975, 15–28, hier 22f; *Vögtle* (Anm. 73), 15.36–37.

unterscheidet. Wichtig ist für ihn, daß Jesus sich den Jüngern zuwendet und ihnen etwas mitteilt. Ihre Flucht bei seiner Gefangennahme hindert Jesus nicht daran, wieder auf sie zuzugehen.

Gegeben ist mir alle Gewalt, im Himmel und auf Erden: Dieser Satz wird meistens im Sinne der mit Jesu Tod und Auferstehung verbundenen Erhöhung und Inthronisation gedeutet, wie diese zum Beispiel Röm 1,4; Phil 2,9; Apg 2,36 bezeugt ist.[76] Die für Mattäus charakteristische Sprache läßt jedoch auch eine andere Auslegung zu, und zwar als Ausdruck für die Jesus als dem Menschensohn und Sohn Gottes allgemein zukommende Autorität und Machtfülle.[77] Diese besitzt Jesus nach Mattäus schon während seines öffentlichen Wirkens. Seine Autorität unterscheidet ihn von den Schriftgelehrten: »denn er lehrte sie wie einer, der Vollmacht besitzt« (7,28); ihm steht die Vollmacht zu, Sünden zu vergeben (9,6.8), den Dämonen (10,1) und dem Meer (8,26) zu gebieten. Nach der Tempelreinigung wird er deswegen von den Oberpriestern und Ältesten zur Rede gestellt: »In welcher Vollmacht tust du dies? Und wer hat dir diese Vollmacht gegeben?« (21,23). Daß die Formulierung »gegeben ist mir alle Gewalt« bewußt in Anklang an die griechische Übersetzung von Dan 7,14 gewählt wurde, um darzulegen, daß Jesus der verheißene Menschensohn ist, läßt sich nicht eindeutig beweisen.[78] Die Wendung »*alle* Gewalt« erinnert an den Jubelruf Jesu: »alles ist mir von meinem Vater übergeben« (11,27), der sich auf die Jesus geschenkte Offenbarungsfülle und die damit gegebene Lehrautorität bezieht. Doch kann daraus nicht gefolgert werden, die Mt 28,18b genannte Vollmacht sei einzig als eine Lehrautorität[79] zu interpre-

---

[76] Vgl. *A. Vögtle,* Das christologische und ekklesiologische Anliegen von Mt 28,16–20, in: *ders.,* Das Evangelium und die Evangelien. Beiträge zur Evangelienforschung (KBANT) Düsseldorf 1971, 253–272; *ders.* (Anm. 73), 46; *W. Trilling,* Das wahre Israel. Studien zur Theologie des Matthäusevangeliums (StANT 10) München ³1964, 21–25; *O. Michel,* Der Abschluß des Matthäusevangeliums. Ein Beitrag zur Geschichte der Osterbotschaft: EvT 10 (1950/51) 16–26, hier 22–23.

[77] Vgl. *J. Lange,* Das Erscheinen des Auferstandenen im Evangelium nach Mattäus. Eine traditions- und redaktionsgeschichtliche Untersuchung zu Mt 28,16–20 (Forschung zur Bibel 11) Würzburg 1973, 25–90.175–177.

[78] Gegen diese Abhängigkeit von Dan 7,14 hat sich *Vögtle* (Anm. 76), 255–260 ausgesprochen; ihm stimmen u. a. zu *Trilling* (Anm. 76), 21 ff; *Zumstein* (Anm. 73), 18 f; *Hahn* (Anm. 75), 23; dagegen neuerdings *Lange* (Anm. 77), 212–217.

[79] So *Lange* (Anm. 77), 89–91.

tieren; denn nach Mattäus ist Jesu Vollmacht über die Dämonen, über den Tempel, über die Sünden ebenso wie die den Jüngern übertragene Vollmacht, zu binden und zu lösen, was im Himmel und auf Erden gilt (18,18; vgl. 16,19), eine richterliche Vollmacht. Ist nicht zudem die nachösterliche Szene selbst ein Hinweis auf die Vollmacht über den Tod? Die Bestimmung »im Himmel und auf Erden« spricht ferner aus, daß diese Vollmacht Jesus nicht erst in Zukunft, sondern jetzt schon zusteht, und ihm deshalb »alle Reiche der Welt«, die Satan ihm versprach (4,8.9), untertan sind. Wenn der Auferstandene den Jüngern gegenüber auf seine Vollmacht hinweist, ist damit zugleich angedeutet, daß die Erscheinung des Auferstandenen ihnen diese in besonderer Weise bestätigt.

Geht nun und macht zu Jüngern alle Völker: Das in den deutschen Übersetzungen meist mit dem Imperativ »geht« übersetzte Partizip *πορευθέντες* kann als eine allgemeine Einleitung und Bekräftigungsformel,[80] aber auch als ausdrücklicher Befehl zum Gehen aufgefaßt werden. Letzteres legt sich vom Zusammenhang her nahe, da sich der Auftrag »macht zu Jüngern« auf außerhalb ihres bisherigen Lebenskreises Stehende (»alle Völker«) bezieht. Die Partikel *οὖν* (nun) deutet an, daß der Auftrag die Schlußfolgerung aus dem Voraufgegangenen darstellt. Dabei handelt es sich, wenn man den Kontext des ganzen Mattäusevangeliums betrachtet, nicht einzig um eine Folge der Auferstehung Jesu, als vielmehr auch aus der Ablehnung Jesu durch die führenden Stellen Israels, die in den vorher erzählten Machenschaften gegen die Osterbotschaft nur ihren markanten abschließenden Ausdruck fand.[81] Die Adressaten des Auftrags sind »alle Völker«. Dieser bei Mattäus noch 24,9; 24,14 und 25,32 belegte Terminus bezeichnet vornehmlich »die Völker« der Heiden im Unterschied zu dem »Volk« der Juden, ohne daß damit die in der Diaspora lebenden Juden formell ausgeschlossen wären. Der Missionsbefehl *μαθητεύσατε* wurde früher häufig gemäß der Vulgataübersetzung (docete) mit »lehrt« wiedergegeben; er bedeutet aber: »macht zu Jüngern« (vgl. 13,52; 27,57; Apg 14,21). Das Verhältnis der Zwölf bzw. des größeren Jüngerkreises zu Jesus gilt

---

[80] *B. J. Malina*, The Literary Structure and Form of Matt. XXVIII. 16–20: NTS 17 (1970/71) 87–103, hier 89f, nach dem deshalb hier kein Missionsauftrag (Sendungsbefehl) ausgesprochen ist.

[81] Vgl. *Lange* (Anm. 77), 306–307.

jetzt – anders als es zur Zeit seines öffentlichen Wirkens Jesu war – als exemplarisch für alle Menschen. Sie alle sollen Jünger Jesu werden. Die nachösterliche Mission unterscheidet sich von der vorösterlichen durch ihre Ausdehnung auf die Heiden, besonders aber durch die Verkündigung Jesu Christi als die Konkretisierung der vor Ostern gepredigten Gottesherrschaft (vgl. 10,6ff). Wie die Elf ihren Missionsauftrag verwirklichen sollen, wird durch die beiden Partizipien *βαπτίζοντες* und *διδάσκοντες* (wörtlich: indem ihr tauft ... indem ihr belehrt) ausgesprochen.[82]

indem ihr sie tauft auf den Namen des Vaters und des Sohnes und des heiligen Geistes (In einigen alten Zitaten steht statt dessen »in meinem Namen«; doch ist dies gegenüber der sonst einhelligen Bezeugung keine ernstzunehmende Textvariante.): Der Eintritt in den nachösterlichen Jüngerkreis geschieht demnach durch die Taufe. Sie wurde von Anfang an in der Kirche gefordert und war für die Leser des Mattäusevangeliums schon eine Selbstverständlichkeit (vgl. Röm 6,3). Von der bei den Juden verbreiteten Proselytentaufe und der Taufe, die Johannes als Ausdruck der Umkehr (3,11) und zur Erfüllung der Gerechtigkeit (3,15) spendete, wird sie durch die nähere Bestimmung »auf den Namen des Vaters und des Sohnes und des heiligen Geistes« unterschieden. (In der Apostelgeschichte wird der Unterschied durch die Formel »im Namen Jesu« betont, z. B. Apg 19,5.) Die trinitarische Taufformel ist auch in der Didache belegt (7,1). Die Präposition *εἰς* (auf ... hin) spricht nicht unbedingt und direkt die Übereignung aus, so sinnvoll eine solche Interpretation ist; denn im Koine-Griechisch steht *εἰς* oft für *ἐν* (in) und kann darum auch hier zunächst nur die Motivation und Autorität der christlichen Taufe angeben. Sie wird gespendet im Auftrag und unter Anrufung des Namens – im Alten Bund kommt bekanntlich dem Anrufen des Namens Jahwes eine besondere Bedeutung zu –, der dem Vater, dem Sohn und dem heiligen Geist gemeinsam ist.
Die Verwendung der trinitarischen Formel (vgl. 2 Kor 13,13; 1 Kor 12,3ff) setzt eine Verkündigung voraus (in dem Auftrag zu taufen ist also der zur Predigt eingeschlossen). Diese hat den Täufling damit vertraut gemacht, daß im Leben, Wirken und Auferstehen Jesu Gott sich als der Vater Jesu offenbarte, Jesus wirklich der Sohn

---

[82] *Malina* (Anm. 80), 90 sieht darin einen Semitismus und fordert, die Partizipien als Imperative aufzufassen.

Gottes ist und durch ihn der im Alten Bund verheißene heilige Geist vermittelt wird (vgl. 3,11: »er wird euch mit heiligem Geist und Feuer taufen«). Wer in den nachösterlichen Jüngerkreis eintritt, wird dadurch zugleich – mehr noch als dies für die Jünger vor Ostern möglich war – in ein besonderes Verhältnis zu dem einen Gott gestellt, den die Kirche von frühester Zeit an als Vater, Sohn und Geist bekennt. Wenn die Urkirche, die aus dem monotheistischen Judentum stammt, dies nicht als einen flagranten Gegensatz zu dem alttestamentlichen Jahweglauben empfand, hängt das vermutlich damit zusammen, daß sie nicht wie wir auf einen philosophisch reflektierten Gottesbegriff festgelegt war. Die mit Jesus und seinem Geist gemachten Erfahrungen hatte für sie ein größeres Gewicht als eigene Spekulationen.

und indem ihr sie lehrt, alles zu halten, was ich euch geboten habe: Außer dem Taufen wird als Tätigkeit der ausgesandten Apostel eine Belehrung genannt. Gemeint ist damit die Katechese der Täuflinge und besonders der bereits Getauften. Ihr Inhalt ist: »alles, was ich euch geboten habe«. Dies umfaßt die Ordnung des neuen Gottesvolkes, die Mattäus in seinem Evangelium ausführlich (besonders in der Bergpredigt) als das Gebot Jesu dargelegt hat. Die Tora des Alten Bundes hat in Jesu Weisung ihre Erfüllung gefunden (vgl. 5,17; 22,40). Die sittliche Unterweisung der Christen hat sich deshalb an Jesu Worten zu den Jüngern (»euch«) zu orientieren.

Und siehe, ich bin mit euch alle Tage bis zur Vollendung der Weltzeit: Den zweifelnden und in die Welt ausgesandten Aposteln verheißt Jesus seinen bleibenden Beistand. Bei der Aussendung und Berufung alttestamentlicher Propheten und Führergestalten ist eine ähnliche Verheißung geläufig: »Ich bin mit dir« (z. B. Ex 3,12; Jes 41,10; 43,5; Jer 1,8). Es geht nicht nur um eine bleibende Gegenwart (vgl. 18,20), sondern um den tatkräftigen Beistand. Die Jünger sind bei ihrer Aufgabe nicht sich selbst überlassen. Jesus ist »mit ihnen« (*μεϑ' ὑμῶν*), so wie Jahwe mit seinem Volk ist. Der zu Beginn des Evangeliums genannte Name »Immanuel – mit uns Gott« (1,23) – klingt am Ende des Evangeliums noch einmal an. (Im Unterschied zu den Osterevangelien des Lukas und Johannes fehlt die ausdrückliche Erwähnung einer Ausrüstung mit der Kraft des heiligen Geistes.)

Jesus verheißt den »Elf« seinen Beistand für »alle Tage«, also für immer, demnach auch für die Tage der Verfolgung, in denen es scheinen könnte, als habe der Herr die Seinen verlassen (vgl. die Verheißung des Geistes für die Zeit der Verfolgung, Mt 10,19f). Die Angabe des Termins »bis zur Vollendung der Weltzeit« kommt im Neuen Testament – abgesehen von Hebr 9,26 – nur bei Mattäus vor (13,39.40.49; 24,3), war aber damals verbreitet. Wann diese »Vollendung« sein wird, bei der Mattäus sicher an die Parusie und das Endgericht denkt (vgl. 13,39.40.49; 24,29; 25,32ff), wird nicht prophezeit (vgl. 24,36ff). Doch wird den Jüngern in Aussicht gestellt, daß sie bis zu diesem Termin – das heißt auch in den diesem unmittelbar voraufgehenden Bedrängnissen – mit dem helfenden Beistand des Herrn rechnen dürfen.

3.2.2. Form und Gattung

Zum rechten Verständnis dieses kurzen Textabschnitts ist eine Formanalyse hier besonders angebracht. Mt 28,16–20 ist eine in Prosa abgefaßte Textkomposition. Im ersten Teil (16–17) werden von dem Subjekt (die Elf) in sehr gerafftem Erzählstil drei Hauptaussagen gemacht (»zogen«, »huldigten«, »zweifelten«). Dabei hat die erste (»zogen«) im Hinblick auf die zweite (»huldigten«) eine vorbereitende Funktion; die dritte (»zweifelten«) ist hingegen eine nachgetragene Bemerkung. Bei der Kürze der Schilderung fällt auf, daß die zu dem ersten Prädikat gehörende Ortsangabe auf eine doppelte Weise näher bestimmt wird (»auf den Berg« – »wohin Jesus sie bestellt hatte«). Es fehlt jede nähere Beschreibung (etwa des Aussehens oder der Handlung); das Sehen des Erscheinenden wird lediglich in Form der Partizipialkonstruktion *ἰδόντες αὐτόν* (als sie ihn sahen) als Voraussetzung für die sachlich im Mittelpunkt stehende Prädikatsaussage (»huldigten«) angeführt. Im zweiten Teil (18–20) wird von dem Subjekt (Jesus) nur eine Hauptaussage im Erzählstil gemacht (»sagte«), die das Partizip *προσελθών* (herantretend) vorbereitet und der das zur Einleitungsformel einer direkten Rede abgeschwächte Partizip *λέγων* (indem er sagte) folgt. Es fehlt auch hier jede Beschreibung. Als Inhalt der Rede, mit der die Perikope und das Buch abschließen, steht zuerst eine Aussage des Sprechers über sich selbst (»mir wurde gegeben ...«). Darauf folgt der durch

das fast formelhaft wirkende Partizip πορευθέντες (gehend) eingeleitete Imperativ μαθητεύσατε (macht zu Jüngern). Er wird ergänzt durch zwei Partizipalsätze; das erste Partizip (βαπτίζοντες – taufend) erhält durch eine dreigliedrige Formel (»auf den Namen des Vaters und des Sohnes und des heiligen Geistes«) eine nähere Bestimmung, während das Objekt des zweiten (διδάσκοντες – lehrend) durch einen Relativsatz präzisiert wird (»alles halten, was ich euch gelehrt habe«). Die Rede schließt mit einer durch »und siehe« eingeleiteten Zusage (»ich bin mit euch«), deren Dauer durch die doppelte Angabe »alle Tage« und »bis zum Ende der Weltzeit« ausgedrückt wird.
Betrachtet man den kurzen Text als Ganzes, so steht neben der als Vorbereitung dienenden Angabe über die Elf (sie sind es, die angeredet werden) die auf eine kurze Einleitung folgende dreigliedrige Rede Jesu. Auf ihr liegt der Hauptakzent dieses Textabschnittes. Auf den ersten Blick macht die Perikope den Eindruck eines Berichtes. Doch tritt das Interesse des Verfassers an äußeren Vorgängen völlig zurück. Das Sehen wird zudem nur angedeutet. (Außerdem läßt sich die Darstellung nicht mit den Angaben der übrigen Evangelisten harmonisieren: nach Lk 24,49 wird den Jüngern ausdrücklich gesagt, daß sie vor dem Empfang des Geistes Jerusalem nicht verlassen dürfen!) Deshalb kann sie keineswegs als protokollarischer Erscheinungsbericht aufgefaßt werden. Ebenso abwegig ist es, in ihr eine Legende oder wegen des angehängten Taufbefehls eine Art Kultlegende[83] zu erkennen; denn die für diese Gattung typischen Merkmale fehlen völlig (s. o. S. 43f). Mit gewissen Einschränkungen kann man diese Schilderung zwar den übrigen Erscheinungsgeschichten zuordnen, sie weicht jedoch in wichtigen Punkten von diesem Muster ab. Wegen der Verwandtschaft mit dem altorientalischen Inthronisationsritus wird sie in neuerer Zeit als Inthronisationshymnus bestimmt.[84] Mit Recht wird aber dagegen geltend gemacht, daß die drei Akte dieses Rituals (Erhöhung, Präsentation, Inthronisation) nicht auf den Schluß des Mattäusevangeliums zutreffen.[85] Das dreigliedrige Wort des Erscheinenden (Selbstvorstellung, Auftrag, Verheißung) ist hingegen verwandt mit

---

83 *Bultmann* (Anm. 43), 310.333.
84 *Michel* (Anm. 76), 22f.
85 Zur Kritik vgl. *Trilling* (Anm. 76), 46f.

dem Schema der alttestamentlichen Gottesrede[86], mehr aber noch – wie in letzter Zeit beobachtet wurde[87] – mit dem Schema eines amtlichen Dekrets, wie dies 2 Chr 36,23 vorliegt: »So spricht Cyrus, der König von Persien: ›Der Herr, der Gott des Himmels, hat mir alle Reiche der Erde verliehen. Er selbst hat mir aufgetragen, ihm zu Jerusalem in Juda ein Haus zu bauen. Wer immer unter euch zu seinem Volk gehört, mit dem sei der Herr, sein Gott! Er ziehe hinauf!‹« Vielleicht hat Mattäus sogar den Schluß seines Evangeliums dem des Buches der Chronik nachgestaltet. Durch die einleitenden Verse wird die diesem Dekret sehr ähnliche Erklärung des Auferstandenen im Rahmen einer Szene vorgetragen, die aus dem Kontext heraus – und nur aus diesem – als Erscheinung des Auferstandenen erkennbar ist. Der Nachweis, daß Jesus auferstanden ist, steht für Mattäus und seine Leser hier nicht zur Diskussion. Die Gattung von Mt 28,16–20 wird deshalb am besten bestimmt als eine *programmatische Erklärung*, die *im Rahmen einer Ostergeschichte* vorgetragen wird.

3.2.3. Redaktions- und traditionskritische Erörterung

Wie neuere Untersuchungen gezeigt haben,[88] ist die Terminologie mit Ausnahme der trinitarischen Taufformel durchwegs mattäisch (z. B. *ὄρος, προσεκύνησαν, ἐδίστασαν, ἐν οὐρανῷ καὶ ἐπὶ τῆς λῆς, μαθητεύσατε, πάντα τὰ ἔθνη, ἕως τῆς συντελείας τοῦ αἰῶνος*). Die Lokalangabe »Galiläa« erfolgt in Abhängigkeit von Mk 16,7. Mattäus hebt sie nicht ohne Absicht besonders hervor (doppelte Anweisung an die Frauen durch den Engel und den Auferstandenen 28,7 und 28,10; ausdrückliche Bezugnahme auf diesen Auftrag in 28,16). Dies steht in Einklang mit einem Leitmotiv seines Evangeliums (dem Übergang vom alten zum neuen Israel). Bei einem Vergleich mit der andersartigen Darlegung im Lukasevangelium und im Johannesevangelium wird deutlich erkennbar: nicht in Jerusalem (der Stadt des Tempels und Hohen Rates), sondern in Galiläa (»Galiläa der Heiden« 4,15) empfangen die Jünger den Missionsauftrag; dort ist der Ausgangspunkt für das neue Israel.

---

[86] *Trilling* (Anm. 76), 48.
[87] *Malina* (Anm. 80), 92ff.
[88] *Trilling* (Anm. 76), 21–51; *Lange* (Anm. 77).

Wegen der ausgeprägten mattäischen Redaktion und des Fehlens von synoptischen oder johanneischen Parallelen kann nicht mehr festgestellt werden, inwieweit Mattäus hier vorgegebene (eine sogenannte Galiläische Tradition)[89] oder gar historisch zuverlässige Erinnerungen an eine bestimmte Erscheinung verarbeitet hat.[89a] Der vorliegende Text allein vermag darüber keine nähere Auskunft zu geben. Als historischer Kern, der von Mattäus vorausgesetzt wird, kann mit Sicherheit nur das gelten, was mit anderen Texten übereinstimmt: 1. Der Auferstandene ist den Elf in besonderer Weise erschienen (1 Kor 15,5; Mk 16,7; vgl. Lk 24,36ff; Joh 20,19ff; Apg 1,3; 10,41). 2. In Verbindung mit dieser Erscheinung erfuhren sich die Apostel als vom Herrn erneut Berufene und Ausgesandte (vgl. Gal 1,16; Lk 24,42ff; Joh 20,22; Apg 1,8). 3. Die Begegnung mit dem Auferstandenen allein nahm den Jüngern nicht die Möglichkeit, Zweifeln und Kleinglauben ausgesetzt zu sein (vgl. Lk 24,36–42; Joh 20,25ff; 21,1–15). Wie die Texterklärung schon nahelegte, geht es in der Schlußperikope des Mattäusevangeliums um bedeutend mehr als um die Darstellung eines historischen Faktums oder die Wiedergabe einer ipsissima vox.

3.2.4. Bedeutung für den Leser

Zentrales Thema dieses programmatischen Evangelienschlusses ist: die in der Urkirche als Verkünder der Auferstehung bekannten Jünger, die von den jüdischen Behörden als Betrüger verleumdet werden, erfahren von Jesus selbst, daß er der bevollmächtigte Sohn ist, er sie mit der Völkermission beauftragt und ihnen bis zuletzt zur Seite stehen wird. Damit faßt der Evangelist zusammen, wer der ist, von dem sein Buch kündet und welche Autorität der kirchlichen

[89] Von einem galiläischen Erscheinungstypus (so *Léon-Dufour* [Anm. 35], 137–144) kann hier m. E. deshalb nicht gesprochen werden, weil das Motiv »Erscheinung« hier nur in völlig untergeordneter Weise aufscheint (vgl. dazu *Zumstein* [Anm. 73], 16), und dies gerade gegen die Ankündigung in 28,7.10. Deshalb läßt sich auch nicht auf ein Mt 28,8–10 mit Mt 28,16–20 und Joh 20,19–21 »common pattern« schließen, wie dies *C. H. Dodd*, The Appearances of the Risen Christ; a study in form-criticism, in: More New Testament Studies, Manchester 1968, 102–133, hier 104f, versucht.

[89a] Dies schließt nicht aus, daß der Evangelist die meisten Motive vorgefunden hat (Vollmachtswort, Sendungswort, Zusage des Beistands, triadische Taufformel). Vgl. *Hahn* (Anm. 75), 21.

Predigt zukommt. Indem Mattäus dies in Form einer schematisierten Ostergeschichte darbietet, fesselt er den Leser und lenkt dadurch die Aufmerksamkeit auf die einzelnen Motive seiner Darlegung.

1. nach Galiläa. Die Zeitgenossen des Mattäus wußten sich aus der Glaubensgemeinschaft des jüdischen Volkes ausgeschlossen. Sie standen damit vor der Tatsache, daß die Vertreter des auserwählten Volkes die Botschaft der Kirche ablehnten, viele Heiden hingegen das Evangelium annahmen. Im Gang der Jünger nach Galiläa – auf Befehl Jesu hin – konnten sie ein Bild ihrer eigenen Situation und Aufgabe erkennen: es ist der Wille des Auferstandenen, daß sie sich aus dem alten Israel lösen, sich ganz auf sein Wort als die Erfüllung der Tora einlassen und der Heidenmission öffnen (vgl. 8,11 u. ö.). – In übertragener Weise gilt das auch heute noch. Wer zum Glauben an Jesus Christus findet, wird oftmals gezwungen, seine Umwelt zu verlassen, um sich ganz dem Wort des Herrn zu stellen und von ihm zu den Weitentfernten gesandt zu werden.

2. Huldigung – Kleinglauben. Die Jünger, die Jesus nach seiner Kreuzigung wiedersehen dürfen, erkennen ihn und erweisen ihm jene Huldigung, die im Grunde nur Gott gebührt (4,9f), aber Jesus zusteht, weil er in Wahrheit der Sohn Gottes ist (vgl. 14,33; 16,16; 27,54). Diese Erkenntnis hindert sie – alle oder zumindest einige – nicht daran, von Kleinglauben erfaßt zu werden. Es ist derselbe Kleinglaube, den Jesus nach Mt 14,28–31 tadelt: obwohl Petrus sich gläubig zu Jesus auf das Meer (Symbol der Todesgefahr) wagt, überkommen ihn ob des Windes Zweifel an Jesu rettendem Beistand. (Diese ganz im Licht des Osterglaubens gezeichnete Szene faßt in einem tiefsinnigen Bild die der Urkirche bekannte Geschichte von Simon Petrus zusammen.)
Neben dem anschaulich dargestellten Bekenntnis zu Jesus als dem Sohn Gottes, steht das Bild des Kleinglaubens derer, die Zeugen des Auferstandenen waren. Der Glaube an Jesus Christus ist also selbst bei den Aposteln nicht frei von Anfechtung. Vielleicht denkt Mattäus an die Versuchung zum Kleinglauben, die aus der Ablehnung und Verfolgung der Jünger durch die Vertreter ihres Volkes entstehen konnte. Sie konnte auch durch das Ausbleiben der für die nächste Zukunft erwarteten Parusie genährt werden. Im Lauf der Kirchengeschichte macht sich die Anfechtung des Kleinglaubens

ebenso wie im Alten Bund immer wieder bemerkbar, weil die Geschichte der Welt meist anders verläuft, als die Glaubenden es sich ausmalen.

3. alle Gewalt im Himmel und auf Erden. Gerade angesichts des kleingläubigen Zweifels der Apostel erhält die Selbstvorstellung des Sohnes ihr Gewicht. Sie sind nicht nur auf das angewiesen, was sie sehen. Jesus deutet die Schau durch sein Wort: er ist in der Tat der Sohn, dem alles vom Vater gegeben ist (11,27); seine Macht ist über jede andere Macht erhaben, niemand kann sich ihr entziehen – weder im Himmel (keiner der Geister oder gar Satan) noch auf Erden (wer auch immer sich König und Herr oder Machthaber nennen mag). Alle sind ihm untertan und ihm als dem Menschensohn und Richter Rechenschaft schuldig (vgl. 25,32 ff). Die Weltgeschichte ist also nicht dem blinden Zufall oder der Willkür einiger Großer endgültig ausgeliefert.

4. macht zu Jüngern alle Völker. Jesus hat seine irdische Sendung im wesentlichen auf Israel beschränkt, um es zur Umkehr zu rufen und zu sammeln. Er gab damals seinen Jüngern den Auftrag, die Botschaft von der Gottesherrschaft zu predigen (10,7). Nach seiner Kreuzigung und der Ablehnung der Osterbotschaft in Jerusalem sendet er die Apostel zu allen Völkern, damit sie alle Menschen zu Jüngern machen. Die Jünger bildeten zu Lebzeiten Jesu eine verhältnismäßig kleine Gruppe und Jesus berief keineswegs alle, die seine Predigt hören, in diesen Kreis. Wenn der Begriff »Jünger« nach Ostern einen neuen Inhalt erhält und zur Bezeichnung der Christen wird, so ist das charakteristisch für die neue Situation, vor allem aber Ausdruck dafür, daß nunmehr alle in ein Verhältnis zu Jesus Christus treten sollen, das mit dem der vorösterlichen Jüngerschaft verwandt ist. An die Stelle der Predigt von der Gottesherrschaft tritt die von Jesus Christus, an die Stelle des alten Gottesvolkes das neue Israel, die Gemeinde Jesu Christi (vgl. Mt 16,18).
Mattäus hat diesen Auftrag formuliert, als der urkirchliche Streit um die Zulassung der Heiden zur Kirche schon überstanden war, die Christen aber seitens der jüdischen Autorität aus der Synagoge ausgeschlossen wurden. Deshalb war es für seine Leser wichtig, die Wendung der apostolischen Mission zur Heidenwelt und die Ablösung des Alten Bundes durch den Neuen Bund als Wort und Wille

des gekreuzigten und auferstandenen Herrn zu vernehmen. – Der hier als Herrenwort aufgeschriebene Missionsbefehl gilt bis heute. Das Ziel der Mission ist demnach die Jüngerschaft der Bekehrten, ein persönliches Verhältnis zu Jesus Christus. Dies ist der Wille Jesu Christi, wie Mattäus dem Leser anschaulich vor Augen führt. Die Annahme von Glaubenssätzen hat demgegenüber eine dienende Funktion.

5. *tauft ... lehrt.* Die Taufe ist in der Kirche von Anfang an Zeichen der Umkehr, des Glaubens und der Zugehörigkeit zur Jüngergemeinde des Auferstandenen. Ihre Spendung bringt zum Ausdruck: die neue Existenzweise ist Geschenk und Werk Gottes, den Jesus als seinen Vater anredete und dessen Geist die Gemeinde empfangen hatte. Daß die Taufe nicht wie ein magischer Ritus den Menschen ein für allemal seiner Gefährdung entreißt, geht daraus hervor, daß den Jüngern außer dem Taufbefehl auch der Auftrag zur Unterweisung gegeben wird. Wer durch die Taufe zu Jesus Christus und durch ihn und den heiligen Geist zum Vater gehört, kann nicht mehr leben, wie er will; er ist gehalten, den von Jesus gewiesenen Weg zu gehen.
Viele von den ersten Lesern des Mattäusevangeliums stammten noch aus dem Judentum und waren mit dem Gesetz des Mose vertraut. Vielen Heiden war es nur vom Hörensagen bekannt. Die Predigt Pauli von der Gesetzesfreiheit konnte mißverstanden werden (vgl. Röm 3,8; 2 Petr 3,16). Darum hat Mattäus die Botschaft Jesu als die neue Tora verkündet. Nicht ohne Grund wird zum Schluß dieses Evangeliums allen Verantwortlichen eingeschärft, zum Leben nach den Weisungen Jesu anzuleiten. – Die sittlichen Forderungen dürfen aber nicht losgelöst werden von dem neuen Lebensstand, der durch die Taufe begründet wird. Der Getaufte gehört nicht mehr sich selbst und der Macht des Todes, er ist in einzigartiger Weise hineingestellt in das unergründliche Geheimnis Gottes, der Vater, Sohn und heiliger Geist heißt; denn Jesus hat alle Macht vom Vater (11,27; 28,18), er tauft mit dem heiligen Geist (3,11) und darf selbst göttliche Huldigung entgegennehmen.

6. *ich bin mit euch.* Der Auferstandene beendet seine Rede mit der Zusicherung seines Beistandes. Jahwe war im Alten Bund erfahren worden als der, der da ist, Israel also immer zur Seite steht und stehen wird (vgl. Ex 3,14). In Jesus Christus, dem verheißenen Imma-

nuel (Mt 1,23), wurde diese Nähe und Hilfe Gottes, Gott selbst, in einzigartiger Weise erkennbar und spürbar. Wie die Propheten Israels, so dürfen vor allem die Apostel des Beistandes Jahwes, der Nähe und Sorge Jesu – er ist ja nicht tot, sondern lebt – sicher sein. Diese Verheißung bewahrt die Jünger nicht vor Verfolgungen (Mt 5,10ff; 10,23; 23,34), Fehlschlägen und Irrtümern (vgl. Gal 2,14). Sie gibt aber Kraft und Mut, in den Bedrängnissen auszuharren und zu wirken. Dies gilt, zumal nach Mt 16,18 der auf Petrus gegründeten neuen Jüngergemeinde die Verheißung gegeben ist, daß die Pforten der Hölle (d. h. die Macht des Todes) sie ebensowenig überwältigen werden wie Jesus, der der Macht des Todes entrissen wurde.

4. Die Ostergeschichten des Lukas

Außer der mit den beiden synoptischen Darstellungen verwandten Grabesgeschichte enthält das Lukasevangelium noch zwei andere Perikopen: die Emmausgeschichte und die Geschichte von der Erscheinung am Osterabend. Wie die Auslegung dieser Abschnitte zeigen wird, weisen alle drei Texte viele Merkmale lukanischer Redaktion auf und bilden zusammen einen eindrucksvollen Abschluß des dritten Evangeliums, der auf die Passionsgeschichte folgt.
Das Lukasevangelium wurde ebenso wie die Apostelgeschichte gegen Ende des ersten christlichen Jahrhunderts niedergeschrieben, und zwar von einem uns weithin unbekannten Verfasser, den wir mit der Tradition Lukas nennen dürfen.[90] Im Proömium seines ersten Buches gibt er seine Intention an: nach einem sorgfältigen Studium der Quellen will er eine wohlgeordnete Darstellung dessen bieten, was sich in seiner Welt und Zeit (»unter uns«) zugetragen hat; er tut dies, um Theophilus die Zuverlässigkeit dessen aufzuzeigen, worin er unterwiesen wurde (1,1–4). Lukas möchte demnach den durch äußere Angriffe und innerkirchliche Irrlehren (vgl. Apg 20,29f) unsicher gewordenen Lesern helfen.[91] Er strebt aus diesem Grund eine umfassende Gesamtdarstellung an, betont unter anderem die Zuverlässigkeit seiner Gewährsleute, besonders der

---

[90] Vgl. *Wikenhauser-Schmid* (Anm. 29), 254–255; *Kümmel* (Anm. 29), 117.

[91] Vgl. *H. Schürmann,* Das Testament des Paulus für die Kirche. Apg 20,18–35, in: *ders.,* Traditionsgeschichtliche Untersuchungen zu den synoptischen Evangelien (1962) (KBANT) Düsseldorf 1968, 310–340; *ders.,* Das Lukasevangelium I (HThK 3,1) Freiburg-Basel-Wien 1969, 16–17; neuestens *G. Schneider,* Der Zweck des lukanischen Doppelwerks: BZ 21 (1977) 45–66.

Apostel, und legt die urkirchliche Verkündigung als eine für seine hellenistischen Leser faszinierende und nach außen hin zu verteidigende Botschaft dar. Seine Darstellung von Jesu Wirken, Lehren und Leiden folgt im großen und ganzen dem vom Markusevangelium vorgegebenen Rahmen; sie wird aber durch die Überlieferungen aus der Quelle Q und viele Sonderüberlieferungen ergänzt. Dabei hat Lukas den übernommenen Stoff, was in den letzten Jahren oft untersucht wurde, in ganz eigener Weise gestaltet; denn er verbindet die vielen Einzelgeschichten über Jesus mehr als Markus zu einer Geschichtsdarstellung; er ordnet sie der Zeitgeschichte ein und hebt hervor, daß sich darin eine schon im Alten Bund vorgezeichnete Heilsgeschichte erfüllt. Wie die beiden anderen Synoptiker überliefert Lukas auch die Voraussagen des Leidens und der Auferstehung Jesu (9,22.44; 18,31–33); dabei unterstreicht er den schon in der frühesten Verkündigung bekannten Gedanken, daß dies aufgrund einer Heilsnotwendigkeit geschehen muß, die in den heiligen Büchern Israels aufgezeichnet ist (vgl. 18,31).
In der Schilderung der Passion selbst weicht Lukas nicht selten so stark von Markus und Mattäus ab, daß nicht wenige Forscher zumindest dafür eine besondere Überlieferung als Vorlage fordern.[92] Jesu Leiden und Sterben wird als das eines unschuldigen Gerechten und eines vorbildlichen Märtyrers gezeichnet. (Vgl. das Bekenntnis des Hauptmanns: »Wahrhaftig, dieser Mensch war ein Gerechter« [23,47]; die Bitte um Vergebung [23,34] und das Gebet des Sterbenden [23,46].) Nach Lukas standen bei der Kreuzigung alle Bekannten Jesu »von ferne«, von den Frauen sagt jedoch der Evangelist eigens: »und Frauen, die ihm von Galiläa gefolgt waren, sahen dieses« (23,49). Sie gelten demnach als Augenzeugen (*ὁρῶσαι ταῦτα*). Sie folgen auch Josef von Arimatäa beim Begräbnis Jesu (23,55a). Ohne ihre direkte Beteiligung zu beschreiben, bemerkt der Evangelist abschließend: »sie sahen das Grab und wie sein Leichnam begraben wurde« (23,55b). Auf das eigentümliche »wie« nimmt die folgende Bemerkung Bezug: »und nach ihrer Rückkehr bereiteten sie wohlriechende Kräuter und Myrrhe«. Sie haben also die Absicht, eine fehlende Salbung nachzuholen (vgl. 24,1). Daß sie es nicht sofort tun, erklärt der Evangelist, der auch sonst an einer Angabe der zeit-

---

[92] Vgl. dazu *G. Schneider*, Die Passion Jesu nach den drei älteren Evangelien (Biblische Handbibliothek 11) München 1973, 32ff.

lichen Abfolge interessiert ist, mit den Worten »und am Sabbat ruhten sie nach dem Gesetz« (23,56b). Unmittelbar anschließend schildert Lukas die Entdeckung des geöffneten und leeren Grabes.

4.1. Die lukanische Grabesgeschichte (24,1–12)

1 Am ersten Tag der Woche aber, in aller Früh, kamen sie zum
Grab mit den wohlriechenden Salben, die sie bereitet hatten.
2 Sie fanden nun den Stein vom Grab weggewälzt.
3 Den Leichnam des Herrn Jesus aber fanden sie nicht, als sie
[ins Grab] hineingingen.

4 Und es geschah, als sie deswegen ratlos waren, siehe, da tra-
ten zwei Männer in blitzendem Gewand zu ihnen. 5 Da sie
nun in Furcht gerieten und ihr Antlitz zur Erde neigten, spra-
chen [diese] zu ihnen:
»Was sucht ihr den Lebendigen bei den Toten?
6 Er ist nicht hier, sondern wurde auferweckt.
Erinnert euch, wie er zu euch gesprochen hat, als er noch in
Galiläa war, 7 und sagte: ›Der Menschensohn muß den Hän-
den der Sünder überliefert und gekreuzigt werden und am
dritten Tage auferstehen‹«.

8 Und sie erinnerten sich seiner Worte, 9 kehrten vom Grab
zurück und meldeten dies alles den Elf und allen übrigen.
10 Es waren (aber) Maria von Magdala und Johanna und die
Maria des Jakobus. Und die übrigen [Frauen], die zu ihnen
gehörten, sagten dies den Aposteln. 11 Und ihnen kamen
diese Worte wie ein Geschwätz vor, und sie glaubten ihnen
[den Frauen] nicht.

12 Petrus aber stand auf und lief zum Grab; und als er sich
vorbeugte, sieht er die Binden liegen; und er ging weg nach
Hause, voller Staunen über das, was geschehen war.

4.1.1. Texterklärung

Die lukanische Grabesgeschichte weicht nicht unwesentlich von der markinischen Vorlage ab. (Auf die wichtigsten textkritischen Fragen wird im Laufe der Texterklärung eingegangen.) Dies zeigt schon ihre Gliederung: Auf die Bemerkung über den Gang zum Grab folgt die kurze Schilderung, daß die Frauen zwar den Stein weggewälzt, nicht aber den Leichnam Jesu finden (24,1–3). Inhalt der daran anschließenden Verse ist die Auskunft der beiden Boten, die den Frauen angesichts ihrer Ratlosigkeit in leicht tadelnder Weise die Osterbotschaft mitteilen und sie an Jesu Voraussagen in Galiläa erinnern (24,4–7). Zu der Notiz über die Einsicht der Frauen und ihre Benachrichtigung der Jünger (24,8–9) fügt der Evangelist noch als Nachtrag die Angaben über die Reaktion der Jünger (24,10–11). Den Abschluß bildet – allerdings nicht in allen Handschriften – die kurze Angabe über die Grabesbesichtigung des Petrus (24,12).

24,1–3: Entdeckung des geöffneten und leeren Grabes

Am ersten Tag der Woche aber, in aller Früh, kamen sie zum Grab mit den wohlriechenden Salben, die sie bereitet hatten: Die Angabe des Wochentags ist dieselbe wie bei Markus. »In aller Früh« gibt als Tageszeit eindeutig die Morgendämmerung an. Die Absicht der Frauen wird nicht ausdrücklich genannt, ist aber hinreichend durch die Bemerkung angedeutet, daß sie die vor dem Sabbat zubereiteten wohlriechenden Salben (die Myrrhe wird im Unterschied zu 23,55 nicht erwähnt) bei sich tragen. Sie wollen so bald als möglich die zum Begräbnis gehörende Salbung nachholen.

Sie fanden nun den Stein vom Grab weggewälzt: Lukas schreibt nichts über ein Gespräch der Frauen auf dem Weg (vgl. Mk 16,3). Statt dessen erzählt er, daß sie, als sie zum Grab kommen, dort eine Entdeckung machen: der Stein ist weggewälzt. Der Evangelist hat einen solchen bei der Schilderung des Begräbnisses Jesu nicht erwähnt. Er setzt hier voraus, daß den Lesern das Vorhandensein eines solchen Grabsteines bekannt ist. Wie und durch wen der Stein entfernt worden ist, deutet er in keiner Weise an. Er geht auch nicht darauf ein, daß der Stein, wie es Markus betont, nicht leicht wegzuwälzen war. In straffer und literarisch kunstvoller Erzählweise (Antithese) fährt Lukas statt dessen fort:

Den Leichnam des Herrn Jesus aber fanden sie nicht, als sie [in das Grab] hineingingen: Der Entdeckung des geöffneten Grabes (»fanden den Stein weggewälzt«) steht gegenüber, daß sie beim Betreten des Grabes den Leichnam nicht »fanden«. (Vgl. die verwandte Antithese in Lk 2,45f: »Und da sie ihn nicht fanden, kehrten sie nach Jerusalem zurück ... nach drei Tagen fanden sie ihn ...«) Im Unterschied zu den beiden anderen Synoptikern brauchen die Frauen nicht erst auf das Fehlen des Leichnams aufmerksam gemacht zu werden. Der dritte Evangelist spricht hier – das darf nicht übersehen werden – nicht einfach vom Gekreuzigten (so 23,53b; vgl. 24,5), sondern in konkreter und für hellenistische Leser verständlicher Diktion vom »Leichnam« (so auch 23,53a). Diesen bestimmt er ohne Bezugnahme auf die Kreuzigung als Leichnam Jesu bzw. nach der besser bezeugten Lesart »des Herrn Jesus«. Der Gebrauch des Hoheitstitels »Herr« verrät, daß der Verfasser gläubige und fromme Leser vor Augen hat.

24,4–7: Die Auskunft der beiden Boten

Und es geschah, als sie deswegen ratlos waren, siehe, da traten zwei Männer in blitzendem Gewand zu ihnen: Die Entdeckung des geöffneten und leeren Grabes macht die Frauen »ratlos«; sie können sich dies nicht erklären (vgl. Apg 2,12 und die Reaktion der Maria von Magdala nach Joh 20,1–2). Durch die Worte »es geschah« und »siehe« macht der Evangelist darauf aufmerksam, daß in diesem Augenblick etwas Außergewöhnliches und Aufsehenerregendes geschieht. (Nach Lukas sind also die Boten nicht schon vor dem Grab oder im Grab anwesend!) Er spricht von einem Herantreten von »zwei Männern in blitzendem Gewand«. Das Prädikat *ἐπέστησαν αὐταῖς* (traten zu ihnen) wird von Lukas auch sonst bei Erscheinungen überirdischer Wesen gebraucht (z. B. Lk 2,9; Apg 10,30; 12,7), die er nicht deutlich von Visionen unterscheidet. Lk 24,23 wird das Herantreten der beiden Männer eine Vision von Engeln genannt. Die Wendung *καὶ ἰδοὺ ἄνδρες δύο* (und siehe, zwei Männer) steht ebenfalls Apg 1,10 (Himmelfahrt) und Lk 9,30 (Verklärung; abweichend von den Parallelen). In der Verklärungsszene werden sie nachher Mose und Elija genannt, die ähnlich wie die beiden Männer hier über das Ende Jesu in Jerusalem als »Erfüllung« sprechen (9,31; 24,7). Daß Lukas hier (24,4) an eine Erscheinung von Mose und Elija denkt, wird durch die zusammenfassende Wiedergabe in 24,23 »eine Erscheinung von Engeln« ausgeschlossen. Wohl aber scheint der Evangelist den beiden Boten eine ähnliche Funktion zuzuschreiben: Sie sind Sprecher dessen, der sich in den Schriften des Alten Bundes geoffenbart hat. Apg 1,10 werden sie durch das Attribut »in weißen Gewändern« als himmlische Boten gekennzeichnet, während es hier auffallenderweise heißt »in blitzendem Gewand« – im Unterschied zu Mk 16,5, aber in Übereinstimmung mit Mt 28,3 – (so auch Lk 9,29; Apg 9,3; 22,6). Durch diese Schilderung wird das Furchtgebietende der Erscheinung betont. Das Mannesalter (im Unterschied zu Mk 16,5) und die Anzahl (»zwei«) weisen die beiden Gestalten als rechtskräftige Zeugen aus (vgl. Dtn 19,15; Joh 8,17); ob Lukas schon durch eine vorgegebene, letztlich auf eine volkstümliche Verdoppelung zurückgehende Tradition (vgl. PetrEv 9/36ff) zu seiner Schilderung angeregt wurde, sei dahingestellt.

Da sie nun in Furcht gerieten und ihr Antlitz zur Erde neigten, sprachen [diese] zu ihnen: Auf die überirdische Erscheinung reagieren die Frauen so, wie es in Theo- und Angelophanien meist dargestellt ist, mit Furcht (vgl. Lk 1,12.29; 2,9). Wenn erzählt wird, daß sie ihr Angesicht zur Erde neigen, kann der Evangelist darin ihr Bemühen sehen, dem hellen Schein (»in blitzendem Gewand«) auszuweichen; doch ist diese Geste für den biblischen Schriftsteller eher Ausdruck der Ehrfurcht (vgl. Gen 17,3; 18,2; Jos 5,14; Ri 13,20), wenn nicht sogar der Beschämung. Letzteres legt sich aus der tadelnden, vorwurfsvollen Frage der beiden Boten nahe.

Was sucht ihr den Lebendigen bei den Toten? Ohne die in Angelophanien übliche Einleitung »Fürchtet euch nicht« (vgl. Mk 16,6; Lk 1,13.30; 2,10; anders Apg 1,10) richten die Engel an die Frauen eine Frage. Diese gleicht auffallend einer jüdischen, sprichwortartigen Redeweise (»So sagten auch Mose und Aaron zum Pharao: Du Narr, pflegt man wohl die Toten unter den Lebenden zu suchen, etwa auch die Lebenden unter den Toten?«[93]). Ebenso wie die Aus-

[93] Vgl. *H. Strack-P. Billerbeck,* Kommentar zum Neuen Testament aus Talmud und Midrasch II, München [5]1969, 269.

sage von Mk 16,6 »ihr sucht Jesus von Nazaret, den Gekreuzigten« setzt die Frage die verbreitete jüdische Vorstellung voraus: das Grab ist Aufenthaltsort der Toten. Die Boten geben den Frauen zu erkennen, sie hätten damit rechnen müssen, daß der Gekreuzigte und Begrabene lebt. Die Frage enthält also implizit die kirchliche Osterbotschaft: Jesus weilt nicht mehr bei den Toten, er lebt. Aus dem Partizip *τὸν ζῶντα* (den Lebendigen) allein kann nicht gefolgert werden, daß für den Evangelisten die Auferstehung zugleich die Verherrlichung bedeutet;[94] denn über die Art des Lebens ist damit noch nichts gesagt.

Er ist nicht hier, sondern wurde auferweckt: Diese Worte stimmen ganz mit Mt 28,6 überein (Mk 16,6 ist die Reihenfolge umgekehrt: »Er wurde auferweckt, er ist nicht hier«). Auch wenn sie in einigen westlichen Handschriften fehlen, dürften sie doch zum ursprünglichen Text gehören. Allerdings hat die traditionelle Formulierung der Osterbotschaft hier nicht mehr wie bei Markus und Mattäus den Charakter einer für den ganzen Textabschnitt zentralen Proklamation. Sie ist vielmehr als Antwort auf die vorher gestellte Frage und als Belehrung zu verstehen, die auch fehlen könnte. Und zwar belehrt sie die Frauen darüber, warum sie den Gekreuzigten nicht im Grab suchen sollen. Dies geschieht auffallenderweise nicht in der hier durch den Zusammenhang eigentlich angebrachten Terminologie: »Er lebt« (vgl. Lk 24,23: »die sagen, daß er lebe«), sondern in der durch Mk 16,6 vorgegebenen Terminologie.

Erinnert euch, wie er zu euch gesprochen hat, als er noch in Galiläa war: Daß die Worte der beiden Boten hier den Charakter einer Belehrung haben, geht auch aus der Aufforderung hervor, sich an die Voraussagen Jesu zu erinnern. Auf diese Weise sollen die Frauen zu der Einsicht geführt werden, daß sie Jesus im Grab vergeblich suchen. Das Motiv, daß die Auferstehung Jesu in Einklang mit seinen Voraussagen stehe, klingt schon Mk 16,7 an und findet sich ausdrücklich Mt 28,6 (»er wurde auferweckt, wie er es gesagt hat«). Nach den Worten der beiden Männer hat Jesus diese Voraussage sogar gegenüber den Frauen gemacht (»zu euch«), obwohl das Evangelium darüber nichts berichtet, und zwar »in Galiläa« (Mk

[94] Dies betont mit Recht *B. Rigaux*, Dieu l'a ressuscité. Exégèse et théologie biblique, Gembloux 1973, 207 gegenüber *Léon-Dufour* (Anm. 35), 203.

16,7; Mt 28,7 wird »Galiläa« in der Engelsbotschaft als Ort der Erscheinungen des Auferstandenen vor den Jüngern genannt).

und sagte: Der Menschensohn muß den Händen der Sünder überliefert und gekreuzigt werden und am dritten Tage auferstehen: In zusammenfassenden Worten wird die Voraussage zitiert, die Jesus nach Lk 9,22.44; 18,31–33 (in Abhängigkeit von Mk 8,31; 9,30; 10,33–34) gegenüber den Jüngern gemacht hat, die bei diesen aber auf Unverständnis stieß (18,34). Es handelt sich dabei um eine aus der nachösterlichen Sicht formulierte Verheißung (vaticinium ex eventu). Diese ist in Jesu vor Ostern gesprochenen Worten zumindest insofern verankert, als Jesus bis zuletzt der festen Überzeugung war, daß selbst das ihn in Jerusalem ereilende Prophetenschicksal das Kommen der Gottesherrschaft nicht hindern könne.[95] Beachtenswert ist in der hier vorliegenden Wiedergabe der Voraussage Jesu, daß die Gegner Jesu als »Sünder« bezeichnet werden. Das schon in der Formulierung von Mk 8,31 stehende *δεῖ* (muß) hat im lukanischen Doppelwerk einen ganz besonderen Akzent (es steht sechsmal bei Leidensankündigungen) und drückt auch hier die heilsgeschichtliche Notwendigkeit von Jesu Tod und Auferstehung aus.[96] Die bestätigende Funktion, die in der markinischen Grabesgeschichte der nachträgliche Hinweis auf die leere Stelle im Grab ausübt, hat hier die Erinnerung an die Voraussage Jesu und die darin enthaltene heilsgeschichtliche Gesetzmäßigkeit.

---

[95] Vgl. *H. Schürmann*, Wie hat Jesus seinen Tod bestanden und verstanden? Eine methodenkritische Besinnung, in: *ders.*, Jesu ureigener Tod. Exegetische Besinnung und Ausblick (1973) Freiburg-Basel-Wien 1975, 16–65: neuestens *R. Pesch*, Die Passion des Menschensohnes. Eine Studie zu den Menschensohnworten der vormarkinischen Passionsgeschichte, in: *R. Pesch-R. Schnackenburg* (Hrsg.), Jesus und der Menschensohn (Fschr. A. Vögtle) Freiburg-Basel-Wien 1975, 166–195; ferner die Beiträge von *A. Vögtle* und *R. Pesch*, in: *K. Kertelge* (Hrsg.), Der Tod Jesu (QD 74) Freiburg-Basel-Wien 1976.

[96] Vgl. *E. Fascher*, Theologische Beobachtungen zu *δεῖ*, in: *W. Eltester* (Hrsg.), Neutestamentliche Studien für R. Bultmann, Berlin ²1957, 228–254; *J. Wanke*, Die Emmauserzählung. Eine redaktionsgeschichtliche Untersuchung zu Lk 24,13–35 (Erfurter Theologische Studien 31) Leipzig 1973, 91–95.

24,8–11: Einsicht der Frauen und Benachrichtigung der Jünger

Und sie erinnerten sich seiner Worte: Die Frauen gehen auf die Aufforderung der beiden Boten ein und rufen sich die Voraussagen ins Gedächtnis. Das bedeutet – nach dem Kontext –: sie sehen ein, daß sie im Grab vergebens den Leichnam Jesu suchen. Auffallenderweise sagt der Evangelist weder hier noch später, daß sie zum Glauben kommen.

kehrten vom Grab zurück und meldeten dies alles den Elf und allen übrigen: Nach dem griechischen Text steht die Rückkehr der Frauen vom Grab – sie wird in der Form des Partizips ὑποστρέψασαι ausgesprochen – ganz im Dienst der Benachrichtigung der Jünger (ähnlich Mt 28,8). Die Frauen fühlen sich gedrängt oder gar verpflichtet, ohne daß ihnen dazu (wie Mk 16,7) ein Auftrag gegeben wird. Wie so oft im lukanischen Doppelwerk umfaßt der Jüngerkreis außer den »Zwölf« – seit dem Verrat des Judas sind es nur mehr die »Elf« – noch eine weitere Gruppe (vgl. Lk 24,33; Apg 1,14). Ihnen berichten die Frauen »dies alles«, das heißt die Entdekkung des geöffneten, leeren Grabes und die Belehrung durch die himmlischen Boten.

Es waren (aber) Maria von Magdala und Johanna und die Maria des Jakobus: Erstmals werden hier die schon bei der Kreuzigung und beim Begräbnis anwesenden Frauen mit Namen angeführt. Der Name der Maria von Magdala steht in allen Grabesgeschichten; nach Lk 8,2 wurde sie in besonderer Weise durch Jesus geheilt. In dem gleichen Zusammenhang nennt Lukas »Johanna, die Frau eines Chuzas, eines Verwalters des Herodes« (Lk 8,3), die hier die Stelle der Mk 16,1 angeführten Salome einnimmt. »Maria des Jakobus« zählt auch nach Mk 16,1 zu denen, die am Ostermorgen zum Grab kommen (Mk 15,40 heißt sie »Maria des Jakobus des Kleinen«).

Und die übrigen [Frauen], die zu ihnen gehörten, sagten dies den Aposteln: In diesem angehängten Satz erwähnt der Evangelist noch »die anderen Frauen, die zu ihnen gehörten«, ohne ihre Namen anzugeben. (Ähnlich ist auch Lk 8,3 und 23,55 von einem größeren Kreis die Rede.) Lukas will wohl kaum sagen, daß die übrigen Frauen erst die Nachricht von den vorher genannten erhalten und dann weitergeben. Er erweckt vielmehr den Eindruck, als wäre eine größere Anzahl von Frauen beim Grab gewesen (nach Mk 15,41 schauen »viele andere« von ferne der Kreuzigung zu). Doch geht es dem Erzähler in erster Linie darum, wie der folgende Vers zeigt, daß es eine große Zahl von Frauen ist, denen gegenüber sich die Jünger kritisch verhalten. Die »Apostel« sind sicher identisch mit den vorher genannten »Elf« (vgl. Lk 6,13). Der hier gewählte Titel, den Lukas vor allem in der Apostelgeschichte sehr oft und speziell für die »Zwölf« (mit Ausnahme von Apg 14,4.14) verwendet, deutet auf ihre wichtige Aufgabe als »Zeugen seiner Auferstehung« (Apg 1,22) hin.

Und ihnen kamen diese Worte wie ein Geschwätz vor, und sie glaubten ihnen [den Frauen] nicht: Die späteren Zeugen des Auferstandenen urteilen nach diesem Vers sehr abfällig über den Bericht der Frauen: Es ist närrisches Geschwätz, das niemand ernst nehmen kann. Spott und Unglaube ist nach Apg 17,18.32 die erste Reaktion auf die Osterpredigt. (Verwandt damit ist die ablehnende Beurteilung des Pfingstgeschehens Apg 2,13.) Eine solche – und dies wagt der Evangelist zu schreiben – bekunden ebenfalls hier die Apostel. Sie sind also alles andere als leichtgläubig. Sie erinnern sich offensichtlich auch nicht an die Voraussagen Jesu. (Nach Lk 24,22 sagt der eine der Emmausjünger allerdings, die Frauen hätten sie verwirrt.)

24,12: Petri Besichtigung des Grabes

Petrus aber stand auf und lief zum Grab; und als er sich vorbeugte, sieht er die Binden liegen; und er ging weg nach Hause, voller Staunen über das, was geschehen war: Dieser Vers ist in den wichtigsten und ältesten Handschriften überliefert; er fehlt allerdings in einigen westlichen Textzeugnissen. Da er den Zusammenhang zu stören (Lk 24,13 »zwei von ihnen« knüpft an 24,11 an) und sprachlich mit Joh 20,3–8 verwandt zu sein scheint, ist seine Authentizität umstritten. Innerhalb des vorliegenden Lukasevangeliums ist er jedoch keineswegs so fehl am Platz; denn Lukas setzt 24,24 eine verwandte Tradition voraus und bringt 24,34 (am Ende der Emmausperikope) gleichfalls eine Notiz über Simon Petrus, die auch nicht ohne weiteres zu dem Voraufgehenden paßt. Die Auslassung erklärt sich leicht aus dem Bemühen, Lk 24 mit den übrigen Angaben der Synoptiker in Einklang zu bringen. Mit Recht wird deshalb gerade in letzter Zeit die Echtheit des gut bezeugten Textes verteidigt.[97]

Petrus teilt nach diesem Vers nicht das vorher erwähnte Urteil der anderen Jünger, er begibt sich vielmehr eilends – »er lief« – zum Grab. Ohne es zu betreten – er beugt sich nur vor – sieht er die Binden des Leichnams. Nicht ohne Sinn steht hier das Präsens historicum *βλέπει* (sieht). Petrus wird damit dem Leser ganz besonders als Zeuge des leeren Grabes vor Augen gestellt. Die Besichtigung des leeren Grabes führt ihn jedoch nicht zum Glauben, er verläßt es hingegen und geht nach Hause. (Lukas denkt dabei wohl in erster Linie an den Aufenthaltsort in Jerusalem und nicht wie Joh 21,1b an die Rückkehr nach Galiläa bzw. zum früheren Beruf; denn nach 24,34 befindet sich Petrus in Jerusalem.) Der Evangelist fügt noch hinzu, daß Petrus »staunt«. Die Reaktion des Petrus ist demnach in etwa der Ratlosigkeit der Frauen (24,4), mehr aber noch der Betroffenheit der Emmausjünger (24,32) und aller Jünger am Osterabend (24,41) zu vergleichen. Als Grund des Staunens nennt Lukas *τὸ γεγονός* (das Geschehene): dies umfaßt sowohl das leere Grab wie die Nachricht der Frauen. Petrus steht also nicht (oder nicht mehr), wie vorher von den Aposteln allgemein behauptet wurde, der Osterbotschaft spöttisch gegenüber, allerdings auch noch nicht gläubig.

4.1.2. Form und Gattung

Die Perikope Lk 24,1–12 ist aus meist parataktisch aufeinanderfolgenden Sätzen gebildet. (*δέ* steht wie auch sonst bei Lukas oft im Sinn von *καί* und kann deshalb mit »nun« übersetzt werden, abgesehen von V. 3.10.12, wo der Kontext die Bedeutung »aber« fordert.) Die Hauptträger der durchwegs im Aorist (abgesehen von *βλέπει* in V. 12) geschilderten fortschreitenden Handlung sind die Frauen, deren Namen erst später aufgezählt werden. Ihnen stehen

---

[97] So neuestens *J. Muddimann*, A Note on Reading Luke XXIV. 12: ETL 48 (1972) 542–548; *J. M. Guillaume*, Luc interprète des anciennes traditions sur la résurrection de Jésus, Diss. Straßburg 1975, 61–64; anders *Mahoney* (Anm. 46), 41–69.

in der Mitte der Perikope die beiden Boten gegenüber, die die Ratlosigkeit jener beheben. In den Versen 10–11 ist noch von der Handlung anderer, der Apostel, die Rede; von ihnen hebt sich wiederum das V. 12 geschilderte Verhalten des Petrus ab. Durch diese Verse 10–12, die wie ein Nachtrag wirken, verlagert sich das Gewicht der Schilderung von den Frauen auf die Jünger und besonders – bei Berücksichtigung des Präsens historicum »sieht« – auf Petrus.
Die knappe Schilderung der Handlung kann gattungsmäßig ebensowenig wie die markinische und mattäische Grabesgeschichte als protokollarischer Bericht gewertet werden. Dies folgt aus der zum Teil kunstvollen Darstellung und aus der für eine fiktionale Geschichte charakteristischen Schilderung des inneren Verhaltens (»ratlos«, »furchtsam«, »sie erinnerten sich«, »kam wie Geschwätz vor«, »staunen«). Bei einem Vergleich mit den beiden anderen synoptischen Grabesgeschichten fällt besonders auf: im Mittelpunkt steht keine hoheitsvolle Proklamation der Osterbotschaft, zu deren Bestätigung auf das leere Grab verwiesen wird; statt dessen belehren die Boten die Frauen durch ihre Frage, ihre Erklärung und ihre Aufforderung zum Erinnern. Die Bemerkung über die spöttelnde Reaktion der Jünger auf den Bericht der Frauen ist verwandt mit anderen Darstellungen der Urkirche (vgl. Apg 2,13; 17,18.32). Die Notiz über das Verhalten des Petrus nimmt auf die besondere Stellung dieses Apostels in der frühen Kirche Rücksicht. Die Gattung der Perikope darf darum als *eine der kirchlichen Belehrung dienende Geschichte* bestimmt werden.

4.1.3. Redaktion und Tradition

Die lukanische Grabesgeschichte weist sehr viele für den Verfasser des dritten Evangeliums und der Apostelgeschichte eigentümliche Vokabeln, Motive und Wendungen auf (z. B. »ratlos«, »zwei Männer«, »die Elf [Zwölf] und alle übrigen«, »die anderen Frauen«, »staunen«, die einem Sprichwort ähnelnde Fassung der Frage. Lukas hat, wie in letzter Zeit mehrfach nachgewiesen wurde,[98] die ihm

[98] Vgl. bes. *Guillaume* (Anm. 97), 10ff; *F. Neirynck*, Le récit du Tombeau vide dans l'évangile de Luc (Lc 24,1–12): Orientalia Lovaniensia Periodica 6/7 (1975/76) 427–441.

bekannte markinische Grabesgeschichte sehr eigenständig, aber auch behutsam überarbeitet. Ein Beispiel dafür ist folgendes: den Mk 16,7 vorgefundenen Auftrag an die Frauen mit dem Hinweis auf die Erscheinung in »Galiläa« ändert Lukas um in die Aufforderung, sich an die Voraussage Jesu in »Galiläa« zu erinnern (Lk 24,6f); denn der dritte Evangelist hat in seiner Darstellung keinen Platz für eine Erscheinung des Auferstandenen in Galiläa (s. w. u. S. 145). Ganz auf der Linie lukanischer Redaktion liegt auch die Kombination der Mk 16,1 vorgegebenen Namenslisten mit der von Lk 8,2f: durch den Hinweis auf die Frauen, die Jesus schon in Galiläa nachfolgten, gelingt es dem Schriftsteller, die Kontinuität zwischen dem Leben Jesu und den österlichen Geschehnissen aufzuzeigen. Für die Abweichungen von Mk 16,1–8 braucht deshalb nicht eine Sonderquelle oder protolukanische Fassung angenommen zu werden.[99] An einigen Stellen weisen die Änderungen der markinischen Vorlage eine auffallende Verwandtschaft mit dem Mattäusevangelium auf (z. B. *ἐν ἐσθῆτι ἀστραπτούσῃ* [in blitzendem Gewand], *οὐκ ἔστιν ὧδε* [er ist nicht hier], *ἀλλὰ ἠγέρθη* [sondern wurde auferweckt], *ἀπήγγειλαν* [verkündeten]). Daraus ist aber nicht auf eine Kenntnis des Mattäusevangeliums [100] oder auf eine besondere, Lukas bekannte Fassung des Markusevangeliums[101] zu schließen; die Gemeinsamkeiten lassen sich auch als voneinander unabhängige Redaktionen derselben Vorlagen durch Lukas und Mattäus erklären.

Der Text weist in der vorliegenden Fassung zwei Unebenheiten auf: den Nachtrag von V. 10f und den V. 12, der den Kontext sprengt. V. 10–11 erklärt sich eindeutig aus der freien Bearbeitung der Vorlage. Lukas verbindet die Namensliste von Mk 16,1 mit seinen Angaben von Lk 8,3 und betont – wie auch in den beiden folgenden Perikopen – die kritische Einstellung der Apostel. V. 12 hat einige wörtliche Berührungen mit Joh 20,5–6 (*παρακύψας* [als er sich vorbeugte], *τὰ ὀθόνια* [die Binden] statt *σίνδων* Lk 23,53) und zudem das für Lukas ungewöhnliche *βλέπει* [sieht] (= *θεωρεῖ* Joh

---

[99] So z. B. *R. H. Fuller*, The Formation of the Resurrection Narratives, London 1972, 94–103; *Léon-Dufour* (Anm. 35), 208; *M. E. Boismard*, Synopse des quatre évangiles en français II, Paris 1972, 439ff.

[100] So *Schmitt*, Le récit de la Résurrection dans l'Evangile de Luc: RScRel 25 (1951) 119–137. 219–242, hier 123–127.

[101] *Guillaume* (Anm. 97), 17–19.

20,6). Deshalb wird oft gefolgert, dieser Vers sei nachträglich aus Joh 20,3–8 in den lukanischen Text eingetragen worden.[102] Gegen diese Schlußfolgerung spricht aber außer der äußeren Textbezeugung, daß der Vers Lk 24,12 inhaltlich fest in dem Schlußkapitel des Lukasevangeliums verankert ist (als Vorbereitung auf V. 34 [Petrus] und auf V. 32.41 [Verwunderung]) und lukanische Stileigentümlichkeiten aufweist (*ἀναστάς* [aufstehend]; *θαυμάζειν* [wundern] mit Akkusativ; *τὸ γεγονός* was geschehen war]); das Präsens historicum steht außerdem, abgesehen von den Verben des Sagens, auch an zwei anderen Stellen des Lukasevangeliums (8,49 und 16,23)[103]. Zur Erklärung der unverkennbaren Beziehung zwischen Lk 24,12 und Joh 20,3–8 bieten sich zwei Lösungen an: entweder fußen Lukas und Johannes auf einer gemeinsamen mündlichen Tradition[104] oder Lukas hat diesen Vers gebildet (in Anlehnung an Mk 16,1 und unter besonderer Berücksichtigung von Mk 16,7 »und dem Petrus« sowie 1 Kor 15,5), von dem dann Joh 20,3–8 direkt oder indirekt abhängig ist.[105]

Hinsichtlich der Historizität der Grabesüberlieferung kann aus dem Text Lk 24,1–11 bei Berücksichtigung der literarischen Gattung und der lukanischen Redaktion nicht mehr an historischen Fakten als aus Mk 16,1–8 erschlossen werden. Wie auch immer die Herkunft von Lk 24,12 erklärt werden mag, daraus allein läßt sich nicht ableiten, ob die Grabesbesichtigung durch Petrus stattgefunden hat oder nicht. Angesichts der Tatsache, daß Lukas alle Osterereignisse in Kapitel 24 im Rahmen eines Tages darstellt (so wie früher Künstler alle österlichen Szenen auf einer einzigen Bildtafel malten), ist es nicht ganz auszuschließen, daß hier vielleicht die Erinnerung an eine spätere Grabesbesichtigung in freier Weise festgehalten wird. Doch kann Lukas (oder schon ein vorlukanischer Erzähler?) das hier geschilderte Sonderverhalten des Petrus auch sehr gut frei gestaltet haben, um der alten Überlieferung, daß der Auferstandene als erstem Petrus erschienen ist (1 Kor 15,5; vgl. Lk 24,34; Mk 16,7), Rechnung zu tragen.

---

102 So neuestens wieder *Mahoney* (Anm. 46), 68.

103 Vgl. *Muddimann* (Anm. 97), 544.

104 *Fuller* (Anm. 99), 101 f; *R. Leaney,* The Resurrection Narratives in Lk 24,12–53: NTS 2 (1955/56) 110–114; *Benoit* (Anm. 51), 141–152, bes. 143.

105 So *F. Neirynck,* The Uncorrected Historic Present in Luke XXIV. 12: ETL 48 (1972) 548–553, hier 550–553; *ders.* (Anm. 98), 440 f.

4.1.4. *Bedeutung für den Leser*

Mit der eigenständigen Wiedergabe der überlieferten Grabestradition erweist Lukas seinen an der Zuverlässigkeit der kirchlichen Unterweisung interessierten Lesern einen wertvollen Dienst; denn er stellt ihnen damit anschaulich vor Augen: die in seiner Gemeinde unbestrittene Tatsache des geöffneten und leeren Grabes gibt Rätsel auf; die in der Kirche verkündete Osterbotschaft muß dank besonderer Offenbarung in Verbindung mit den Voraussagen Jesu und der ganzen Heilsgeschichte betrachtet werden; die Apostel, die als »Zeugen der Auferstehung« gelten, gelangten keineswegs unkritisch zum Glauben an den Auferstandenen. Indem der Evangelist, getreu dem Vorgehen der urkirchlichen Katechese, diese Belehrung in Form einer Geschichte vorträgt, lädt er den Leser ein, sich durch die Motive und den Gang der Geschichte ansprechen zu lassen.

1. Ratlosigkeit der Frauen. Frauen sind Jesus von Galiläa her nachgefolgt und als Zeugen seines Todes und Begräbnisses bekannt. Ihre Anhänglichkeit an Jesus verlangt es, so meinen sie, die beim Begräbnis unterbliebene Salbung baldmöglichst nachzuholen. Doch als sie zum Grab kommen, finden sie es geöffnet und leer; obwohl sie Jesus so lange kennen, können sie sich dies nicht erklären. Es ist alles anders gekommen, als sie es sich – selbst auf die Worte Jesu hin – vorgestellt haben. Das gilt für viele Zeitgenossen des Lukas und auch für uns: Wer über das Leben Jesu nachdenkt, dem ist das, was uns über die Kreuzigung und Auferstehung Jesu berichtet wird, nicht selbstverständlich, es stimmt ihn nachdenklich; er findet einen ihn befremdenden Tatbestand vor: das leere Grab bzw. die heute so unglaublich klingende Nachricht davon und von der Auferstehung.

2. Zwei Männer in blitzendem Gewand. Die ersten Leser des Lukasevangeliums kennen aus der Bibel und der jüdischen Tradition das Auftreten himmlischer Boten. Bei der Verklärung Jesu nennt Lukas sie Mose und Elija, die beiden großen Propheten des Alten Bundes. Die beiden Männer verkörpern auch hier sozusagen die angebotene Offenbarung Gottes und sind als solche zuverlässige Ratgeber. Nicht eigene Überlegungen helfen also den Frauen in ihrer Ratlosigkeit, sondern das ehrfurchtsvolle Hinhorchen auf die Fragen und Auskünfte der Boten. – Wie der damalige erfährt der heutige Leser dadurch: Ich bin in meiner Glaubensnot und Verwirrung letztlich nicht mir selbst überlassen; das gilt erst recht bei den Problemen der zentralen Osterbotschaft; die ehrfurchtgebietenden Worte der Propheten und Männer Gottes, die mir in diesem Text gesagt werden, wollen mir helfen: sie fragen, unterweisen und fordern zum Erinnern auf.

3. *Was sucht ihr den Lebendigen bei den Toten?* So müssen sich die Frauen vorwurfsvoll fragen lassen. Diese eindringliche Frage ergeht zugleich an jeden Leser des Lukasevangeliums; sie geht ihm nach. (Die Umwandlung der einfachen Aussage von Mk 16,6 in diese Frage ist ein Zeichen lukanischer Erzählkunst.) Die Unsicherheit und Ängstlichkeit des Lesers hängt ja oft damit zusammen, daß er Jesus (oder gar Gott) für »tot« hält oder unter den Toten sucht. Wie die Frauen einzig nach dem irdischen Jesus Ausschau halten und nicht mit seinem Leben nach der Kreuzigung rechnen, so trachten wir heute oft einseitig danach, den »historischen Jesus« zu finden; wir studieren und rekonstruieren sein Leben und seine Lehre; dabei vergessen wir, daß er nicht nach Art von verstorbenen Großen der Geschichte wiederentdeckt werden kann; denn er lebt, ist als Lebendiger unter uns und anzusprechen.

4. *Erinnert euch!* Die Frage der beiden Männer und ihre mit den Worten der kirchlichen Osterpredigt gegebene Auskunft vermochten die Frauen noch nicht zum vollen und festen Glauben zu führen. Deshalb fordern die Boten sie auf, sich an Jesu Worte zu erinnern. Diese sind ihnen also nicht, zumindest nicht in ihrer ganzen Bedeutung, gegenwärtig und bestimmen nicht ihre Hoffnung. Erst im Licht der Osterverkündigung gewinnen Jesu vorösterliche Worte für sie ihre volle Bedeutung und Überzeugungskraft. Damit wird zugleich klar: Es ist derselbe Jesus von Nazaret, den die Kirche als den auferstandenen Christus verkündet.

5. *Der Menschensohn muß ... auferstehen.* Als Inhalt der für den Osterglauben wichtigen Worte Jesu wird die Voraussage seines Leidens und Auferstehens unter Betonung der »Notwendigkeit« angegeben. Dieses in den späten Darlegungen des Lukas immer wiederkehrende Thema gehört zur ältesten Verkündigung (vgl. 1 Kor 15,3 »gemäß den Schriften«). Es ist falsch, dieses »muß« im Sinn einer Prädestination auszulegen, als habe Jesu Tod und Auferstehung von Anfang der Welt an festgestanden. (Mögen urkirchli-

che Kreise es sich in ihrer Auseinandersetzung mit dem Ärgernis des Kreuzes auch oft so vorgestellt haben.) Nicht ein bis ins einzelne determinierter Plan der Welt- und Heilsgeschichte ist der Grund für dieses »muß«, sondern die Neigung des Menschen zum Bösen und besonders Gottes Bundestreue, Barmherzigkeit und Macht, wie sie in den Schriften des Alten Bundes bezeugt werden.

6. *Sie glaubten ihnen nicht.* Während die Frauen sich aufgrund der Belehrung »erinnern« und – wie der weitere Verlauf zeigt – zum Glauben kommen, halten die Apostel die ihnen durch die Frauen übermittelte Belehrung für »Geschwätz«. Der Verfasser betont auf diese Weise die kritische Einstellung der späteren »Zeugen«. Er deutet aber hier wie auch in der folgenden Emmausperikope an, daß menschliche Belehrung und Überredungskunst allein nicht zum Glauben zu führen vermag. Es bedarf göttlicher Hilfe – der Botschaft von Engeln, der Erscheinung des Auferstandenen, der Erleuchtung durch den heiligen Geist –, damit sich der Mensch in der rechten Weise an die Worte Jesu erinnern und in ihrem Licht die Osterbotschaft annehmen kann.

7. *Petrus aber ...* Der Verfasser fügt seiner Grabesgeschichte noch die kleine Szene von der Besichtigung des Grabes durch Petrus bei. Er deutet damit die Sonderstellung des Simon Petrus an, die er auch Lk 24,34 ausspricht. In bildhafter Weise sagt er dadurch zugleich aus: Das leere Grab ist kein Beweis für die Auferstehung; es allein vermag nicht zum Glauben zu führen, doch kann es – ob bei einer Besichtigung oder bei der Kunde davon – unter Beachtung all dessen, was über Ostern berichtet wird, ein Staunen hervorrufen. Aus der Sicht des Evangelisten ist dies ein Schritt über die Ratlosigkeit hinaus und sozusagen eine Vorstufe des Glaubens.

4.2. Die Emmausgeschichte (Lk 24,13–35)

Auf die Grabesgeschichte folgt im Lukasevangelium die längste Ostergeschichte des Neuen Testaments, die zum Sondergut des dritten Evangelisten gehört. Wie die Einzelauslegung zeigen wird, schließt Lk 24,13 (»zwei von ihnen«) unmittelbar an Lk 24,9–11 an (»und allen übrigen ...«), doch verrät der am Ende (24,34) stehende Hinweis auf die Erscheinung vor Simon, daß der Verfasser die ganze Perikope als Fortführung von Lk 24,12 versteht. Im Anschluß an Lk 24,13–35 überliefert Lukas als Abschluß seines Evangeliums eine Schilderung der Erscheinung des Auferstandenen vor den Aposteln und Jüngern, die mit den Auftragsworten und dem Abschied des Auferstandenen am Osterabend endet (24,36–52). Die Stellung der Emmausperikope zwischen der Grabesgeschichte und dem abschließenden Erscheinungsbericht ist gewiß absichtlich gewählt. Sie zwingt den Ausleger, auf ihre Funktion innerhalb der lukanischen Ostergeschichten zu achten.

13 Und siehe, zwei von ihnen waren an demselben Tag unterwegs zu einem Dorf, das von Jerusalem sechzig (hundertsechzig) Stadien entfernt ist, namens Emmaus. 14 Und sie unterhielten sich über all dies, was sich zugetragen hatte.

15 Und es geschah, während sie sich unterhielten und besprachen, ging Jesus selbst, nachdem er sich ihnen genähert hat, mit ihnen. 16 Ihre Augen aber wurden gehindert, ihn zu erkennen.

17 Er aber sprach zu ihnen: »Was sind das für Worte, die ihr beim Gehen miteinander wechselt?« Und sie blieben traurigen Blickes stehen. 18 Es antwortete aber einer mit Namen Kleopas und sprach zu ihm: »Weilst du allein als Fremdling in Jerusalem und hast nicht erfahren, was dort in diesen Tagen geschehen ist?« 19 Und er sprach zu ihnen: »Was denn?« Sie aber sprachen zu ihm: »Das mit Jesus, dem Nazarener, der auftrat als ein Prophet, mächtig in Tat und Wort, vor Gott und dem ganzen Volk; 20 und wie ihn die Oberpriester und unsere Obersten der Verurteilung zum Tode ausgeliefert und ihn gekreuzigt haben.
21 Wir aber hofften, daß er es ist, der Israel erlösen wird. Aber bei allem diesem ist dies schon der dritte Tag, seitdem dies geschah.
22 Aber auch einige Frauen von uns haben uns in Verwirrung gebracht: Nachdem sie in der Früh am Grab waren 23 und den Leichnam nicht fanden, kamen sie und sagten, sie hätten eine Erscheinung von Engeln gesehen, die sagen, er lebe.
24 Und einige aus unserem Kreis gingen zum Grab, und sie

fanden es so, wie die Frauen es gesagt hatten, ihn aber sahen sie nicht«.

[25] Und er sprach zu ihnen: »O was seid ihr unverständig und schwerfälligen Herzens, um an all das zu glauben, was die Propheten gesagt haben. [26] Mußte nicht der Christus dies alles leiden und in seine Herrlichkeit eingehen?«
[27] Und angefangen von Mose und allen Propheten legte er ihnen in allen Schriften aus, was über ihn geschrieben steht.

[28] Und sie näherten sich dem Dorf, wohin sie gingen; und er stellte sich, als wolle er weitergehen. [29] Und sie drängten ihn und sprachen: »Bleibe bei uns, denn es ist gegen Abend, und der Tag hat sich bereits geneigt«. Und er trat bei ihnen ein, um bei ihnen zu bleiben.

[30] Und es geschah, als er mit ihnen zu Tische saß, da nahm er das Brot und sagte Dank, er brach es und gab es ihnen. [31] Ihre Augen wurden nun geöffnet, und sie erkannten ihn; und er entschwand ihren Blicken.

[32] Und sie sprachen zueinander: »Brannte nicht unser Herz in uns, als er auf dem Wege zu uns sprach und als er uns die Schriften aufschloß?«
[33] Und in derselben Stunde standen sie auf und kehrten nach Jerusalem zurück, und sie fanden die Elf und die, die zu ihnen gehören, versammelt, [34] die sagen: »Der Herr wurde wirklich auferweckt und erschien dem Simon«. [35] Und sie erzählten, was auf dem Weg geschehen war und wie er von ihnen beim Brotbrechen erkannt wurde.

4.2.1. Texterklärung

Der Textabschnitt 24,13–35, der von einigen kleineren Textvarianten abgesehen einheitlich überliefert ist, weist eine sehr durchdachte und kunstvolle Gliederung auf.[106] Am Beginn steht sozusagen als

---

[106] Vgl. bes. *Wanke* (Anm. 96), 23ff; dort auch 16ff die Auseinandersetzung mit den andersartigen Gliederungsversuchen von *Léon-Dufour* und *Schnider-Stenger*.

Disposition die Angabe über die beiden Jünger, die sich auf dem Weg nach Emmaus befinden (13–14); zu ihnen gesellt sich Jesus, so wird erzählt, ohne daß sie ihn erkennen (15–16). Das anschließend wiedergegebene Weggespräch handelt im ersten Teil von der Kreuzigung Jesu (17–21a); der zweite Teil ist eine Zusammenfassung der Ereignisse am Ostermorgen (21b–24) und der dritte die Belehrung durch den Auferstandenen über Passion und Auferstehung im Licht aller Schriften (25–27). Auf das Weggespräch folgt die Szene des Wiedererkennens beim Mahl (28–32). Die Perikope endet mit der Rückkehr der Jünger nach Jerusalem, wo sie von den Elf und den übrigen die Osterbotschaft vernehmen und ihre Erfahrungen berichten (33–35).

24,13–14: Zwei Jünger auf dem Weg nach Emmaus

Und siehe, zwei von ihnen waren an demselben Tag unterwegs zu einem Dorf, das von Jerusalem sechzig (hundertsechzig) Stadien entfernt ist, namens Emmaus: Mit der Lukas wie Mattäus geläufigen Einleitung »und siehe« leitet der Verfasser eine neue Texteinheit ein, in der die Hauptpersonen, »zwei von ihnen«, gleich erwähnt, aber nicht mit Namen genannt werden. Wichtiger als ihre Namen ist dem Erzähler, daß sie zu »ihnen«, den V. 9–11 genannten »Elf und allen übrigen«, gehören. Erst aus dem folgenden kann der Leser erschließen, daß diese beiden Jünger nicht zum Kreis der elf Apostel zählen (nach V. 18 heißt einer Kleopas, und nach V. 33 finden sie »die Elf« in Jerusalem). Wie die Angabe der Personen so verklammert auch die der Zeit die Handlung mit der voraufgehenden Geschichte: es ist der 24,1 erwähnte erste Wochentag nach dem Sabbat, an dem die Frauen das geöffnete, leere Grab entdecken; in der Darstellung des Lukas ist es außerdem der Tag, an dem der Auferstandene abends allen Jüngern erscheint und von ihnen scheidet (24,36–52). Mittels der conjugatio periphrastica ἦσαν πορευόμενοι (wörtlich: sie waren Gehende) beschreibt der Verfasser das Verhalten der beiden Jünger, das den ganzen Hintergrund der Perikope durchzieht: sie sind unterwegs. Woher sie kommen, wird nicht ausdrücklich gesagt, geht aber aus der unmittelbar folgenden Entfernungsangabe (von Jerusalem) hervor. Das Ziel ihres Gehens ist ein Dorf, das auf doppelte Weise näher bestimmt wird: zuerst durch seine Entfernung von Jerusalem und dann durch seinen Namen Emmaus. Die besser bezeugte Lesart »sechzig Stadien« (= 11,52 km) paßt allerdings ebensowenig wie die Lesart »hundertsechzig Stadien« (= 30,7 km) zu einem der Orte, die seit frühester Zeit Anspruch erheben, das hier genannte Emmaus zu sein.[107] Beachtenswert ist, daß Lukas nur noch Apg 1,12 eine genaue Entfernungsangabe bringt (»der nahe bei Jerusalem liegt, einen Sabbatweg weit«) und dort wie hier die heilige Stadt nicht mit ihrem hellenisierten Namen *Ἱεροσόλυμα*, sondern mit dem hebräischen *Ἰερουσαλήμ* anführt. Offensichtlich liegt dem Verfasser daran, daß sich das Erzählte im Umkreis des jüdischen Zentrums ereignet und Emmaus nicht weit von dort entfernt liegt.

Und sie unterhielten sich über all dies, was sich zugetragen hatte: Das Imperfekt *ὡμίλουν* (unterhielten) beschreibt die beiden Wanderer als Menschen, die miteinander im Gespräch sind. Das Demonstrativpronomen *τούτων* (dies; vgl. Apg 24,8; 25,9.20; 26,26) zeigt an, daß für den Evangelisten das vorher in der Grabesgeschichte Mitgeteilte Inhalt ihrer Unterhaltung ist. Das V. 18 folgende Gespräch bestätigt dies.

24,15–16: Die Begegnung mit Jesus

Und es geschah, während sie sich unterhielten und besprachen, ging Jesus selbst, nachdem er sich ihnen genähert hat, mit ihnen: Die dem Leser der griechischen Übersetzung des Alten Testaments vertrauten Worte »und es geschah« leiten eine Veränderung der bisherigen Szene ein. Während die beiden in angeregtem Gespräch sind (*συζητεῖν* [besprechen, diskutieren] charakterisiert dies als Disput), gesellt sich Jesus zu ihnen. Das Imperfekt *συνεπορεύετο* (er ging mit) schildert die neue Situation: die beiden Jünger wandern nicht mehr allein, sondern Jesus selbst (persönlich) geht mit ihnen. Das dem verbum finitum untergeordnete Partizip *ἐγγίσας* (nachdem er sich genähert hat) erklärt lediglich, wie es dazu kommt: indem Jesus sich ihnen wie ein Wanderer nähert. Über die Art und Weise, wie Jesus zu ihnen kommt und mit ihnen geht, schreibt der Evangelist

[107] Vgl. dazu den Exkurs bei *Wanke* (Anm. 96), 37–42, der sich für *Amwas* (23 km) statt für *el-kubebe* entscheidet.

nichts. Der Text läßt keinen Unterschied zu dem Verhalten Jesu vor Ostern erkennen (vgl. 7,11; 14,25). Wenn Lukas hier schreibt, daß Jesus mit den beiden wandert, so tut er das aus der Perspektive des Erzählers, der schon den weiteren Verlauf des Erzählten kennt; denn den Jüngern selbst bleibt, wie er darlegt, Jesus vorerst ein Unbekannter. Oft wird als Erklärung dafür angegeben, Jesus sei ihnen »in anderer Gestalt« erschienen.[108] So heißt es aber nur im späteren Markusschluß (Mk 16,12). Lukas selbst gibt einen ganz anderen Grund an:

Ihre Augen aber wurden gehindert, ihn zu erkennen: Es ist eine Disposition der Jünger, die sie hindert, den neuen Begleiter zu erkennen: ihre Augen wurden gehalten (*ἐκρατοῦντο*), waren sozusagen geschlossen (vgl. 24,31: ihre Augen wurden geöffnet). Mag der Autor hier auch von den Augen als den Sehorganen sprechen und vielleicht vordergründig daran denken, so meint er im Grund mit »Augen« hier das menschliche Erkenntnisvermögen. Das Passiv *ἐκρατοῦντο* ist hier aber kaum (wie z. B. 3 Makk 5,27) als ein theologisches Passiv (eine von Gott verhängte Blindheit) zu interpretieren; es drückt vielmehr die in allen lukanischen Ostergeschichten vorausgesetzte Haltung der Jünger aus: sie sind von sich aus unfähig, den Auferstandenen zu erkennen und an ihn zu glauben.[109].

24,17–21a: Weggespräch I

Er aber sprach zu ihnen: Was sind das für Worte, die ihr beim Gehen miteinander wechselt? Die für Lukas charakteristische Wendung *εἶπεν δέ* (er aber sprach) leitet die folgende Frage ein, mit der sich Jesus in das Gespräch der beiden Jünger einmischt, ohne sich irgendwie vorzustellen. Ein Unterschied zu seiner vorösterlichen Existenzweise wird nicht angedeutet. Die Anfangsworte der Frage *τίνες οἱ λόγοι οὗτοι* (was sind das für Reden) gleichen auffallend der 4,36 überlieferten Äußerung der Volksmenge: *τίς ὁ λόγος οὗτος* (was ist das für eine Rede). Allerdings wird hier weniger nach der Eigenart der Reden (so 4,36) gefragt als nach ihrem Inhalt.

---

[108] Vgl. *Rigaux* (Anm. 94), 229–230.
[109] *Wanke* (Anm. 96), 35; anders *F. Schnider-W. Stenger*, Die Ostergeschichten der Evangelien (Schriften zur Katechetik 13) München 1970, 71.

Und sie blieben traurigen Blickes stehen: Die Frage des Fremden läßt die beiden Jünger betroffen werden und innehalten. Nach Ansicht des Erzählers kommt sie offensichtlich völlig überraschend und macht den beiden das, was sie beschäftigt, schmerzlich bewußt. Auf letzteres deutet die Beschreibung *σκυθρωποί* (traurig blikkend) eigens hin. (In einigen alten Handschriften, denen auch die Vulgata und die Lutherübersetzung folgen, steht statt dieser Bemerkung die Textvariante *καί ἐστε σκυθρωποί* [und seid traurig?], die eine spätere Texterleichterung ist.)

Es antwortete aber einer mit Namen Kleopas und sprach zu ihm: Der Frage Jesu stellt einer der beiden Wanderer eine Gegenfrage gegenüber. Sein griechischer Name *Κλεοπᾶς* (die Kurzform für *Κλεόπατρος*?) wird sonst im Neuen Testament nicht genannt. Er wird häufig dem Joh 19,25 erwähnten *Κλωπᾶς* (Klopas) – ein semitischer Name – gleichgestellt und soll nach Eusebius (Hist. eccl. III 11) ein Bruder Josefs, mit dem die Mutter Jesu vermählt war, und der Vater des späteren Bischofs von Jerusalem Simeon gewesen sein.[110] Wie dem auch sei, dem Erzähler ist der Name Kleopas bekannt und für seine Leser wichtig.

Weilst du allein als Fremdling in Jerusalem und hast nicht erfahren, was dort in diesen Tagen geschehen ist? Kleopas sieht in Jesus einen, der als Fremder oder Gast in Jerusalem wohnt. Dabei ist wohl nicht so sehr die fremde Abstammung gemeint (vgl. Simon von Zyrene oder die Apg 2,9–11 aufgezählten Gruppen) als sein an den Tag tretendes Verhalten: Er scheint nichts von dem zu wissen, was sich in Jerusalem während der letzten Tage zugetragen hat. Kleopas setzt voraus, daß die Ereignisse der letzten Tage allen in Jerusalem bekannt sind (vgl. Apg 26,26c: »denn dies ist nicht in einem abgelegenen Winkel geschehen«).

Und er sprach zu ihnen: Was denn? Sie aber sprachen zu ihm: Das mit Jesus, dem Nazarener, der auftrat als ein Prophet, mächtig in Tat und Wort, vor Gott und dem ganzen Volk ... Durch seine zweite Frage veranlaßt Jesus die Jünger, sich zu äußern und damit auf seine erste Frage zu antworten. Beide – nicht nur Kleopas – tun es, indem sie zuerst, sozusagen als Überschrift ihrer Ausführung,

---

[110] Vgl. W. *Grundmann*, Das Evangelium nach Lukas (ThHK 3) Berlin [6]1971, 442 f.

angeben: »das mit Jesus, dem Nazarener«. Sie unterscheiden Jesus von anderen Personen mit demselben Namen durch das Attribut *Ναζαρηνός* (Nazarener), das zumindest für Lukas auf die Herkunft aus Nazaret verweist [111] (vgl. Lk 1,26; 2,4.39.51; 4,16; Apg 10,38; die Lesart *Ναζαραῖος* [Nazaräer] ist wohl eine Angleichung an die in der Apostelgeschichte regelmäßig verwendete Form). In einem Relativsatz beschreiben die Jünger dem Fremden die Person Jesu näher. Sie tun es in einer Weise, die auffallend mit den Kurzberichten in den Reden der Apostelgeschichte verwandt sind (Apg 2,22–23; 10,38–39): Jesus hat sich als Prophet durch sein Werk und Wort ausgewiesen (vgl. Apg 1,1 »zu tun und zu lehren«). Ähnlich spricht Stephanus Apg 7,22 über Mose: »Er war mächtig in Worten und Werken«. Von dem Ansehen Jesu beim Volk heißt es Lk 7,16: »Alle erfaßte Furcht und sie lobten Gott: ein großer Prophet ist unter uns aufgetreten«. In der Pfingstpredigt weist Petrus nach Apg 2,22 auf die Machttaten Jesu als Ausweis seiner göttlichen Legitimation. In der Tempelrede verkündet Petrus Apg 3,22–26 Jesus als den Propheten, auf den Israel nach Dtn 18,15–16 wartet: »Einen Propheten wie mich wird Gott euch aus euren Brüdern auftreten lassen.«

und wie ihn die Oberpriester und unsere Obersten der Verurteilung zum Tod ausgeliefert und ihn gekreuzigt haben: Mit diesem indirekten Fragesatz (*ὅπως*) gehen die beiden Jünger direkt auf das ein, was sie beschäftigt: die Auslieferung und Kreuzigung Jesu durch »die Oberpriester und Obersten« – dieselbe Bezeichnung steht Lk 23,13 (vgl. 23,35) für die am Tod Jesu Verantwortlichen. Wie auch sonst im Lukasevangelium und in der Apostelgeschichte wird eine Beteiligung der Römer nicht erwähnt, hingegen den Vertretern des jüdischen Volkes die Schuld zugeschrieben (vgl. z. B. Lk 23,15; Apg 13,27ff). Die Form der indirekten Frage deutet an, daß dieses Schicksal Jesu für die Jünger ein Problem darstellt.

Wir aber hofften, daß er es ist, der Israel erlösen wird: Von den Verantwortlichen für den Tod Jesu unterscheiden sich die Jünger dadurch, daß sie ihre Hoffnung auf Jesus gesetzt haben, mag diese Hoffnung nun auch schwinden. Das Imperfekt *ἠλπίζομεν* (hofften) besagt nicht unbedingt, daß diese Hoffnung ganz der Vergangen-

---

[111] Vgl. *Wanke* (Anm. 96), 30. Anm. 299 (Lit.) und 300.

heit angehört. Von ihm, so erklären sie, haben sie die Befreiung Israels erwartet (vgl. 1,68: »Er hat Erlösung seinem Volk gewirkt«). Diese ist im Sinne des Evangelisten nach Art der Befreiungstat des Mose (Apg 7,36 wird dieser als »Erlöser« bezeichnet) und als Wiederherstellung des Reiches Israels (vgl. Apg 1,6; 3,20ff) aufgefaßt. (Es fehlt hier übrigens jegliche Andeutung auf eine Heilsbedeutung des Todes Jesu.)

24,21b–24: Weggespräch II

Aber bei allem diesem ist dies schon der dritte Tag, seitdem dieses geschah: In markantem Gegensatz zu der Aussage über ihre Hoffnung steht die Feststellung: Jetzt ist schon der dritte Tag! Dies setzt voraus, daß nach Lukas der Tod als solcher die Hoffnung noch nicht ganz zunichte machen konnte; da aber, wie die beiden Jünger meinen, nicht einmal am dritten Tag etwas geschehen ist, scheint für die Hoffnung kaum mehr ein Grund zu bestehen. Ob dieser Feststellung die jüdische Überzeugung zugrunde liegt, daß erst nach drei Tagen jegliche Hoffnung auf Wiederbelebung ausgeschlossen sei (vgl. Joh 11,39), ist nicht erkennbar. Es liegt näher, daß der Erzähler hier auf die den Lesern bekannten Voraussagen der Auferstehung (9,22; 13,32; 18,33), die kurz vorher noch wiederholt wurden (24,7), anspielt. Indem die beiden Jünger betonen, daß der dritte Tag schon angebrochen sei, sprechen sie damit aus ihrer Sicht einen neuen Grund für ihre Enttäuschung aus; dem Leser, der den Gesprächspartner kennt, deuten sie jedoch damit die Erfüllung der Verheißung an.

Aber auch einige Frauen von uns haben uns in Verwirrung gebracht: Nachdem sie in der Früh am Grab waren und den Leichnam nicht fanden, kamen sie und sagten, sie hätten eine Erscheinung von Engeln gesehen, die sagen, er lebe. Und einige aus unserem Kreis gingen zum Grab, und sie fanden es so, wie die Frauen es gesagt hatten, ihn aber sahen sie nicht: Die beiden Jünger erzählen aus ihrer Perspektive[112] dem Weggefährten als weitere Erklärung für ihre Trau-

[112] Die Charakterisierung dieser Jüngeräußerungen mit dem umstrittenen Begriff »Erlebte Rede« – so *Wanke* (Anm. 96), 83 – dürfte kaum zutreffen. Vgl. dazu *Hamburger* (Anm. 18), 74–78; *Lämmert* (Anm. 18), 236f.

rigkeit die dem Leser schon aus der Grabesgeschichte im wesentlichen bekannten Vorgänge, allerdings mit zwei kleinen Abweichungen: 1. die Nachricht einiger Frauen habe sie *in Verwirrung* gebracht (V. 11: »und ihnen kamen diese Worte wie Geschwätz vor«); 2. *einige* (V. 12: »Petrus aber«) gingen zum Grab und fanden die Aussage der Frauen bestätigt, ihn (Jesus) *aber sahen sie nicht*. Nach dieser Wiedergabe der Grabesgeschichte haben die Jünger die Hoffnung, daß der Gekreuzigte »lebe« und wieder zu »sehen« sei, nicht ganz aufgegeben, doch sie sind enttäuscht, daß sich ihre Erwartung – wie sie urteilen – nicht erfüllt hat.

24,25–27: Weggespräch III

Und er sprach zu ihnen: O was seid ihr unverständig und schwerfälligen Herzens, um an all das zu glauben, was die Propheten gesagt haben: Jesus drückt angesichts der Klagen seine Verwunderung aus. Die Jünger sind unverständig, wissen also nicht ihren Verstand zu benutzen; sie sind langsam und träge im Herzen, das den Menschen zum rechten Erkennen und Glauben befähigt (vgl. Lk 8,12.15; 6,45; 21,14.34). Ihre eigene Disposition hindert sie, alle – und nicht nur einige – Sprüche der Propheten (vgl. 24,27; 18,31; Apg 24,14) zu verstehen und gläubig anzunehmen.

Mußte nicht der Christus dies alles leiden und in seine Herrlichkeit eingehen? Indem Jesus sie fragt und zum Nachdenken anregt, belehrt er sie über eine Gesetzmäßigkeit (»mußte«), die in den erwähnten Schriften zu erkennen ist und der der Weg des Messias unterliegt, und zwar sowohl seine erwähnte Auslieferung und Kreuzigung (»dies alles«; »leiden« bezeichnet hier wie oft im Neuen Testament Jesu Leiden und Sterben; vgl. Lk 22,15; 24,46; Apg 1,3; 3,18; 17,3) als auch sein Übergang in eine neue Existenzweise (eingehen in »seine Herrlichkeit«). Mit dieser ist die Teilhabe an der »Herrlichkeit« gemeint, wie sie Gott gebührt (Lk 2,9.14), in Verbindung mit den Worten über das Kommen des Menschensohnes (9,26; 21,27) genannt und Jesus bei der Verklärung (9,32: »seine Herrlichkeit«) zugeschrieben wird. Die verwandte Formulierung von Apg 14,22 (»und daß wir durch viele Bedrängnisse in das Reich Gottes eingehen müssen«) und die Parallele des ganzen Stichus mit der Leidensankündigung (Mk 8,31 par) legt es nahe, die Wendung »in seine Herrlichkeit eingehen« als eine lukanisch geformte Auferstehungsaussage[113] zu interpretieren. (Aus ihr allein kann deshalb nicht gefolgert werden, daß für Lukas ebenso wie für Paulus und Johannes Jesu Auferstehung mit seiner Erhöhung zusammenfalle. Wohl aber deutet sie an, daß für Lukas die Auferstehung keine einfache Rückkehr in das Leben dieser Welt ist.) Die beiden Verben »leiden« und »eingehen« stehen formal parataktisch nebeneinander. Doch ist sachlich die Passion die Voraussetzung für die Teilhabe an der Herrlichkeit (vgl. Apg 14,22).

Und angefangen von Mose und allen Propheten legte er ihnen in allen Schriften aus, was über ihn geschrieben steht: Jesus hilft den Jüngern, ihre mangelnde Bibelkenntnis zu überwinden. Sie sollen selbst die in seiner Frage thesenhaft formulierte Folgerung aus den prophetischen Büchern ziehen können.

Dazu legt er ihnen alle biblischen Bücher aus (Mose, Propheten, Schriften), und zwar im Hinblick auf ihre Aussagen über ihn. Jesus tut damit selbst das, was nach dem Zeugnis des Neuen Testaments zum wesentlichen Inhalt christlicher Predigt gehört (vgl. z. B. 1 Kor 15,3 »gemäß den Schriften«; Apg 2,25ff; 13,33ff). Dabei geht es nicht so sehr um einzelne Texte (Lukas zitiert in der Apostelgeschichte einzig Ps 2,7; 16,8–11; 110,1) als um das Gesamtzeugnis des Alten Testaments. Dieses ist von Ostern und dem Auferstandenen her in einem ganz neuen Licht zu sehen.

24,28–32: Das Erkennen Jesu beim Brotbrechen

Und sie näherten sich dem Dorf, wohin sie gingen; und er stellte sich, als wolle er weitergehen. Und sie drängten ihn und sprachen: Bleibe bei uns, denn es ist gegen Abend, und der Tag hat sich bereits ge-

[113] *Wanke* (Anm. 96), 86f, unter Verweis auf *G. Lohfink*, Die Himmelfahrt Jesu. Untersuchungen zu den Himmelfahrts- und Erhöhungstexten bei Lukas (StANT 26) München 1971, 236ff. Allerdings ist es m. E. nicht ausgeschlossen, daß die urkirchlichen Verherrlichungs- bzw. Erhöhungsaussagen zu dieser lukanischen Formulierung angeregt haben (vgl. Apg 3,13: »... der Gott unserer Väter hat seinen Knecht Jesus *verherrlicht,* den ihr ausgeliefert und vor Pilatus verleugnet habt«).

neigt. Und er trat bei ihnen ein, um bei ihnen zu bleiben: Als sich die Jünger dem Ziel ihrer Wanderung nähern, wo sie wohnen oder eine Übernachtungsmöglichkeit besitzen, nötigen sie Jesus, bei ihnen (wörtlich: »mit uns«) zu bleiben. Indem Jesus so tut, als wolle er weitergehen, unterstreicht Lukas das Drängende der Einladung. Die Jünger motivieren ihre Einladung mit der späten Tagesstunde. Dieselbe Tageszeit gibt Lukas für das große Mahl in der Wüste an (Lk 9,12; anders Mk 6,35). Diese keineswegs nebensächliche Verwandtschaft wie auch der folgende Kontext (»brannte nicht das Herz in uns«) zeigen, daß die Tageszeit als solche nicht das einzige Motiv ist. Jesus nimmt die Einladung an und wird ihr Gast (wörtlich: »um mit ihnen zu bleiben«). Nach dem Lukasevangelium war Jesus vor seinem Tod oft bei Menschen zu Gast: bei Levi (5,29), bei Simon (7,36–50); bei Maria und Marta (10,38–42), bei einem Pharisäer (14,1–14) und bei Zachäus (19,5–10).

Und es geschah, als er mit ihnen zu Tische saß, da nahm er das Brot und sagte Dank, er brach es und gab es ihnen: Mit »und es geschah« leitet der Verfasser die kurze Schilderung einer Szene während des Mahles ein. Diese gibt er mit Worten wieder, die ganz in der Tradition des Einsetzungsberichtes verankert sind (vgl. 1 Kor 11,23–24; Lk 22,19). Obwohl nur Gast, nimmt Jesus nach Art des Hausvaters[114] Brot und spricht das Dankgebet. Durch die Verwendung des Imperfekts *ἐπεδίδου* (er gab) gibt der Erzähler dem Austeilen im Unterschied zu der Danksagung (*εὐλόγησεν*) und dem Brechen (*κλάσας*) eine besondere Note. Er beschreibt auf diese Weise Jesus als den, der den beiden Jüngern das Brot darreicht, das er selbst gebrochen hat (ähnlich 9,16; ein wenig anders 22,19). Es darf nicht übersehen werden, daß der Evangelist nur diesen Mahlgestus erwähnt, der dem Leser durch die urkirchliche Liturgie vertraut ist; über alles andere, was zu einem abendlichen Beisammensein gehört, schweigt er.

Ihre Augen wurden nun geöffnet, und sie erkannten ihn, und er entschwand ihren Blicken: Im griechischen Text steht dem Tun Jesu sehr betont die Wirkung bei den Jüngern gegenüber (*αὐτων δέ*): ihre Augen, von denen es vorher hieß, daß sie gehindert waren,

[114] Vgl. zu dieser »Rollenvertauschung« *H. D. Betz*, Ursprung und Wesen christlichen Glaubens nach der Emmauslegende (Lk 24,13–32): ZThK 66 (1969) 7–21, hier 12.

werden geöffnet. Beim Darreichen des Brotes und dessen Empfang (er wird als selbstverständlich vorausgesetzt) werden sie von ihrer Blindheit geheilt. Aus dem ganzen Zusammenhang geht hervor, daß diese Heilung nicht ihre Augen als Sehorgane betrifft, sondern ihr Herz. Sie können jetzt Jesus erkennen. (Dieses Erkennen erfolgt also nicht aufgrund einer besonderen Geste Jesu beim Brotbrechen, wie manchmal ausgelegt wurde, sondern durch eine Gabe, die ihnen bei dem Darreichen des Brotes zuteil wird.) In dem Augenblick allerdings, da sie ihn erkennen, entschwindet er ihren Blicken. Das Ziel des Erscheinens Jesu ist erreicht, als die beiden Jünger ihn wiedererkennen. Ein weiteres Verbleiben ist offenbar nicht mehr erforderlich. Das plötzliche Entschwinden ist für den Leser das einzige Anzeichen, daß Jesus nach seinem Tod eine andere Existenzweise besitzt als vorher.

Und sie sprachen zueinander: Brannte nicht unser Herz in uns, als er zu uns auf dem Wege sprach und als er uns die Schriften aufschloß? Die beiden Jünger – vorher waren sie als erregte Gesprächspartner auf dem Wege gezeichnet worden (24,15.17) – sprechen jetzt zueinander und reflektieren gemeinsam das Geschehen. Der Inhalt ihres Gespräches wird in Form einer rhetorischen Frage wiedergegeben. Diese zeugt von ihrer Betroffenheit während des Weggesprächs und besonders bei der Schriftauslegung Jesu – sie wird bewußt als »aufschließen« bezeichnet; ihr Herz brannte wie Feuer: es war – wie wir sagen – »entflammt« und durch seine Nähe bewegt (vgl. Ps 39,4). Der Öffnung der Augen beim Brotbrechen geht also schon eine innere Vorbereitung voraus.

24,33–35: Rückkehr nach Jerusalem

Und in derselben Stunde standen sie auf und kehrten nach Jerusalem zurück, und sie fanden die Elf und die, die zu ihnen gehören, versammelt: Das Erlebte läßt die beiden Jünger nicht in Ruhe. Anstatt in Emmaus zu übernachten, erheben sie sich sofort vom Mahl und kehren nach Jerusalem zurück. Der Evangelist reflektiert nicht darüber, ob es überhaupt möglich ist, noch am gleichen Abend den ganzen Weg zurückzugehen und bei verschlossenen Stadttoren Jerusalem zu betreten. Wichtig ist ihm hingegen: Sie finden die Elf und die übrigen Jünger (vgl. 24,10) beisammen. Dieser Kreis bildet schon so etwas wie eine ständige Gemeinde.

die sagen: Der Herr wurde wirklich auferweckt und erschien dem Simon: In Jerusalem hören die beiden Wanderer aus dem Munde der Versammelten die Osterbotschaft. (Eine sowohl aus äußeren wie aus inneren Gründen sekundäre Lesart λέγοντες besagt, daß die Emmausjünger selbst sprechen [dies paßt zu der Bemerkung im späteren Markusschluß, wonach die Jünger in Jerusalem auf Unglauben stoßen]; nach der ursprünglichen Lesart λέγοντας sprechen aber die unmittelbar vorher Erwähnten.) Die Formulierung der Botschaft enthält sehr alte Elemente: »auferweckt«, »erschienen«, die besondere Erwähnung des Petrus (vgl. 1 Kor 15,5; Mk 16,7).[114a] Der Auferstandene wird mit dem in der urkirchlichen Predigt schon früh bekannten Namen ὁ κύριος (der Herr) bezeichnet. Das Wörtlein ὄντως (wirklich) betont gegenüber Zweiflern und Kritikern, daß es sich wirklich so verhält. Die ausdrückliche Nennung des Simon als Zeugen hat keinen anderen Grund, als die Zuverlässigkeit der Osterbotschaft zu stützen. Dieses kurze formelartige Bekenntnis am Ende der Perikope hat die Funktion, den kirchlichen Osterglauben in Petrus und in der Gemeinde in Jerusalem zu fundieren.

Und sie erzählten, was auf dem Weg geschehen war und wie er von ihnen beim Brotbrechen erkannt wurde: Erst nach dem offiziellen Bekenntnis der »Jerusalemer« kommen die beiden Emmausjünger zu Wort, um über ihre Erfahrung auf dem Weg und bei dem Mahl zu sprechen. Sie geben diese als Erzählung wieder (ἐξηγοῦντο [erzählten]), die als eine Bestätigung für das petrinische Zeugnis dienen kann. Die schon V. 30f vom Evangelisten kurz berichtete Öffnung der Augen bezeichnen sie selbst – in der Ebene der Erzählung – als ein Erkennen »beim Brotbrechen«. Gemäß dem Sprachgebrauch des dritten Evangelisten ist damit das eucharistische Mahl gemeint[115] und nicht eine besondere Art des Brotbrechens, wie eine historisierende Exegese auslegte (es heißt zudem nicht »am« [ἐπί] Brotbrechen). Wie dies und wie die gesamte Perikope im einzelnen

[114a] Vgl. *Kremer* (Anm. 9), 46f; *Wanke* (Anm. 96), 49–53.

[115] *J. Wanke*, Beobachtungen zum Eucharistieverständnis des Lukas aufgrund der lukanischen Mahlberichte (Erfurter Theologische Schriften 8) Leipzig 1973, 31–40.

zu verstehen ist, kann erst nach der Erörterung der Fragen zu Form, Gattung, Redaktion und Tradition geklärt werden.

4.2.2. Form und Gattung

Die in Prosa abgefaßte Perikope Lk 24,13–35 weist eine wohlüberlegte Gliederung auf. Um das dreigliedrige Weggespräch, das den Mittelpunkt der Texteinheit bildet, ranken sich in jeweils entsprechender Ordnung zunächst die beiden Szenen der Erscheinung des Nichterkannten auf dem Weg und des Erkennens beim Brotbrechen, dann die den Anfang und Schluß bildenden Angaben über das Weggehen von Jerusalem und die Rückkehr nach Jerusalem. Bei näherer Betrachtung fallen noch folgende Merkmale auf, die die äußerst kunstvolle Form des Abschnittes charakterisieren. Mit *καὶ ἰδού* (und siehe) wird zu Beginn die Aufmerksamkeit des Lesers auf zwei Personen gelenkt, die unterwegs sind (13) und bis zum Ende der Texteinheit die Handlungsträger bleiben. Die Wendung *καὶ ἐγένετο* (und es geschah) markiert das Hinzutreten einer dritten Person, die sofort mit Namen genannt wird, aber von den beiden Wandernden nicht erkannt wird (16). Sie steht im Mittelpunkt sowohl des folgenden Gesprächs wie auch der im zweiten Teil geschilderten Handlung.

Das Weggespräch wird eröffnet durch eine kurze Frage des neuen Weggefährten (17), auf die hin zunächst einer der beiden Wanderer mit einer Gegenfrage seine Verwunderung über das Nichtwissen des Dritten äußert (18), dann aber nach einer erneuten Frage des Dritten («Was denn?«) als Bitte um Erläuterung (19a) beide antworten. Sie tun dies, indem sie zuerst allgemein das Thema angeben (»das mit Jesus von Nazaret«) und dies in zwei Nebensätzen (»der ... und wie ...«; 21a). Dieser stellen sie schließlich zwei mit »aber« eingeleitete Aussagen gegenüber; die erste ist eine kurze Reflexion über die Zeit (21b) und die zweite umfaßt das Geständnis einer sie betreffenden Erregung (»in Verwirrung gebracht«; 22a) und als Begründung dafür die Berichterstattung über die Erlebnisse anderer (der Frauen und einiger Jünger; 22b–24). Der dritte Gesprächspartner reagiert auf diese Darlegungen mit einem leicht tadelnden Ausruf über ihre Haltung (25) und richtet an sie eine Frage, die zum Nachdenken anregen soll (26). Unmittelbar darauf folgt eine zusammenfassende Notiz über die durch ihn erteilte Belehrung. Den weiteren Verlauf der Perikope bestimmen mehrere, meist mit *καί* (und) eingeleitete Sätze, deren Prädikat im Aorist steht und die eine fortschreitende Handlung schildern. Eine kurze formelhafte Bitte (»Herr, bleibe bei uns«), auf die der dritte Weggefährte eingeht (29), gibt dem Text die Gestalt einer lebendigen Szene. Die Wendung »und es geschah, als er zu Tische saß« (20) lenkt ebenso wie die ähnliche Einleitung »und es geschah, als sie sich unterhielten« die besondere Aufmerksamkeit auf ein Geschehen, hier auf die Handlung des bisher nicht Erkannten beim Mahl: »er segnete... und gab es ihnen«. Als Folge dieser Handlung erkennen sie ihn; er aber entschwindet ihren Augen (31). In Form einer Frage wird anschließend die Reflexion der beiden Wanderer über ihre Gefühle während der Wanderung mit Jesus wiedergegeben (32). Die Perikope endet mit kurzen Angaben über die eilige Rückkehr, die Situation und das Bekenntnis der Jünger in Jerusalem und den Bericht der beiden über ihre Erlebnisse (33–34).

Der kunstvolle Aufbau und die geschickte, den Leser faszinierende Wiedergabe des Ablaufs der Handlung und der Gespräche sind im griechischen Text außerdem an einer Reihe von beabsichtigten Wiederholungen und Parallelen zu erkennen (z.B. *αὐτῇ τῇ ἡμέρᾳ* [am selben Tag] und *αὐτῇ τῇ ὥρᾳ* [in derselben Stunde]. Mit Recht wird auch auf die griechischen Vokabeln aufmerksam gemacht, die einzelne Verse miteinander verbinden (mots crochets): *ὁμιλεῖν* (unterhalten, 14/15), *προφῆται* (Propheten, 25/27), *πορεύεσθαι* (gehen, 28a/28b), *μεῖνον/μεῖναι* (bleiben, 29a/29b), *κέκλικεν/κατακλιθῆναι* (neigen, 29/30).[116] Ob aber die Struktur abgesehen von der oben erwähnten konzentrischen Gliederung noch weiter als eine im einzelnen bewußt um die Aussage »daß er lebe« kreisende bestimmt werden kann,[117] ist fraglich.

Die Perikope hat seit jeher viele Leser angesprochen und gilt als das schönste Osterevangelium. Die Wertschätzung ist vor allem durch den Inhalt bedingt. Er handelt von zwei Menschen, die unterwegs sind; ihr Gespräch kreist um die menschlichen Themen Hoffnung und Enttäuschung; von dem unaufdringlichen, vertrauenserwekkenden Fremden vernehmen sie eine Belehrung, die ihnen Trost bedeutet; mit der allgemeingehaltenen und zugleich tiefsinnigen Bitte

---

[116] Vgl. *Guillaume* (Anm. 97), 84.
[117] *Léon-Dufour* (Anm. 35), 213.

»Herr bleibe bei uns, denn es will Abend werden«, laden sie ihn ein, die Gemeinschaft des Weges und Gesprächs in der Mahlgemeinschaft fortzusetzen; dabei erkennen sie ihn und nach ihrer Rückkehr vernehmen sie – als Bestätigung – die Osterbotschaft. Christliche Leser erkennen sich in der so lebensecht erzählten Handlung mühelos wieder.

Gattungsgemäß wurde die Perikope oft als protokollarischer Bericht aufgefaßt. Dagegen sprechen außer dem Gegensatz zu Mk 16,7 und Mt 28,16ff (die erste Erscheinung in Galiläa) und vielen Unwahrscheinlichkeiten das mangelnde Interesse des Evangelisten an Einzelangaben, die Unschärfe der Darstellung, die für fiktionale Erzählungen charakteristischen Angaben über die inneren Vorgänge und Gespräche, sowie nicht zuletzt die sehr kunstvolle und theologisch tiefsinnige Komposition. In neuerer Zeit wurde die Perikope bzw. mehr noch eine vermutete Quelle oder Vorlage mit antiken Mythen (z. B. der Besuch von Jupiter und Minerva bei Philemon und Baucis), alttestamentlichen Sagen (z. B. Jahwe als Gast bei Abraham, Gen 18; Rafael begleitet in Menschengestalt und unerkannt den jungen Tobias, Tob 5,4ff) oder sogar mit chinesischen Volksmärchen verglichen.[118] Diese Vergleiche treffen jedoch nur jeweils auf das eine oder andere Motiv zu, zum Beispiel das des Anagnorismos (Wiedererkennens), nicht aber auf die ganze vorliegende Fassung. Deshalb ist auch die verbreitete Bestimmung als individuelle Wiedererkennungsgeschichte[119] fehl am Platz; denn das Wiedererkennen ist der Belehrung gänzlich untergeordnet. Einzelne legendenhafte und erbauliche Züge können dazu verleiten, die Emmausgeschichte der Gattung Legende oder gar Kultlegende zuzuordnen; doch geht es dem Text nicht um die Verherrlichung eines nachzuahmenden Helden oder Stiftung des an einen bestimmten Ort gebundenen Kultes.[120] (Ganz abwegig ist es, darin die materialisierende Verdeutlichung seelischer Vorgänge zu sehen.)[121]

---

[118] Vgl. *Bultmann* (Anm. 43), 310.

[119] Vgl. *M. Albertz*, Zur Formgeschichte der Auferstehungsberichte: ZNW 21 (1922) 259–269, hier 260; *Dodd* (Anm. 89), 108; *Grundmann* (Anm. 110), 442f.

[120] Nach *Graß* (Anm. 43), 35 wird der legendäre Charakter von der kritischen Forschung allgemein anerkannt; nach *Betz* (Anm. 114), 8 handelt es sich näherhin um eine Kultlegende. Betz deutet in diesem Sinn die V. 29–31 beobachtete Rollenvertauschung: Jesus nimmt die Rolle des Gastgebers ein, d. h. er setzt das Herrenmahl als christliches Kultmahl ein und weist die Jünger in den Ritus ein (ebd. 12).

Sehr aufschlußreich ist ein Vergleich von Lk 24,13–35 mit Odyssee XXIII 221–425; dort begegnet Athene dem Odysseus und wird ihre Erscheinungsweise bis ins einzelne ausgemalt.[122] Im Unterschied zu der Dichtung Homers, die den Leser unterhalten und erfreuen möchte, fehlt in der biblischen Darstellung jegliche Detailschilderung. Das Gewicht liegt statt dessen auf der Darstellung des Gesprächs (über die Auslegung der Schrift) und des in der Urkirche geheiligten Ritus (Brotbrechen). Diese beiden Schwerpunkte finden sich nun ebenfalls in einem anderen Text des lukanischen Doppelwerkes: Apg 8,26–39. Eine Gegenüberstellung der Struktur beider Texte läßt dies gut erkennen:[123]

Lk 24,13–35	*Apg 8,26–39*
13: Jünger auf dem Wege von Jerusalem nach Emmaus.	26–28: Der Kämmerer auf dem Wege von Jerusalem nach Gaza.
14: Unterhaltung der beiden Jünger.	28b: Der Kämmerer liest Jesaja.
15–17: Jesus gesellt sich zu den Jüngern und fragt.	29–30: Auf Antrieb des Geistes gesellt sich Philippus zu dem Eunuchen und fragt.
18–24: Die Jünger erzählen über die Vorgänge, die sie nicht verstehen.	31–34: Der Kämmerer bittet um Erklärung des Textes, den er nicht versteht.
25–27: Jesus erklärt die Schrift.	35: Philippus deutet die Schrift.
28–29: Die Jünger laden Jesus ein.	36–37: Der Kämmerer bittet um die Taufe.
30–31: Jesus bricht das Brot, die Jünger erkennen ihn; er entschwindet ihren Augen.	38–39a: Philippus tauft den Kämmerer, er entschwindet.

---

[121] *P. Seidensticker*, Die Auferstehung Jesu in der Botschaft der Evangelisten (SBS 26) Stuttgart 1967, 79 Anm. 36. Die Annahme Seidenstickers, alle »Erscheinungen« reduzierten sich auf ein einziges übernatürliches Geschehen, wird dem biblischen Befund nicht gerecht.

[122] Vgl. *Kremer* (Anm. 28): »Da aber kam Athene zu ihm heran, an Gestalt einem jungen Manne gleichend, einem Hüter von Schafen, einem noch ganz zarten, wie die Söhne der Herren sind, und hatte um die Schultern einen doppelt gefalteten, schön gewirkten Mantel, unter den schimmernden Füßen aber hatte sie Sohlen und in den Händen einen Wurfspieß« (*Homer*, Od XXIII, 221–225; Übersetzung nach *W. Schadewaldt*, Die Odysee, Hamburg 1958).

32–33: Die Jünger sind ganz ergriffen und kehren nach Jerusalem zurück.

39b: Der Kämmerer ist erfüllt von Freude und setzt seinen Weg fort.

In beiden Geschichten sind Menschen unterwegs, beschäftigen sich mit Fragen, wird ihnen durch einen, der sich auf wunderbare Weise zu ihnen gesellt, die Schrift interpretiert und ihnen auf ihre Bitte hin etwas gewährt, was in den Kirchen als Sakrament gilt (Brotbrechen, bzw. Taufe). Am Ende ist die helfende Person entschwunden. Gewiß dürfen die Unterschiede nicht übersehen werden, doch ist die Grundstruktur die gleiche. In beiden Texten kommt es dem Verfasser offensichtlich darauf an, den Lesern auf diese Weise eine kirchliche Unterweisung zu bieten. Die Gattung von Lk 24,13–35 läßt sich daher – ebenso wie die von Apg 8,26–39 – als *eine der kirchlichen Unterweisung dienende Geschichte bestimmen.*

4.2.3. Redaktion und Tradition

Mehrere Untersuchungen zu Sprache und Motiven von Lk 24,13–35[124] haben gezeigt, wie groß der Anteil lukanischer Redaktion ist. Typisch sind zum Beispiel die vielen lukanischen Spracheigentümlichkeiten, die Vorliebe für Fragen, die Motive: Unverständnis der Jünger, Schuld der jüdischen Behörden am Tode Jesu, die Auslegung aller Schriften, das heilsgeschichtliche »muß«. Die Perikope läßt ferner drei für das lukanische Doppelwerk charakteristische Anliegen erkennen: 1. die Osterbotschaft geht von Jerusalem aus, und zwar von Petrus und den Jüngern, die alles andere als leichtgläubig waren; 2. sie liegt ganz auf der Linie der alttestamentlichen Verheißungen; 3. sie erschließt sich aber nur dem, der dazu befähigt wird.

Die vorliegende Fassung ist als Ganzes so lukanisch, daß es kaum möglich ist, unter der lukanischen Redaktionsdecke noch eine zu-

---

[123] *J. Dupont,* Les Pélerins d'Emmaus (Luc XXIV, 13–35), in: Miscellanea Biblica B. Ulbach. (Scripta et Documenta I) Montserrat 1953, 349–374; *J. A. Grassi,* Emmaus Revisited (Luke 24,13–35 and Acts 8,26–40): CBQ 26 (1964) 463–467.

[124] *Z. B. Schmitt* (Anm. 100); *Wanke* (Anm. 96); *Guillaume* (Anm. 97). – *E. P. Groenewald,* Jeremia 14,8–9 en Emmaüs: Ned. Geref. teologicse tydskrif, captown, 13 (1972) 77–82 meint, Lukas habe die Perikope bewußt in Anlehnung an Jer 14,8–9 gestaltet, um auf diese Weise die Schriftgemäßheit der Osterbotschaft aufzuzeigen.

grundeliegende Überlieferung oder gar eine Vorlage bloßzulegen. Einige Indizien verraten jedoch eine vorgegebene Tradition: Dazu zählen besonders der Name Emmaus (den erst Lukas bewußt in die Nähe zu Jerusalem bringt), der Name des einen Jüngers, Kleopas (der nicht zum Kreis der Elf gehört) und die Erscheinung Jesu als eines zunächst Unbekannten, der erst später erkannt wird.[125] Vermutlich gehörte auch schon die Verbindung des Wiedererkennens mit der Mahlszene zur vorlukanischen Tradition. Neben dieser Überlieferung hat Lukas das V. 34 zitierte Bekenntnis der Gemeinde im wesentlichen vorgefunden (vgl. 1 Kor 15,5) und beides ohne schwerwiegende Änderungen (redaktionell ist allerdings *ὄντως* und *κύριος*) mit der Emmaus-Kleopas-Tradition verbunden. Wie diese Emmaus-Kleopas-Tradition im einzelnen aussah, ist dem lukanischen Text nicht mehr zu entnehmen. Der Exeget steht hier vor vielen Fragen, auf die er keine befriedigenden Antworten geben kann: Warum wurde überhaupt eine mit den Namen Kleopas und Emmaus verbundene Erscheinung vor einem oder mehreren Jüngern weitererzählt (zwecks Legitimation einer nicht zu den Aposteln gehörenden Persönlichkeit oder einer Lokaltradition)?[126] Wie kam man dazu, sie im Unterschied zur Petrustradition (1 Kor 15,5–8 und Lk 24,34) anschaulich zu schildern (welche persönlichen Aussagen stehen dahinter, inwieweit sind diese durch vorgegebene Erzählmuster [pattern] bedingt)? Warum wurde sie in dieser Weise, unter Betonung des Erkennens beim eucharistischen Mahlritus erzählt (paradigmatisches und liturgisches Interesse)?[127] Eines kann allerdings gesagt werden: dem Evangelisten Lukas war diese Überlieferung, der man einen historischen Kern nicht absprechen kann (Erscheinung Jesu vor einem Jünger, der nicht zum Kreis der Apostel zählt und keinen ausdrücklichen Sendungsauftrag erhält), jedenfalls so wichtig, daß er sie seinem Evangelium eingliederte. (Anfang und Schluß der Perikope fügen sich nicht ganz nahtlos ein; außerdem sprengt sie das Schema der Geschichten über die Ereignisse am Ostertag und hat sie gegenüber der bedeutsameren Erscheinung vor Simon, die bloß erwähnt wird, ein starkes Überge-

---

[125] Vgl. *Wanke* (Anm. 106), 123f.

[126] *G. Schille*, Anfänge der Kirche, München 1966, 167f.

[127] Vgl. *R. Orlett*, An Influence of the Early Liturgy upon the Emmaus Account: CBQ 21 (1959) 212–219, hier 218–219.

wicht.) Lukas tat dies nicht zuletzt, weil sie ihm geeignet schien, seine Leser im kirchlichen Osterglauben zu bestärken.

4.2.4. Bedeutung für den Leser

Jesus ist wirklich auferstanden und lebt. Diese Botschaft, die seit jenen Tagen in der Kirche unter Berufung auf die Apostel verkündet wird, haben die Jünger keineswegs unkritisch, sondern nur zögernd aufgenommen, und zwar nach einem ihnen durch den Auferstandenen vermittelten Verständnis aller Schriften und nach der ihnen geschenkten Öffnung des Herzens. Deshalb ist die Osterbotschaft zuverlässig und glaubwürdig. Das ist in wenigen Worten der Gehalt der Emmausperikope, aber noch keineswegs ihre ganze Aussage. Diese erschließt sich nur dem, der auch die kunstvolle Gestalt der längsten und schönsten Ostergeschichte beachtet. Mehr noch als bei anderen Texten der Bibel hat der Ausleger hier die Aufgabe, dem Leser den Weg zum Hören und Verstehen des vorgegebenen Textes zu ebnen.

1. *Und siehe, zwei von ihnen waren an demselben Tage unterwegs.* Der Text lädt zur Betrachtung ein (»und siehe«) und lenkt die Aufmerksamkeit auf zwei Jünger, die sich von den anderen abgesondert haben und weggehen. Wie der Leser später erfährt, sind sie enttäuscht (»traurig« – »wir aber hofften«) und als solche haben sie sich von den anderen getrennt und sind unterwegs. Doch kommen auch sie nicht ganz los von dem, was sie mit Jesus erlebt haben; denn sie sprechen, ja diskutieren über »alles dieses«. Offensichtlich ist nicht alles so eindeutig und klar, wie sie meinen. Der Evangelist verweist seine Leser und uns darauf, daß das Geschick Jesu sehr viele Fragen aufgeworfen, ja selbst Enttäuschungen hervorgerufen hat. Dies geschieht auch heute noch. Es ist gut, darüber zu sprechen, besonders dann, wenn man meint, von »Jerusalem« weggehen zu müssen.

2. *Und es geschah ... Jesus selbst ... ging mit ihnen.* Derjenige, über dessen Geschick die beiden diskutieren, gesellt sich zu ihnen. Der Gekreuzigte lebt also, nur vermögen nicht einmal seine Jünger ihn zu erkennen; denn sie sind blind. Den Evangelisten interessiert nicht unsere moderne Frage nach der Existenzweise des Auferstandenen, wohl aber das Problem, warum die Jünger so schwer zum

Glauben an den Auferstandenen finden. Ihr Herz ist, so läßt er den Leser später erfahren, schwerfällig, sozusagen ein Herz aus Stein und noch nicht das verheißene neue Herz des Geistes (Ez 36,26). Das Verhalten der beiden ist nach Lukas charakteristisch für das aller Jünger nach dem Karfreitag, es ist auch bezeichnend für uns: Jesus lebt, begleitet unser Leben – und wir vermögen ihn nicht wahrzunehmen.

3. Weilst du allein als Fremdling in Jerusalem? Jesus versucht durch seine Frage die beiden aus ihrer Traurigkeit zu befreien und zur vollen Wahrheit zu führen. Kleopas hingegen meint, Jesus fragen zu müssen. Er hält sich und seinen Gefährten für wissend, Jesus hingegen für jemand, der wie ein einsamer Fremdling mitten unter anderen lebt und nicht ahnt, was sich zuträgt. Der Leser muß über diese Frage staunen; denn er weiß ja, an wen sie gerichtet wird. Wurde und wird eine solche Frage nicht noch oft an Jesus oder seine Jünger gerichtet?

4. ... der auftrat als Prophet, mächtig in Tat und Wort. Die Jünger sehen in Jesus einen großen Propheten, wie ihn viele Israeliten als den von Mose verheißenen Retter ihres Volks erhofften (Dtn 18,15f; Apg 3,22; 7,37). Zu diesen Erwartungen paßte nicht die Verwerfung durch die Oberpriester und die Ältesten ihres Volkes. Für ein solches Bild vom Messias kann man sich nach Lukas nur auf einzelne Stellen der Bibel berufen; es ist einer der Gründe, warum die Jünger an dem Kreuzestod Ärgernis nehmen und blind sind für die Begegnung mit dem Auferstandenen. Eigene Vorstellungen, die lediglich auf einigen Texten beruhen, verschließen auch heute noch die Tür zum Glauben an den Auferstandenen oder lassen am Glauben irre werden.

5. ... schon der dritte Tag ... einige Frauen ... aus unserem Kreis ... Der Evangelist läßt die Jünger noch einmal die wichtigsten Begebenheiten zusammenfassend erzählen, die der Leser weithin schon aus der Grabesgeschichte kennt. All dies muß doch zu denken geben. Warum glauben sie nicht? Weil die Bedingung, die sie stillschweigend machen, nicht erfüllt ist: »ihn aber sahen sie nicht«. Die so reden, gehen mit ihm und sehen ihn auch nicht!

6. O was seid ihr unverständig ... um an all das zu glauben, was die Propheten gesagt haben. Der Auferstandene erkennt in der Blindheit und Herzenshärte der beiden Jünger nicht nur ein Hindernis für den Glauben an ihn, sondern auch für das Verstehen aller Prophetenworte. Weil sie die Schrift nicht verstehen, können sie nicht an seine Auferstehung glauben; deshalb legt er ihnen die Schrift aus und erklärt ihnen, was in allen Büchern über ihn geschrieben steht. Es gibt also ein Verständnis der Schrift, das im Grunde Unverständnis ist. Um die ganze Schrift zu verstehen, muß sie richtig erklärt werden. Solche Deutung der Schrift geschieht nach der Schilderung der Apostelgeschichte in der Kirche (vgl. Apg 2,14ff; 3,11–26; 13,16–41). Sie geht letztlich auf Jesus selbst zurück (vgl. Lk 24,44ff). Wer sich der Auslegung Jesu stellt, wird im Herzen davon betroffen (»brannte nicht unser Herz«); ihm werden dadurch erst »die Schriften geöffnet«, so daß sie zu einer Offenbarung werden.

7. Mußte nicht der Christus dies alles leiden ...? Der Evangelist denkt bei dieser aus der Verteidigung der Osterbotschaft formulierten Erkenntnis, die schon 1 Kor 15,3 (»gemäß den Schriften«) vorliegt, besonders an die Voraussagen über das Leiden des Gottesknechtes (vgl. Apg 8,32–35); allerdings deutet er dies hier wie auch Apg 8 in keiner Weise als ein Sühneleiden. Er sieht das Leiden Christi vielmehr in einem göttlichen Heilsplan vorherbestimmt, und zwar als Vorstufe zur Verherrlichung. Das Kreuz ist in seiner heilsgeschichtlichen Schau eine Etappe auf dem Weg vom Anfang bei der Taufe bis zum Tag der Aufnahme (Apg 1,22). Über das Problem, wie das Leben Jesu seine Vollendung und Herrlichkeit gefunden hätte, wenn die Anführer Israels sich auf die Predigt Jesu hin bekehrt hätten, reflektierte die Urkirche nicht.

Wer heute über die Frage »mußte nicht der Christus leiden« nachdenkt, kann die Notwendigkeit des Leidens nicht in einem von Ewigkeit her festgelegten Ablauf der Osterereignisse begründet finden; die Gesamtschau der Bibel und der kirchlichen Tradition verweist auf einen tieferen Sinn. Jesu Passion gründet in einem «muß«, das sich schon im Alten Bund ankündigt und aus der Konfrontation zwischen dem Heilswillen Gottes (selbst die Sünder schreibt Gott nicht ab) und der Bosheit der Menschen (auf das Angebot Gottes antworten sie mit der Kreuzigung seines Sohnes und Gesandten) stammt. Der Leidensweg Jesu ist nach Lukas zugleich ein Hinweis auf den Leidensweg seiner Jünger; »Ich werde ihm [Paulus] zeigen, wieviel er um meines Namens willen leiden muß« (Apg 9,16).

8. *Bleibe bei uns!* Die Jünger bitten den Unbekannten, in ihrer Gemeinschaft zu bleiben. Vordergründig verweisen sie auf die späte Tageszeit; im Tiefsten ihres Herzens (»brannte nicht unser Herz in uns«) verlangen sie aber danach, mehr von ihm zu erfahren. Jesus nimmt die Einladung an und tritt bei ihnen ein. Die auf dem Weg begonnene Gemeinschaft soll weitergehen, allerdings, wie der Verlauf zeigt, anders als die beiden es sich vorstellten. In diesem Bild – nur als solches ist es wahr – deutet der Erzähler an, daß der Auferstandene auf das Verlangen der Jünger eingeht und sich denen, die ihn bitten, ganz erschließen will, um ständig bei ihnen zu bleiben.

9. *Und es geschah, als er mit ihnen zu Tische saß.* Jesus gesellt sich nicht nur zu den beiden Jüngern (»und es geschah, während sie sich unterhielten«, 15), er tut nach der Darstellung des Lukas noch ein zweites; er hält mit ihnen Mahl, so wie er es vor Ostern, besonders bei der großen abendlichen Speisung (9,10–17) und mit den Aposteln beim letzten Abendmahl (22,14 ff) getan hat. Lukas läßt die beiden es mit dem in der Urkirche geläufigen Wort »Brotbrechen« (24,35) benennen. Für ihn gehen hier Vergangenheit und Gegenwart völlig ineinander über. Das Entscheidende ist: »Ihre Augen wurden nun geöffnet und sie erkannten ihn«. Erst durch einen österlichen Dienst Jesu werden sie befähigt, ihn zu erkennen. Was die Schriftauslegung nicht vermag – sie hat jedoch eine vorbereitende Funktion –, das geschieht beim Mahl. Nicht aus eigener Kraft, nicht einmal aus dem Studium der Schrift unter Anleitung des Herrn, sondern nur durch ein besonderes Geschenk gelangen sie zum Glauben an den Auferstandenen. Haben die ersten Christen nicht mit Recht dieses österliche Geschenk in engster Verbindung mit der allen zugänglichen Eucharistie gesehen? Wie der Evangelist erzählt, entschwindet Jesus ihren Blicken; die äußere Gemeinschaft wird dadurch abgebrochen, doch bleibt die innere communio. Diese drängt sie, sofort nach Jerusalem zurückzugehen. Mit Recht singt die Kirche immer wieder in der Osterzeit, besonders bei der Feier der Eucharistie: »sie erkannten den Herrn beim Brotbrechen«.

10. Der Herr wurde wirklich auferweckt und erschien dem Simon. In Jerusalem, dem Angelpunkt zwischen Altem und Neuem Bund, vernehmen die beiden von der Gemeinde das offizielle Osterzeugnis. Es ist eine ganz alte Formulierung, die Lukas seiner Erzählung einfügt. Wie bei den beiden Jüngern, so ist auch bei den übrigen etwas geschehen. Trotz ihrer Herzenshärte, ihrer Skepsis gegenüber der Nachricht der Frauen, ist Jesus auf ihr Verlangen, ihn zu sehen, eingegangen: er ist dem Simon erschienen. Was anderen – wie auch den Jüngern einmal – ein Geschwätz von Frauen zu sein dünkte, das ist »wirklich« geschehen.

11. Und sie erzählten. Die beiden Jünger erzählen, was sie erlebt haben. Sie rufen damit Simon und sich das Erlebte in Erinnerung. Es ist ja keineswegs so, als sei die Botschaft von der Auferstehung Jesu eine Wahrheit, über die man nach Art von Lehrsätzen als sicheren Besitz verfügen kann (etwa aufgrund objektiv überprüfbarer Tatsachen). Sie ist nur im Glauben zu bejahen und muß stets neu gegenüber aufkommenden Zweifeln verteidigt werden. – Der Festigung des Osterglaubens dient auch, diese Geschichte von den beiden Jüngern auf dem Weg nach Emmaus wieder und wieder zu lesen und zu betrachten. Der Evangelist hat sie deshalb erzählt. Er stellt uns die Erfahrung der beiden Jünger lebendig vor Augen. Sie steht für die vieler anderer, denen Jesus erschienen ist (vgl. 1 Kor 15,5–8). Wie Lukas dies darlegt, ist es zugleich Wegweisung für uns: der Glaube, daß der Gekreuzigte lebt, wird uns durch die kirchliche Auslegung der Bibel und beim Brotbrechen immer wieder neu geschenkt.

4.3. Die Geschichte von der Erscheinung am Osterabend (24,36–53)

Auf die Emmausgeschichte folgt unmittelbar, wenn auch nicht ganz nahtlos, eine Schilderung der Erscheinung vor dem Kreis der vorher erwähnten Elf und der zu ihnen Gehörenden. Diese Perikope bildet den Abschluß des Lukasevangeliums und steht inhaltlich in enger Verbindung mit dem zweiten Buch des Verfassers; denn die Hauptthemen dieses Abschnitts kehren dort wieder, besonders im ersten Kapitel (Selbstausweis des Auferstandenen, Missionsauftrag, Geistverheißung, Himmelfahrt).

36 Während sie nun dieses redeten, trat er selbst in ihre Mitte
(und spricht zu ihnen: »Friede euch«). 37 Sie aber wurden von
Schrecken und Furcht ergriffen und meinten, einen Geist zu
sehen.

38 Und er sprach zu ihnen: »Was seid ihr erschrocken und
warum steigen Bedenken in eurem Herzen auf? 39 Seht meine
Hände und meine Füße, daß ich es selbst bin. Betastet mich
und seht; denn ein Geist hat nicht Fleisch und Bein, wie ihr
seht, daß ich [es] habe«. 40 (Und als er dies sagte, zeigte er ih-
nen die Hände und Füße).
41 Und da sie noch nicht glaubten – vor Freude – und sich
verwunderten, sprach er zu ihnen: »Habt ihr etwas zu essen
hier?« 42 Sie aber gaben ihm ein Stück von gebratenem Fisch
(und von einer Honigwabe). 43 Und er nahm und aß es vor ih-
ren Augen.

44 Er aber sprach zu ihnen: »Dies [sind] meine Worte, die ich
zu euch geredet habe, als ich noch bei euch war.
Es muß alles erfüllt werden, was im Gesetz des Mose und in
den Propheten und Psalmen über mich aufgeschrieben steht.«
45 Dann öffnete er ihnen den Sinn, damit sie die Schrift ver-
standen.
46 Und er sprach zu ihnen:
»So steht es geschrieben, daß der Christus leidet und am drit-
ten Tag von den Toten aufersteht 47 und in seinem Namen die
Buße und Vergebung der Sünden bei allen Völkern verkündet
wird, angefangen von Jerusalem.
48 Ihr [seid] dafür Zeugen.
49 Und siehe, ich sende auf euch die Verheißung meines Va-
ters; ihr aber bleibt in der Stadt, bis ihr mit der Kraft aus der
Höhe bekleidet werdet.«

50 Er führte sie nun (hinaus) bis nach Betanien. Und er erhob
seine Hände und segnete sie.
51 Und es geschah, während er sie segnete, da schied er von
ihnen (und wurde in den Himmel hinaufgetragen).
52 Und sie (huldigten ihm und) kehrten mit großer Freude

nach Jerusalem zurück [53] und waren allzeit im Tempel und priesen Gott.

4.3.1. Texterklärung

Der nicht ganz einheitlich überlieferte Abschnitt 24,36–52 – bei V. 51–52 verdient jedenfalls der längere Text den Vorzug[128] – ist als eine Texteinheit zu betrachten, denn es steht *ein* Handlungsträger im Mittelpunkt, nämlich Jesus selbst, und es wird von ihm eine abgeschlossene Begebenheit erzählt, beginnend mit seinem Erscheinen (*ἔστη*) und endend mit seinem Abschied (*διέστη*). Ohne Mühe läßt sich die Perikope in drei zusammengehörige kleinere Abschnitte aufgliedern: 36–43 schildern anschaulich, wie Jesus sich vor den versammelten Jüngern und Aposteln als der leibhaft Auferstandene ausweist; 44–49 berichten die letzten Worte des Auferstandenen; 50–53 erzählen mit wenigen Worten das Ende der Erscheinung.

24,36–43: Jesus weist sich als der Auferstandene aus

Während sie nun dieses redeten, trat er selbst in ihre Mitte (und spricht zu ihnen: Friede euch): Im griechischen Text steht am Anfang des Satzes *ταῦτα* (dieses). Demnach erscheint Jesus nach der Erzählung des Lukas in dem Augenblick, da die Emmausjünger ihre Erfahrung erzählen. Der Kreis, in dessen Mitte Jesus tritt, ist also derselbe, der V. 33 genannt wurde; eine Angabe des Ortes (das Obergemach des Abendmahlssaales?) fehlt. Das Erscheinen Jesu wird ähnlich wie das der beiden Boten (24,4) als Auftreten (*ἔστη* [trat]) bezeichnet, aber in keiner Weise beschrieben. (Der Friedensgruß ist zwar in den ältesten Handschriften bezeugt und paßt auch sehr gut zu der Vorliebe des Lukas für das Thema Frieden, doch bestärkt das Präsens *λέγει* [spricht] den Verdacht, daß es sich hier um eine spätere Angleichung an Joh 20,19c handelt. Die nur in wenigen jüngeren Handschriften stehende Beifügung *ἐγώ εἰμι, μὴ φοβεῖσθε* [ich bin es, fürchtet euch nicht] ist eindeutig eine Angleichung an

[128] Zur Bewertung der Varianten vgl. *Metzger* (Anm. 30); *Guillaume* (Anm. 97), 199–206. 275–278.

Mk 6,50; Mt 14,27; Joh 6,20. Sie verrät allerdings, daß man die hier erzählte Erscheinung Jesu in enger Verbindung mit dem Wandel Jesu auf dem Meer betrachtet hat.)

Sie aber wurden von Schrecken und Furcht ergriffen und meinten, einen Geist zu sehen: Jesu Auftreten wirkt auf die Jünger anders als sein vorösterliches Kommen; anstatt mit Freude (vgl. Joh 20,20) werden sie mit Furcht erfüllt. Was die Jünger nach Meinung des Evangelisten zu einer solchen Reaktion veranlaßt, geht aus der folgenden Aussage über die Beurteilung des Geschehens hervor: sie meinen (*ἐδόκουν*, Imperfekt), ein *πνεῦμα* (einen Geist) zu sehen. (In einigen Handschriften steht dafür *φάντασμα* [Gespenst] wie Mk 6,49par; Ignatius, Ad Smyr. 3,2 spricht von einem *δαιμόνιον ἀσώματον* [leibloser Dämon]; nach Apg 12,15 deuten einige die Nachricht, Petrus sei aus dem Gefängnis zurückgekehrt, mit den Worten: »Es ist sein Engel«). Furcht und Schrecken der Jünger sind nach Lukas aber nicht durch das Majestätische der Erscheinung bedingt (vgl. z. B. Mt 28,4f). Die Schilderung des Lukas läßt vermuten, daß die Jünger den Eindruck haben, Jesus in einer leiblosen, ihnen fremden Gestalt vor sich zu sehen. Dies geht aus dem folgenden hervor: »Geist« steht dort in Gegensatz zu Jesu Person (»daß ich es bin«) und hat außerdem nicht »Fleisch und Knochen«. Eine solche Vorstellung von »Geist« paßt wenig zur jüdischen Anthropologie, der eine leiblose Existenz mehr oder minder fremd war.

Und er sprach zu ihnen: Was seid ihr erschrocken und warum steigen Bedenken in eurem Herzen auf? Jesus nennt – in der für Lukas eigentümlichen Form der Frage – das Erschrecken der Jünger verwunderlich und tadelnswert. Der Grund dafür liegt in ihrer Herzensverfassung. Es fehlt ihnen die rechte Sinnesart. Die Fragen sind ihrer Form nach verwandt mit der Frage der beiden Engel am Grab in 24,5 und der des Auferstandenen auf dem Weg nach Emmaus in 24,26 (vgl. auch Apg 1,11: »Was steht ihr da und schaut zum Himmel auf?«). Das Verhalten der Jünger ist vor allem dann unverständlich, wenn man bedenkt, was unmittelbar vorher über ihren Glauben an die Auferstehung Jesu gesagt wurde (34b).

Seht meine Hände und meine Füße, daß ich es selbst bin. Betastet mich und seht; denn ein Geist hat nicht Fleisch und Bein, wie ihr seht, daß ich[es] *habe (Und als er dies sagte, zeigte er ihnen die*

Hände und Füße): Jesus fordert die Jünger auf, seine Hände und Füße zu betrachten, damit sie ihn erkennen. Auf diese Weise sollen nach der Absicht des Erzählers Angst und Zweifel behoben werden. Die Aufforderung ist etwas seltsam; denn in der Regel gilt das Gesicht als Erkennungszeichen. Meist wird sie unter Hinweis auf die Joh 20,20.25.27 erwähnten Wundmale der Hände und der Seite erklärt (die Füße werden dort nicht genannt). Als Beweis dafür gilt die fast wörtliche Übereinstimmung von Lk 24,40 mit Joh 20,20 (»und als er dies sagte, zeigte er ihnen die Hände und die Seite«). (Allerdings ist die Authentizität von Lk 24,40 umstritten. Der Vers ist schon in den ältesten Handschriften bezeugt, fehlt aber in der westlichen Textüberlieferung. Viele Forscher halten ihn für eine frühe Angleichung an Joh 20,20, die ein alter Beleg für die angeführte Erklärung wäre.) Nun werden aber die Wundmale in dem lukanischen Passionsbericht überhaupt nicht erwähnt; der Verfasser müßte diese Tradition hier als bekannt voraussetzen. (Dies ist nicht ganz unmöglich, zumal eine solche Überlieferung mit Ps 22,17 übereinstimmt; Lk 24,2 setzt ebenfalls die Verschließung des Grabes mit einem Stein voraus, obwohl ein solcher beim Begräbnis nicht erwähnt wird.) Vom vorliegenden lukanischen Text her ist die Aufforderung, die Hände und Füße zu betrachten, besser im Hinblick auf den folgenden Imperativ »betastet mich« und dessen Begründung zu interpretieren: »ein Geist hat nicht Fleisch und Bein«. Das heißt: Hände und Füße werden nicht als direkte Erkennungszeichen (etwa wegen der Wundmale) vorgezeigt, sondern als die Körperteile, die sich leicht berühren lassen und dadurch beweisen, daß nicht ein leibloser Geist vor ihnen steht. (Eine ähnliche Argumentation findet sich bei Homer, Philostratus, Lukian und Quintilian.)[129] Wenn V. 40 ursprünglich zum Text gehörte (»und als er dies sagte, zeigte er ihnen die Hände und Füße«), würde die dort geschilderte Handlung Jesu seine Aufforderung noch unterstreichen. Erst in späteren Texten wird ausgesprochen, was im folgenden vorausgesetzt wird: »und sogleich faßten sie ihn an« (Ignatius, Ad Smyr 3,2), »wir aber betasteten ihn, daß er wahrhaftig im Fleisch auferstanden ist« (Epistula Apostolorum 12/23).

---

[129] *E. Klostermann,* Das Lukas-Evangelium (HNT 5) Tübingen ³1975, z. St.; aus der rabbinischen Literatur paßt dazu: Midr Ruth 3,9 (134ᵇ): »Bo'az fing an, ihr [der Ruth] Haar zu befühlen. Er sprach: Geister haben kein Haar« *(Strack-Billerbeck* II [Anm. 93], 300).

Und da sie noch nicht glaubten – vor Freude – und sich verwunderten ...: Nach Auffassung des Erzählers vermag der handfeste Beweis die Jünger immer noch nicht zu überzeugen und zum Glauben zu führen. (Dies steht wieder in Spannung zum Schluß der Emmausgeschichte!) Allerdings schwächt der Erzähler die Aussage über den Unglauben durch einen doppelten Zusatz ab: einmal führt er als Grund dafür ihre »Freude« an (ähnlich entschuldigt Lukas Apg 12,14 das Verhalten der Magd [»vor Freude öffnete sie nicht das Tor«] und Lk 22,45 das der Jünger am Ölberg [»er fand sie schlafend vor Traurigkeit«]);[130] zum andern beschreibt er ihre Einstellung mit dem Zusatz »und sich verwunderten«. Der Evangelist setzt hier bei den in Jerusalem versammelten Jüngern eine ähnliche Haltung voraus, wie er sie in der Grabesgeschichte Petrus (24,12) und in der Emmausgeschichte den beiden Jüngern (24,32) zuschreibt.

...sprach er zu ihnen: Habt ihr etwas zu essen hier? Sie aber gaben ihm ein Stück von gebratenem Fisch (und von einer Honigwabe). Und er nahm und aß es vor ihren Augen: Jesus fordert sie daraufhin auf, ihm etwas zu essen zu geben. Die Frage steht hier im Sinn einer Bitte. Die Jünger reichen Jesus ein Stück gebratenen Fisches, der zumindest nach Ansicht des Erzählers auch in Jerusalem zur Mahlzeit gehört und sofort zur Hand ist (vgl. Joh 21,10). (Einige weniger gut bezeugte Handschriften fügen noch bei: »Und von einer Honigwabe« bzw. »eine Wabe von Honig«.) Lukas scheint hier nicht an eine symbolische Bedeutung der Speise (Fisch = Christus; Honig = paradiesische Speise) zu denken; denn nach der bestbezeugten Lesart schildert er nur, daß Jesus dies vor ihren Augen aß (erst jüngere Handschriften, die ein symbolhaftes Verständnis voraussetzen, fügen bei »und das Übriggebliebene gab er ihnen«). Der Verfasser betrachtet dies als einen eindeutigen Beweis dafür, daß die Jünger nicht einen »Geist« sehen, sondern Jesus selbst. Auffallenderweise schreibt der Evangelist hier aber nichts über die Reaktion der Jünger. Eine solche wird erst 24,52f berichtet.[131] Aus den Angaben der Apostelgeschichte darf gefolgert werden, daß der Verfas-

---

[130] Vgl. die verwandte, psychologisierende Erklärung bei *Livius* 39,49,5: uix sibimet ipsi prae necopinato gaudio credentes.

[131] *Ignatius*, *Ad* Smyr 3,3, heißt es kurz nach dem freien Zitat von Lk 24,39: »Nach der Auferstehung aber aß und trank er mit ihnen als leibhaftiger (*ὡς σαρκικός*), obwohl er auch geistlich (*πνευματικῶς*) mit dem Vater eins war«.

ser ein Mahl mit dem Auferstandenen als Zeugnis für die Wirklichkeit der Auferstehung wertete: »die wir mit ihm gegessen und getrunken haben« (Apg 10,41; vgl. die allerdings nicht ganz eindeutige Bemerkung Apg 1,4).

24,44–49: Worte des Auferstandenen

Er aber sprach zu ihnen: Dies [sind] meine Worte, die ich zu euch geredet habe, als ich noch bei euch war: Die geläufige Wendung *εἶπεν δέ* (er aber sprach) schließt ohne Überleitung an die vorherige Schilderung an. Der Text läßt in keiner Weise erkennen, daß es sich im folgenden um Worte handelt, die Jesus erst zu einem späteren Termin gesprochen habe. (Dies wurde mehrfach in den Text eingetragen, um die bei einer historisierenden Auslegung empfundene Spannung zur Chronologie der Apostelgeschichte zu beheben.)[132] Die ungewöhnliche Formulierung *οὗτοι οἱ λόγοι μου* (diese meine Worte) erweckt den Eindruck, als werde jetzt der Abschluß einer vorher dargebotenen Belehrung zusammengefaßt. Da sie aber auffallend mit dem Anfang der griechischen Übersetzung von Dtn 1,1 übereinstimmt, ist sie als die einer feierlichen Einleitung zu dem Folgenden zu interpretieren. Wie die Fortführung des Satzes zeigt, lenkt der Sprecher damit die Aufmerksamkeit der Jünger auf das, was er gesagt hat: *ἔτι ὢν σὺν ὑμῖν* (noch bei euch seiend). Dabei ist sicher zunächst an die Zeit vor Ostern gedacht (vgl. 24,6: »als er noch bei euch in Galiläa war«). Im Munde des Auferstandenen, der bei den Jüngern weilt, klingt die Wendung »noch bei euch seiend« recht fremdartig; sie ist auf die augenblickliche Situation bezogen (vgl. Joh 13,33; 14,19). Der Satz ist aus der Sicht des in die Vergangenheit zurückschauenden Evangelisten formuliert, der dabei zumindest auch die Zeit der nachösterlichen Belehrung vor Augen hat (vgl. Apg 1,3b). Der anschließend zusammengefaßte Inhalt dieser Belehrung fehlt zwar nicht in den Voraussagen Jesu, steht aber im Zentrum der Belehrungen des Auferstandenen. Die Verwandtschaft von »dies sind meine Worte« mit »was sind das für Worte, die

---

[132] So noch *J. Schmid*, Das Evangelium nach Lukas (RNT 3) Regensburg ^{4}1960, 361; dagegen mit Recht *A. George*, Les récits d'apparition aux Onze, à partir de Luc 24,36–53, in: *Surgy* (Anm. 45), 75–109, hier 81 Anm. 16.

ihr ... wechselt...« (17) läßt erkennen, daß hier nicht zuletzt die Worte Jesu der Meinung der Jünger gegenübergestellt werden.

Es muß alles erfüllt werden, was im Gesetz des Mose und in den Propheten und Psalmen über mich aufgeschrieben steht: Nach Lk 24,6f erinnern die beiden Boten die Frauen nur an die von Jesus vorhergesagte Notwendigkeit (»muß«) seines Leidens und seines Auferstehens. Hier wird als Inhalt der Voraussagen ganz allgemein die notwendige Erfüllung aller Jesus geltenden Voraussagen angegeben. Die Gesamtheit der biblischen Bücher wird nach der damals üblichen Dreiteilung aufgezählt: Mose, Propheten, Schriften – stellvertretend für sie stehen die Psalmen – (vgl. 27). Ein allgemeines Beispiel für die vorösterliche Belehrung über die Erfüllung der Schrift im Leben Jesu bietet die anschauliche Szene von Jesu Auftreten in der Synagoge zu Nazaret (Lk 4,17–21). Das Motiv der Schrifterfüllung findet sich in Jesu Voraussagen der Passion bei Lukas ausdrücklich nur in 18,31f und 22,37; es steht jedoch im Mittelpunkt nachösterlicher Belehrung, in der Emmausgeschichte (24,25–27), in der hier folgenden Schriftauslegung (24,46) und in den Wiedergaben urkirchlicher Predigt (z. B. Apg 2,23ff; 8,32–35; 13,27).

Dann öffnete er ihnen den Sinn, damit sie die Schrift verstanden: Wie in der Emmausgeschichte der Auferstandene als der Ausleger der Schrift geschildert wird (27), so auch hier. Doch beschreibt der Evangelist die Tätigkeit Jesu hier nicht als ein »Auslegen« (27) oder »Öffnen der Schriften« (32), sondern als Öffnen des Verstandes (vgl. Apg 16,14: »deren [Lydias] Herz der Herr öffnete...«). Ihr »Sinn« – das hier kaum zu übersetzende *νοῦς* steht nicht nur für die ratio, sondern auch für das Herz – ist verschlossen. Dies hindert die Jünger daran, das in den heiligen Büchern Aufgeschriebene zu begreifen. Jesus öffnet Herz und Verstand der Anwesenden, indem er sie auf die volle Bedeutung der Aussagen aufmerksam macht und ihnen dadurch den »Sinn« der Schrift aufschlüsselt.

Und er sprach zu ihnen: So steht es geschrieben, daß der Christus leidet und am dritten Tag von den Toten aufersteht und in seinem Namen die Buße und Vergebung der Sünden bei allen Völkern verkündet wird, angefangen von Jerusalem: Mit einem Satz faßt der Auferstandene die wichtigsten Aussagen der Schrift über den Messias zusammen. Er nennt drei Themen: die Passion des Messias, seine Auferstehung und die Predigt von Umkehr und Sündenvergebung. (Einige sehr alte Handschriften lesen in einer verdeutlichenden und mit den Texten der Apostelgeschichte übereinstimmenden Weise »Buße zur Vergebung der Sünden«.) Tod und Auferstehung sind vorher (24,7.26) schon als Themen der Voraussage angeführt worden. Neu ist, daß diese beiden jetzt nicht expressis verbis als notwendige Geschehen angeführt werden (es fehlt *δεῖ* [muß]). Die Auferstehung wird außerdem in enger Anlehnung an die kirchliche Verkündigung als Auferstehung »von den Toten« und »am dritten Tag« (vgl. z. B. 1 Kor 15,4; Apg 17,3) näher bestimmt. Erstmals wird hier die Predigt der Buße und Sündenvergebung im Namen Jesu zu dem gezählt, was im Alten Bund aufgezeichnet ist. In der Apostelgeschichte wird dieser Gedanke noch mehrfach ausgesprochen: »Von diesem legen alle Propheten Zeugnis ab, daß jeder, der an ihn glaubt, Nachlaß der Sünden erhält durch seinen Namen« (10,43; vgl. 3,24). Dieses Thema klingt auch am Ende der Pfingstpredigt an, wenn es dort unter Anspielung auf Joel 3,5d heißt: »denn euch gilt diese Verheißung und euren Kindern und allen in der Ferne, die der Herr unser Gott herbeiruft« (Apg 2,39). Wie Lukas die Predigt der Umkehr im Namen Jesu und der Vergebung der Sünden auffaßt, geht aus den Schlußworten der Pfingstpredigt hervor: »Kehrt um, und ein jeder von euch lasse sich taufen im Namen Christi zur Vergebung der Sünden« (Apg 2,38). Die Wendung »angefangen von Jerusalem« gehört höchstwahrscheinlich auch noch zu dem Vorherigen. (Dies gilt besonders, wenn *ἀρξάμενον* [angefangen] und nicht *ἀρξάμενοι* [indem sie anfangen] als die ursprünglichere Textform gilt. Die Lesart *ἀρξάμενοι* dürfte aus der Tendenz entstanden sein, die Wendung in Angleichung an Apg 1,8 zum folgenden Subjekt *μάρτυρες* [Zeugen] zu ziehen.) Danach ist für Lukas auch der Weg der Mission wie er in der Apostelgeschichte angegeben wird (vgl. Apg 1,8), in den heiligen Schriften vorgezeichnet (vgl. Jes 2,3): von Jerusalem zu allen Völkern.

Ihr [seid] dafür Zeugen: In direkter Rede spricht Jesus die anwesenden Jünger an und bezeichnet sie als Zeugen für das eben Gesagte. Der Satz ist Aussage (das in den meisten Handschriften fehlende Hilfsverbum *ἔστε* [seid] ist sinngemäß zu ergänzen), Auftrag und Verheißung zugleich. Dies geht aus der folgenden Geistverheißung hervor und wird durch die verwandte Formulierung in Apg 1,8 bestätigt. Nach der besonders in der Apostelgeschichte feststellbaren Bedeutung des Begriffs »Zeugen« sind dies die Jünger, wenn sie in autorisierter Weise Jesu Tod, Auferstehung und die Vergebung der Sünden in seinem Namen verkünden (vgl. Apg 2,32; 3,15; 4,33; 5,32; 10,39ff).[133]

Und siehe, ich sende auf euch die Verheißung meines Vaters; ihr aber bleibt in der Stadt bis ihr mit der Kraft aus der Höhe bekleidet werdet: Nach der zuletzt genannten Aufgabe der Jünger (»ihr seid dafür Zeugen«) kündigt Jesus ihnen für die nächste Zukunft die Sendung des Geistes an (*καὶ ἰδοὺ ἐγὼ* ... [und siehe, ich ...]). Vorerst aber haben sie zu warten (»ihr aber bleibt ... bis«). Ihrem Werk geht die Sendung des heiligen Geistes voraus (vgl. die Parallele Apg 1,4: »warten auf die Verheißung meines Vaters, von der ihr gehört habt« und die nähere Bestimmung in Apg 2,33 »die Verheißung des heiligen Geistes«). Jesus kann den heiligen Geist »Verheißung meines Vaters« nennen, weil der Geist im Alten Bund als die Gabe des Neuen Bundes angekündigt ist. Er wird nach diesem Abschiedswort von Jesus »gesandt«.[134] Im Nachsatz heißt er »Kraft aus der Höhe«, mit der die Jünger wie mit einem Gewand bekleidet werden. Er hat demnach die Funktion, den Jüngern bei der Ausübung ihres Zeugenamtes beizustehen und sie zu stärken (vgl. Apg 1,8; 2,32f; 5,32; 10,41.44). Die Jünger sind demnach – so versichert ihnen Jesus in testamentarischer Rede – bei der Ausführung des gegebenen Auftrags nicht allein (vgl. Mt 28,20 »ich bin mit euch«). Im Hinblick auf die noch ausstehende Ausrüstung mit der Gotteskraft fordert Jesus sie auf, noch in Jerusalem zu bleiben (vgl. Apg 1,4). Lukas setzt dabei voraus, daß sie vor dem Empfang des Geistes die heilige Stadt nicht verlassen, also – ganz in Widerspruch zum Befehl von Mk 16,7; Mt 28,7.10.16 – nicht nach Galiläa gezogen sind.

24,50–53: Ende der Erscheinung

Er führte sie nun (hinaus) bis nach Betanien: Den Worten Jesu ist noch eine kleine Schilderung angefügt, die die 24,36 begonnene Ge-

---

[133] Vgl. *E. Nellessen*, Zeugnis für Jesus und das Wort. Untersuchungen zum lukanischen Zeugnisbegriff (BBB 43) Köln 1976, bes. 107ff.

[134] Zum Vokabular der Sendung vgl. *Nellessen* (Anm. 133), 116f.

schichte abschließt. Ohne irgendeinen zeitlichen Abstand anzudeuten, erzählt Lukas, Jesus habe die Jünger nach Betanien hinausgeführt. (Viele alte Handschriften unterstreichen durch ein zugefügtes ἔξω [hinaus], daß es sich um ein Verlassen des Raumes oder gar der Stadt handelt.) Betanien, das Lk 19,29 im Zusammenhang mit dem Einzug in Jerusalem erwähnt wird, liegt auf dem Ölberg und ist etwa drei Kilometer vom Stadtgebiet entfernt (vgl. Apg 1,12: ein Sabbatweg; Joh 11,18 »fünfzig Stadien»). Der Erzähler reflektiert nicht darüber, ob es nach dem vorher Berichteten (Entdeckung des geöffneten Grabes, Besichtigung durch Petrus, Gang nach Emmaus, Brotbrechen, Rückkehr nach Jerusalem, Erscheinung Jesu und Belehrung) überhaupt noch möglich ist, am Osterabend – es müßte inzwischen tiefste Nacht sein – die Stadt zu verlassen. Der Gang nach Betanien, von wo die Jünger anschließend sofort wieder zurückkehren, steht für den Erzähler auch nicht im Widerspruch zu dem vorherigen Befehl, in Jerusalem zu bleiben.

und er erhob seine Hände und segnete sie: Jesus wird ganz irdisch gezeichnet. Er erhebt seine Hände, um nach Art eines Hohenpriesters den Segen über die Jünger zu sprechen (vgl. Lev 9,22ff; Sir 50,20f). Die eindrucksvolle Geste des Abschieds, verbunden mit dem Segenswort – der Wortlaut wird nicht wiedergegeben –, drückt sehr anschaulich aus, daß Jesus seine Jünger nicht sich selbst überläßt. Er unterstellt sie ganz dem Schutz des Vaters. Sinnbildlich ist damit schon die Geistmitteilung vorweggenommen.

Und es geschah, während er sie segnete, da schied er von ihnen (und wurde in den Himmel hinaufgetragen): Die Wendung »und es geschah« markiert wiederum ein Geschehen im Ablauf der Erzählung (vgl. 24,4.15.30). Während Jesus die Jünger segnet, scheidet er von ihnen. Das griechische Wort διέστη (schied) spricht aus, daß damit das ἔστη ἐν μέσω αὐτῶν (er trat in ihre Mitte) ein Ende findet. Wegen der voraufgehenden testamentarischen Worte und des Segens kann damit nicht ein vorübergehendes Entschwinden (vgl. 24,31), sondern nur der Abschluß der Erscheinungen gemeint sein. Der nicht in allen, aber wohl in den ältesten und zuverlässigsten Handschriften überlieferte Nachsatz unterstreicht dies: der Segnende wird in den Himmel aufgenommen. Er weilt deshalb nicht mehr so wie bisher in der Mitte der Jünger. Dasselbe wird Apg 1,9–11 in nur wenig abweichender Terminologie (ἀναλημφθεὶς ... εἰς τὸν οὐρα-

νόν), aber einer ganz andersartig gestalteten Szene ausgesprochen. (Wenn der Nachsatz Lk 24,51b in einigen älteren Handschriften fehlt, erklärt sich dies aus dem Versuch, das Ende des Evangeliums mit der Schilderung der Himmelfahrt nach vierzig Tagen in der Apostelgeschichte zu harmonisieren.)[135]

Und sie (huldigten ihm und) kehrten mit großer Freude nach Jerusalem zurück und waren allzeit im Tempel und priesen Gott: Erstmals wird hier nach dem Selbstausweis Jesu und seinen Worten mit zwei kurzen Sätzen ein positives Verhalten der Jünger berichtet. Diese Angabe bildet zugleich den Abschluß aller lukanischen Ostergeschichten und seines ganzen Evangeliums. *Ὑπέστρεψαν* (sie kehrten zurück) betont als Prädikat des ersten Satzes die Rückkehr der Jünger nach Jerusalem. Es ist die Stadt, die gleich am Anfang des Buches genannt wird, zu der hin Jesus in seinem öffentlichen Wirken unterwegs ist, wo er stirbt und nach Lukas seine Auferstehung offenbart; von hier aus soll gemäß dem Zeugnis des Alten Bundes die Verkündigung des Evangeliums ihren Anfang nehmen. Die Rückkehr der Jünger wird auf eine doppelte Weise näher bestimmt: durch die Partizipialkonstruktion *προσκυνήσαντες αὐτόν* (nachdem sie ihm gehuldigt haben) und durch das Attribut *μετὰ χαρᾶς μεγάλης* (mit großer Freude).

Angesichts der Himmelfahrt und wohl vor allem unter dem Eindruck der vorhergehenden Offenbarung erkennen sie Jesu göttliche Majestät. Sie bringen dies zum Ausdruck, indem sie ihn anbeten und als Kyrios verehren. Ihr Zweifel und Unglaube hat also dem Glauben Platz gemacht. (Wenn in einigen alten Handschriften diese wichtige Wendung fehlt, so erklärt sich das ebenfalls aus dem Versuch, Lk 24,52 mit Apg 1,9–11 zu harmonisieren.) An die Stelle der Traurigkeit, des Schreckens und der Angst ist die Freude getreten, die nach Apg 2,46 ein Hauptmerkmal der ersten Gemeinde in Jerusalem ist.

Das Prädikat *καὶ ἦσαν... εὐλογοῦντες τὸν θεόν* (und sie waren... Gott preisend) des zweiten Satzes beschreibt das, was nach Ansicht des Evangelisten das Leben der nach Jerusalem Zurückgekehrten am meisten prägt: sie verweilen ständig im Tempel (gemeint ist der Vorhof oder eine der Säulenhallen) und preisen Gott. Hauptaufent-

---

[135] Vgl. dazu *Lohfink* (Anm. 113), 112–115.

haltsort der Jünger ist demnach der Tempel (nicht, wie Apg 1,13 schreibt, ein Obergemach), das heißt das Zentrum und Heiligtum Israels. Von der Urgemeinde heißt es, daß sie sich auch nach Pfingsten dort versammelt und am Gebet teilnimmt (2,46; 3,1; 5,42). Erst in späterer Zeit trennte sich die Christengemeinde vom jüdischen Tempel. Das Verweilen im Tempel dient nach Lukas dem Gotteslob. (Die Lesart *αἰνοῦντες* statt *εὐλογοῦντες* oder die Verbindung beider Lesarten bedeutet keinen wesentlichen Unterschied.) Dies ist, wie gerade der dritte Evangelist immer wieder bemerkt, die Antwort der Menschen auf die Erfahrung der Machttaten Gottes und Jesu (2,20; 5,26; 7,16; 13,13; 17,15; 18,43; 23,47; vgl. Apg 2,10). Die Erwähnung des Gotteslobes der Jünger im Tempel hat hier noch einen besonderen Sinn. Der Evangelist deutet damit an, daß die unmittelbar vorher erwähnte Huldigung Jesu keineswegs in Widerspruch zum bisherigen Kult Jahwes steht. Dies fällt vor allem dann ins Gewicht, wenn man sich Ziel und Zweck des lukanischen Doppelwerks vor Augen hält.[136]

4.3.2 Form und Gattung

Die Perikope zeigt in ihrem ersten Teil (36–43) einen durch Fragen und Aufforderungen aufgelockerten Erzählstil. Vor einer versammelten Gruppe, deren Gemütsregungen mehrfach beschrieben werden, steht eine handelnde Person, die den Mittelpunkt des Geschehens bildet und allein grüßt (36b), fragt (38. 41b), auffordert (39a.c; in Form einer Frage auch 41b), eine Erklärung gibt (39b.c) und – abgesehen von der Reaktion der Jünger auf die letzte Frage (42) – handelt (40.43). Beachtenswert sind auch Wechsel und Reihenfolge der einzelnen Aussagen, denn diese lassen, wenn man den Inhalt mitberücksichtigt, eine gewisse Steigerung erkennen. Nach der Einleitung und dem kurzen Gruß wird zunächst mit zwei Partizipien die Erregung der Anwesenden (*πτοηθέντες* – [erschrecken], *ἔμφοβοι γενόμενοι* [in Furcht geraten]) und durch das Prädikat (*ἐδόκουν* – [meinten]) ihre Deutung der Erscheinung ausgesprochen. Darauf erfolgt eine doppelte Frage des Erschienenen und eine doppelte Aufforderung, die in sich doppelgliedrig ist:

---

[136] Vgl. *Schneider* (Anm. 91).

Seht / Hände und Füße
Betastet und seht / nicht Fleisch und Knochen.

Nach der anschließenden Handlung (die Erwähnung von »Händen und Füßen« in V. 40 wirkt wie eine Wiederholung) wird wiederum in einer doppelten Angabe (nicht glauben, sich verwundern) die innere Regung der Anwesenden geschildert (und begründet). Es folgt noch eine Frage, die den Charakter einer Bitte hat, die von den Anwesenden erfüllt wird. Das Ende markiert eine kurze, aber eindrucksvolle Schilderung über ein Tun des Erschienenen, womit alle Zweifel der Anwesenden endgültig überwunden sein müßten (doch wird dies auffallenderweise nicht gesagt).

Der zweite Teil (44–49) enthält abgesehen von V. 45 eine zusammenhängende Rede des Erschienenen. Sie beginnt (44) mit einer feierlich klingenden Formulierung (»dies [sind] meine Worte«); die in einem Relativsatz gegebene nähere Bestimmung (»die ich zu euch gesprochen habe«) hat durch die Wendung *ἔτι ὢν σὺν ὑμῖν* (noch mit euch seiend) eine etwas schillernde Bedeutung; die mit *ὅτι* (daß) eingeleitete Inhaltsangabe ist allgemein gehalten. Nach einer im Erzählstil geschilderten Tätigkeit der Schriftauslegung (45) folgt zunächst analog zu *οὗτοι οἱ λόγοι μου* (dies [sind] meine Worte) die Wendung *οὕτως γέγραπται* (so steht es geschrieben). Daran schließt sich in Form eines Akkusativ mit Infinitiv sofort der Inhalt des Geschriebenen an, der in der Terminologie kirchlicher Verkündigung wiedergegeben wird und mit der etwas fremdartig anmutenden, die Konstruktion störenden Wendung »angefangen von Jerusalem« einen Abschluß findet (46–47). Der aus drei Wörtern bestehende Stichus »ihr [seid] dafür Zeugen« (48) ist schon an seiner direkten Anrede »ihr« als Neuansatz erkennbar und hat nicht zuletzt wegen seiner Kürze ein ganz besonderes Gewicht. Ihm folgt zunächst die mit einem betonten *ἐγώ* (ich) eingeleitete Verheißung (49a), der dann noch ein durch die Anrede *ὑμεῖς* (ihr) betonter Befehl gegenübergestellt wird.

Der letzte Teil (50–53) ist wiederum wie der erste in Form eines Erzählberichts abgefaßt, allerdings ohne durch eine Rede oder Frage aufgelockert zu sein. Seine Untergliederung ist gut erkennbar. Zu Anfang steht die Notiz, daß der Erschienene die Anwesenden zu einem anderen Ort führt und sie segnet (51). Die Mitte bildet die Information über ein Geschehen, das sich während des Segens ereignet und den Segnenden betrifft (»er entschwindet«; »wird aufgenommen«) (52). Der Abschluß drückt nach Art eines Chorschlusses (vgl. 2,20; 7,16) in doppelgliedriger Aussage die Antwort der Anwesenden auf die Handlungen und Worte des Erschienenen aus (nachdem sie ihn angebetet haben, kehren sie voll Freude nach Jerusalem zurück; sie loben Gott im Tempel). Dies stellt eine Steigerung gegenüber den früher (24,37b.41) über die Jünger gemachten Äußerungen dar. Es ist ferner eine Überbietung dessen, was von den Frauen (24,10–11) und von den Emmausjüngern (24,32ff) erzählt wurde.

Die sicher noch in vielen Punkten weiterzuführende Formanalyse zeigt, daß die Perikope Lk 24,36–53 eine kunstvoll entworfene Komposition darstellt. Zwei Erzählstücke ranken sich um den Mittelteil und geben diesem ein besonderes Gewicht. Mit Recht wird der Mittelteil oft mit Abschiedsreden (vgl. Apg 20,18–35; Joh 14–16) verglichen und selbst als eine solche oder als Testament bezeichnet.[137] Durch seine Einbettung in einen Erscheinungsbericht weist er der Gattung nach eine enge Verwandtschaft mit Mt 28,16–20 auf (wenn auch dort der für Lukas charakteristische Abschluß fehlt). Vergleicht man ferner die Perikope Lk 24,36–53 mit den beiden voraufgehenden, so ist leicht zu erkennen, daß sie wie diese den Hinweis auf die Erfüllung von Voraussagen[138] an zentraler Stelle ausspricht, ja diesen gegenüber noch eine Steigerung der Aussage enthält.

Daß die Schilderungen der Erscheinung und Himmelfahrt gattungsmäßig keine protokollarischen Berichte sind, kann angesichts der kunstvollen Erzählweise (vgl. die Komposition, die Verben innerer Regungen) und der Abweichungen von den anderen Evangelien und von der Apostelgeschichte nicht mehr bestritten werden. In der vorliegenden Fassung ist der erste Abschnitt auch keine typische Wiedererkennungsgeschichte; denn es geht nicht um das *Wieder*erkennen Jesu, sondern um die Wirklichkeit seiner Auferstehung.[139] Dem Verfasser ist daran gelegen, seinen Lesern die Zuver-

---

[137] So *P. Wernle*, Altchristliche Apologetik im Neuen Testament: ZNW 1 (1900) 42–65, hier 51; *Klostermann* (Anm. 129), z. St.; *A. Stöger*, Das Evangelium nach Lukas 2 (Geistliche Schriftlesung 3/2) Düsseldorf 1966, 329.

[138] Vgl. dazu bes. *P. Schubert*, The Structure and Significance of Luke 24, in: Neutestamentliche Studien für R. Bultmann (Anm. 96), 165–188, hier 173–176; *Guillaume* (Anm. 97), 251f.

[139] *C. M. Martini*, L'apparizione agli Apostoli in Lc 24,36–43 nel complesso dell'opera lucana, in: Resurrexit (Anm. 13), 230.

lässigkeit des apostolischen Zeugnisses für den Auferstandenen zu beweisen und ihnen dessen Vermächtnis zu vermitteln. Die vorliegende Perikope ist daher – ähnlich wie die anderen Geschichten von Lk 24 – in die Gattung der *kirchlichen Unterweisung dienende Geschichte* einzuordnen.

4.3.3. Redaktion und Tradition

Es erübrigt sich, hier noch einmal im einzelnen den Beweis dafür zu liefern, daß die Sprache und die kunstvolle Anordnung dieses Abschnittes durchweg lukanisch ist.[140] Dies gilt auch für die Darstellungsweise und die Motive: Zweifel der Jünger; materialisierende Erscheinungsweise des Auferstandenen; Inhalt der Belehrung; Himmelfahrt; Rückkehr nach Jerusalem und Lobpreis im Tempel. Dennoch wäre es falsch, die ganze Perikope eine bloße Schöpfung des Evangelisten zu nennen. Bei näherer Betrachtung lassen sich nicht wenige Spuren entdecken, die auf eine Abhängigkeit der Darstellung von vorgegebenen Traditionen hinweisen.

1. Die Lk 24,36–43 geschilderte Erscheinung ordnet sich nicht ohne Spannung dem Zusammenhang des ganzen Kapitels ein; denn nach dem voraufgehenden Bekenntnis (34) und Erzählen der Emmausjünger wirken das Erschrecken und die mangelnde Glaubensbereitschaft sehr fremdartig. Außerdem wird V. 43 die Wirkung des letzten Beweises (»aß es vor ihren Augen«) nicht erwähnt, statt dessen unmittelbar eine Belehrung unter Heranziehung der Voraussagen angefügt. Offensichtlich hat Lukas eine ihm bekannte Überlieferung hier eingearbeitet. Diese enthielt, so darf mit Recht vermutet werden, die Nachricht über eine Erscheinung des Auferstandenen vor den Elf (vgl. 1 Kor 15,5; Mk 16,7par; Mt 28,16ff) und außerdem eine Schilderung dieser Erscheinung, in der der Auferstandene sich als wirklich auferstanden ausweist. Letzteres darf daraus gefolgert werden, daß Lukas die »Beweise« zwar aufgreift, sie aber dem Schriftbeweis unterordnet; außerdem scheinen Joh 20,25ff und Joh 21,2f von einer ähnlichen Tradition abzuhängen. Ob und inwieweit darin eine alte Jerusalemer Tradition, die von einer galiläischen

[140] *Guillaume* (Anm. 97); *Schubert* (Anm. 137).

Tradition zu unterscheiden ist, greifbar wird, ist nicht mit Sicherheit zu bestimmen.[141]

2. Die Lk 24,47–49 wiedergegebenen Worte des Auferstandenen sind in der vorliegenden Fassung ganz lukanisch und stellen eine deutliche Steigerung der schon Lk 24,7 und 25f gegebenen Belehrung dar. Das zugrundeliegende Prinzip dieser Argumentation ist jedoch schon sehr alt und 1 Kor 15,3.4 (»gemäß den Schriften«) bezeugt. Vorgefunden hat Lukas auch schon das Motiv der Sendung der Jünger durch den Auferstandenen, das wie in vielen Ostergeschichten auch schon in den Briefen des Apostels Paulus ausgesprochen bzw. impliziert ist (Gal 1,16; 1 Kor 9,1; 15,8–10).

3. Die in der Abschiedsszene stehende Ortsangabe »Betanien«, die nach dem unmittelbar voraufgehenden Gebot, Jerusalem nicht zu verlassen, besonders auffällt, darf als Indiz für eine Lukas vorliegende Himmelfahrtstradition gelten, die der Evangelist dann hier wie Apg 1,9–11 in ganz eigenständiger Weise redigiert hat.[142] Das Motiv, daß die Erscheinungen des Auferstandenen ein Ende gefunden haben, alle späteren Erfahrungen sich also von der Ostererfahrung der Jünger unterscheiden, ist schon 1 Kor 15,8 (»zuletzt von allen«) angedeutet und findet sich auch Joh 20,29 (»selig, die nicht sehen und doch glauben«).[143]

---

141 *J. E. Alsup*, The Post-Resurrection-Appearance Stories of the Gospel-Tradition. A history-of-tradition analysis with Text-Synopsis (Calwer Theologische Monographien A 5) Stuttgart 1975, 167–172, weist auf die Berührungen mit der Perikope von Jesu Wandel auf dem See (Mk 6,45–52par) hin, die oft als vordatierte Ostergeschichte interpretiert wird und die auffallenderweise im Lukasevangelium fehlt. Nach Alsup ist Lk 24,36–43 nicht direkt davon abhängig, doch hat Lukas diese Überlieferung gekannt und sie ausgelassen, um eine Dublette zu vermeiden.

142 So *A. Loisy*, L'Evangile selon Luc, Paris 1924, z. St.; anders *Lohfink* (Anm. 113), 164–167; vgl. dazu die kritischen Bemerkungen von *F. Hahn*, Die Himmelfahrt Jesu. Ein Gespräch mit Gerhard Lohfink: Biblica 55 (1974) 418–426.

143 Anders *P. Schoonenberg*, Wege nach Emmaus. Unser Glaube an die Auferstehung Jesu, Graz-Wien-Köln 1974, 49. 70f; dagegen *Kremer* (Anm. 6), 9.

Exkurs: Zur Entstehung und Wahrheit der Schilderungen von äußerlich überprüfbaren Erscheinungen des Auferstandenen

Bis ins vergangene Jahrhundert wurde weithin unreflektiert die Ansicht vertreten und in der kirchlichen Apologetik verteidigt, die Erscheinungen des Auferstandenen hätten so stattgefunden, wie die Schilderungen des Lukas es auf den ersten Blick hin nahelegen; seine Darstellung gehe unmittelbar auf Augenzeugen zurück. Eine solche Annahme verkennt aber erstens völlig die literarische Eigenart des Textes wie sie oben aufgezeigt wurde. Sie steht zweitens – und das wiegt schwerer – in Widerspruch zu anderen Texten des Neuen Testaments; denn nach 1 Kor 15,35ff unterliegt der Auferstehungsleib als *σῶμα πνευματικόν* (Geist-Leib) nicht den Gesetzmäßigkeiten dieses Äons; er ist also nicht ohne weiteres sichtbar, betastbar und fähig, Speisen zu sich zu nehmen. Der Auferstandene hätte allenfalls für eine solche Erscheinung einen neuen, zusätzlichen und sterblichen Leib annehmen müssen, wie dies früher oft bei der Auslegung des Büchleins Tobit für den Engel Rafael angenommen wurde. Die Jünger hätten aber dann gar nicht »ihn« angefaßt, sondern einen Scheinleib (vgl. Tob 12,19). Am ehesten scheint bei dem heutigen Stand der Forschung folgende Hypothese den biblischen Zeugnissen gerecht zu werden:

1. Für die Apostel und Jünger, die Zeugen des Auferstandenen wurden, war die Begegnung mit dem Auferstandenen so lebendig und nachhaltig, daß sie diese nicht für ein Traumgesicht oder ähnliches hielten und mit solchen auf eine Stufe stellten. Wer von »subjektiver« oder »objektiver Vision« spricht[144] oder die Alternative »rein empirisch-sinnlich« oder »rein seelisch-visionär« stellt, betrachtet die biblischen Aussagen unter einem neuzeitlich-psychologischen Aspekt.[144a] Den Aposteln war diese Sicht fremd. Sie waren hingegen vertraut mit den biblischen Theophanieberichten, in denen sich die Gottesmänner und Propheten Israels über ihre Erfahrungen mit Jahwe bzw. dem »Engel des Herrn« äußern. Von dorther übernahm die Urkirche mit dem Terminus *ὤφθη* (er erschien),

---

[144] Vgl. *Graß* (Anm. 43), bes. 247ff.

[144a] Vgl. *M. Kehl*, Eucharistie und Auferstehung. Zur Deutung der Ostererscheinungen beim Mahl: GeistLeben 43 (1970) 90–125, hier 115ff.

der keineswegs rein visionäre Erlebnisse bezeichnet, auch die anthropomorphe Darstellungsweise.[145] Begegnungen mit dem Auferstandenen, der nicht mehr dieser Welt angehört, übersteigen den alltäglichen Erfahrungshorizont, obwohl sie für die Beteiligten nicht weniger real sind. Um darüber mit Nichtbeteiligten sprechen zu können, waren die Jünger auf die Sprechweisen angewiesen, wie sie für innerweltliche Phänomene gelten und sie ihnen aus den biblischen Schriften bekannt waren. Dadurch konnte aber bei Außenstehenden leicht der Eindruck entstehen, als handle es sich bei den Erscheinungen mehr oder minder um Begegnungen, wie sie auch sonst im irdischen Bereich üblich sind. Diese Auffassung lag zumal in Zeiten nahe, in denen außergewöhnliche Phänomene unbefangener als heute mit dem Bereich der Realität und Wirklichkeit verknüpft wurden (s. w. o. S. 16).[145a]

2. Auf die Art der Begegnungen der Jünger mit dem Auferstandenen hat sicherlich ihr vorösterlicher Umgang mit Jesus eingewirkt, vor allem waren es die Mahlgemeinschaft, seine Lehre und nicht zuletzt die Abendmahlsworte. Die Apostel erfuhren die Nähe des Auferstandenen analog zu den in der Vergangenheit von Jesus gewonnenen Vorstellungen.[146] Wie diese ihre außergewöhnlichen geistgewirkten Wahrnehmungen des Auferstandenen beeinflußten, so erst recht ihre darüber gemachten Äußerungen. Als Indiz dafür darf die bei Lukas erkennbare Verbindung zwischen Glauben an den Auferstandenen und »Brotbrechen« (Eucharistie) gewertet werden.[147]

---

[145] Vgl. *Alsup* (Anm. 141), 239–265. 270. Alsup weist dort nach, daß die Ostergeschichten den alttestamentlichen Texten nahestehen und sich wesentlich von den hellenistischen Parallelen unterscheiden.

[145a] Wer die Abhängigkeit der Ostergeschichten von den alttestamentlichen Gattungen und ihre theologische Sprache beachtet, wird auch Überlegungen, die auf die moderne Parapsychologie verweisen (so *B. Schwank*, Die Ostererscheinungen des Johannesevangeliums und die post-mortem Erscheinungen der Parapsychologie: Erbe und Auftrag 44 [1968] 36–53), skeptisch gegenüberstehen; vgl. *Alsup* (Anm. 141), 273.

[146] Vgl. dazu *K. Rahner*, Visionen und Prophezeiungen (QD 2) Freiburg-Basel-Wien ²1958, *J. Lindblom*, Gesichte und Offenbarungen. Vorstellungen von göttlichen Weisungen und übernatürlichen Erscheinungen im älteren Christentum, Lund 1968. Diesbezüglich gilt ebenso wie bei den »Wundern«, daß sich Gottes bzw. des Auferstandenen Wirken der Gesetzmäßigkeiten der Welt bedienen kann. Vgl. *B. Weismahr*, Gottes Wirken in der Welt, Frankfurt 1973.

[147] Die Überlegungen von *Kehl* (Anm. 144a), 120ff sind sicher diesbezüglich sehr

3. In der Auseinandersetzung mit Gegnern, die den Jüngern Leichtgläubigkeit unterstellten, konnten spätere Verteidiger des apostologischen Zeugnisses aus solchen Redeweisen (z. B. »beim Brotbrechen«) und Vorstellungen mitunter ein Argument formulieren (»und aß es vor ihren Augen«), das aus ihrer Sicht hinreichte, um die Wahrheit der Osterbotschaft zu bezeugen. (Ähnlich hat der Verfasser des Mattäusevangeliums die Herkunft Jesu aus Nazaret mit einem Reflexionszitat verteidigt [Mt 2,23], das seine damaligen Leser überzeugen konnte, einer heutigen kritischen Beurteilung aber nicht standhält.) Lk 24,36–43 ist die apologetische Tendenz eindeutig zu erkennen; denn die Argumentation zielt ganz auf Abwehr des im hellenistischen Raum beheimateten Vorwurfs ab, die Jünger hätten bloß einen »Geist« gesehen. Wie leicht bei der Verteidigung der Osterbotschaft vorgegebene ältere Aussagen unter dem Einfluß jüngerer Vorstellungen erweitert und uminterpretiert werden, lehrt ein Vergleich der biblischen Texte mit den frühkirchlichen Schriften und den Apokryphen.[148] In neuerer Zeit ist dafür das Vorgehen vieler kirchlicher Apologeten bezeichnend. Sie haben die biblischen Angaben über die Entdeckung des leeren Grabes gerne aufgegriffen, um daraus ein für sie persönlich zwar stichhaltiges, aber durch die biblischen Texte selbst nicht gedecktes Argument zu entnehmen. Der heutige Leser muß darum bei den dargestellten Erscheinungen unterscheiden zwischen dem, *was* die urkirchlichen Tradenten und Evangelisten bezeugen wollen – die für alle Zeit geltende Wirklichkeit der Erscheinungen und damit der Auferstehung – und der Art und Weise, *wie* dies bezeugt wurde. Letzteres kann unter Umständen zeitgebunden sein.

---

anregend, wenn auch m. E. die Besonderheit der apostolischen Erfahrungen stärker betont werden muß.

[148] Vgl. z. B. das oben (Anm. 131) angeführte Zitat des Ignatius, Ad Smyr 3, 2–3; ferner Hebräerevangelium 7: »Als aber der Herr das Leintuch dem Knecht des Priesters gegeben hatte, ging er zu Jakobus und erschien ihm. Jakobus hatte nämlich geschworen, er werde kein Brot mehr essen von jener Stunde an, in der er den Kelch des Herrn getrunken hatte, bis er ihn von den Entschlafenen auferstanden sähe. Und kurz darauf sagte der Herr: bringt einen Tisch und Brot! Und sogleich wird hinzugefügt: er nahm das Brot, segnete es und gab es Jakobus dem Gerechten und sprach zu ihm: ›Mein Bruder, iß dein Brot, denn der Menschensohn ist von den Entschlafenen auferstanden‹« (*Hennecke-Schneemelcher* I [Anm. 3], 108). Vgl. Epistola Apostolorum 11 (22), 6–12 (23), 2 (Text s.w.u. Anm. 182).

4.3.4. Bedeutung für den Leser

Die voraufgehenden Erörterungen haben gezeigt, was der Evangelist mit der letzten Perikope seines Evangeliums, die zugleich den Höhepunkt seines Osterkapitels darstellt, sagen will. Die in der Gemeinde bekannten äußeren Gegebenheiten (leeres Grab, einzigartige Erfahrungen der Jünger mit dem Auferstandenen, Voraussagen Jesu und der ganzen Bibel) reichen für sich allein nicht aus, um die Jünger zum Glauben an den Auferstandenen und zur Verkündigung der Osterbotschaft zu führen; erst als Jesus selbst ihnen die Schrift auslegt und die Augen des Herzens öffnet, finden sie zum Glauben und werden sie seine Zeugen. Die kritische Einstellung der Apostel und besonders die Übereinstimmung ihrer Botschaft mit allen heiligen Schriften weisen die Predigt der Apostel als zuverlässig aus. Die Überwindung der Bedenken und Zweifel durch Jesus selbst zeigen dem Leser außerdem, daß auch ihn die vorgebrachten Argumente erst dann überzeugen, wenn er sich durch Jesus selbst bzw. durch seinen Geist dafür öffnen läßt. Die in Form einer Ostergeschichte dargebotene Unterweisung kann dazu beitragen, wenn der Leser sich durch die Betrachtung einzelner Züge vom Text selbst faszinieren läßt.

1. *da sie noch nicht glaubten* ... Sehr eindrucksvoll malt der Evangelist, wie wenig die Jünger von sich aus bereit sind, an die Auferstehung Jesu zu glauben. Selbst handfeste Beweise vermögen nicht, ihre Bedenken zu zerstreuen. Lukas fühlt sich sogar angesichts dieses seiner Ansicht nach für Apostel Christi nicht gerade vorbildlichen Verhaltens gezwungen, ihre Zweifel zu entschuldigen. Gerade vor dem Hintergrund der hier gezeichneten kritischen Einstellung hebt sich die Wirklichkeit des Auferstandenen überzeugend ab und verlieren die gegnerischen Einwände ihr Gewicht. Die Jünger haben nicht etwa einen Geist oder gar ein Gespenst gesehen, sondern Jesus selbst.
Es ist auch für Leser von heute nicht schwer, sich in dem hier gemalten Bild der Jünger selbst zu entdecken und die Aussagen auf sich zu beziehen. Zweifel und Bedenken halten viele davon ab, der Osterbotschaft zuzustimmen. Die kritische Einstellung der Jünger verleiht darum ihrer Predigt ein besonderes Gewicht. Die starke Hervorhebung der Leibhaftigkeit des Auferstandenen hat heute noch

ihre Gültigkeit, zwar nicht als Information über den Auferstehungsleib (informative Redeweise), wohl aber als eindrucksvolle Bezeugung der Wirklichkeit der Erscheinungen (performative Ausdrucksweise): der Auferstandene lebt als derselbe Jesus von Nazaret, den das ganze Evangelium bezeugt. Es darf aber auch nicht übersehen werden, daß Lukas zunächst über eine gläubige Reaktion schweigt. Dies kann vor Fehlinterpretationen warnen. Noch so handfeste Beweise können nicht vom Glauben dispensieren. Nicht ohne Grund fügt der Verfasser die Worte des Auferstandenen an.

2. *Dies [sind] meine Worte.* Die Belehrung über die in den Schriften des Alten Bundes ausgesprochene Notwendigkeit der Passion bildet den Mittelpunkt der Perikope. Die feierlich klingende Einleitung charakterisiert diese letzten Worte Jesu als sein Vermächtnis. Menschlichen Interpretationen der Bibel steht hier Jesu Auslegung gegenüber. Er muß Herz und Verstand der Jünger öffnen und erschließt ihnen damit den vollen Sinn aller Schriften. Diese künden von ihm, seinem Werk und der kirchlichen Predigt. Für die ersten Leser war dies sehr wichtig; denn sie waren dem Vorwurf ausgesetzt, die aus Israel stammenden Apostel seien Abtrünnige und Verräter. Jesu Vermächtnis bestärkt die Christen von damals darin, sich als die legitimen Erben des Alten Bundes zu erachten.
Heute ist die Erinnerung an Jesu Worte und an ihre Kontinuität mit den Schriften Israels eine wertvolle Glaubenshilfe. Das lukanische Vermächtnis Jesu erinnert außerdem daran, daß erst die von Jesus und seinem Geist geschenkte Auslegung den vollen Sinn der biblischen Schriften offenlegt (vgl. Joh 16,13). Wissenschaftliche Analysen sind eine heute unentbehrliche Hilfe; sie bedürfen aber der Ergänzung durch die geistliche Auslegung, sollen die Texte nicht nur tötender »Buchstabe« (2 Kor 3,6) bleiben. Eine solche Exegese ist keineswegs unüberprüfbaren Einfällen ausgeliefert, wie es früher oft den Anschein hatte, denn sie ist gebunden an den ganzen Kanon und die gesamte kirchliche Tradition. In diesem Licht wird die ganze Schrift ein Zeugnis für den auferstandenen Herrn und für seine von Jerusalem ausgegangene, allen Menschen geltende Verkündigung in der Kirche.

3. *Ihr [seid] dafür Zeugen.* Als »Zeugen« sind die Jünger beauftragt und bevollmächtigt, die Auferstehung Jesu durch ihre Predigt und

ihr Leben zu proklamieren. Sie haben also nicht die Aufgabe, nach Art eines Weisheitslehrers oder Philosophen ihre Einsichten zu vermitteln. Zur Erfüllung ihrer Sendung wird ihnen der Empfang des heiligen Geistes als »Kraft aus der Höhe« in Aussicht gestellt. Die Ausführung ihres Auftrages ist also aus eigener Kraft nicht zu leisten. Der Grund dafür ist, daß sie einerseits mit dem Widerstand der Welt gegen das Evangelium rechnen müssen (vgl. Apg 9,16), andererseits eine Botschaft vertreten, die wegen ihrer Erhabenheit und der Herzenshärte der Menschen irdisches Begreifen übersteigt. Wie die Jünger so finden auch ihre Hörer erst dann zum Glauben, wenn der Herr ihnen durch seinen Geist bzw. seine geisterfüllten Boten die Augen des Herzens öffnet und die Schrift erschließt.

4. er erhob seine Hände und segnete sie. In der kleinen Abschiedsszene deutet der Evangelist bildhaft mehr an, als er mit Worten erklären kann. Jesu Aufnahme in den Himmel ist ein sinnfälliges Zeichen dafür, daß er jetzt in einzigartiger Weise bei Gott ist, an Gottes Leben und Herrschen Anteil hat. (Die Urkirche hat dies später in Anlehnung an Ps 110/109,1 veranschaulicht: »und sitzt zur Rechten Gottes«; vgl. Apg 2,33; Mk 16,19.) Der von den Menschen Gekreuzigte ist der Kyrios, der Herr und Richter aller geworden (Apg 2,36). Dies wird am Ende der Tage allen – im Tod schon einem jeden einzelnen – bekannt werden (vgl. Apg 1,11).
Jesu Weggehen lehrt nach Lukas, daß sein irdisches Wirken ein Ende gefunden hat. Die den Jüngern zuteil gewordenen Erfahrungen gehören der Geschichte und der irdischen Zeit Jesu an. In dieser Weise offenbart sich der Kyrios vor dem Ende der Zeit nicht mehr (vgl. Apg 1,11). Die Kirche bleibt auf die Apostel und Jünger als einen einmaligen Kreis der Zeugen verwiesen. Wenn Jesus sie bei seinem Abschied mit erhobenen Händen segnet, deutet er damit an, daß die Jünger auch nach seinem Abschied nicht sich selbst überlassen sind, seine und seines Vaters Hand schützen sie, geben ihnen Geborgenheit und »Kraft aus der Höhe«. Dieser Segen des Geistes gilt auch für ihr ganzes Werk und für die Verkündigung der Kirche in unserer Zeit.

5. sie huldigten ihm ... kehrten ... nach Jerusalem zurück ... waren allzeit im Tempel und priesen Gott. Dies ist die gläubige Antwort der Jünger auf die Selbstoffenbarung des Auferstandenen. Ihr Verhalten lehrt zugleich, was Lukas unter Glauben an den Auferstandenen versteht: dem Gekreuzigten und zu Gott Aufgenommenen die Huldigung erweisen, wie sie einzig Gott zusteht (vgl. Joh 20,28). Eine solche Verehrung des Kyrios nimmt den gläubig gewordenen Jüngern nicht die Last des eigenen Werkes ab. Sie kehren froh nach Jerusalem zurück, wo sie nach dem Wort Jesu auf seinen Geist warten, um in seiner Kraft ihren Auftrag auszuführen. Ihr Lob Gottes im Tempel, ihr Preisen der Großtaten an der heiligen Stätte des Alten Bundes ist Ausdruck des Dankes für alles, was sie in der Geschichte Jesu erfahren durften, und kultische Vorwegnahme ihrer späteren Verkündigung »in Jerusalem, in ganz Judäa und Samaria bis an die Grenzen der Erde« (Apg 1,8). Für den Evangelisten und uns ist es zugleich ein eindrucksvolles Zeichen dafür, daß die Jesus bezeugte Verehrung im Einklang mit dem Glauben des Alten Bundes steht, der Neue Bund den Alten Bund erfüllt. Seitdem Jesus von den Toten auferweckt wurde und sich den Jüngern offenbarte, ist die Anbetung Jahwes engstens verbunden mit der seines Sohnes.

5. Die Osterevangelien des Johannes

Das Johannesevangelium enthält in dem ursprünglich abschließenden Kapitel eine Grabesgeschichte (20,1–18) und zwei zusammengehörende Schilderungen von Erscheinungen des Auferstandenen in Jerusalem (20,19–23.24–29); im folgenden Kapitel 21 findet sich noch die Darstellung einer Erscheinung in Galiläa (21,1–14), die in ein Gespräch mit Petrus mündet (21,15–23). Diese Texte sind wie die anderen Osterevangelien ganz im Kontext des ganzen Evangeliums, besonders der Passionsgeschichte zu lesen. Dies gilt umso mehr, als dem vierten Evangelium wegen seiner Sprache und Darstellungsweise eine Sonderstellung zukommt. Schon Klemens von Alexandrien (*140/50) stellt es als »pneumatisches Evangelium« den Schriften der Synoptiker gegenüber.
Das jüngste der vier kanonischen Evangelien ist erst im letzten Jahrzehnt des ersten Jahrhunderts entstanden. Für seine Wahrheit bürgt nach der Angabe in Kapitel 21, das zugleich auf eine spätere Ergänzung, wenn nicht sogar Überarbeitung von Joh 1–20 schließen läßt, der »Jünger, den Jesus liebte« (21,20–24). Von einigen kritischen Stimmen im Altertum abgesehen, wurde dieser Jünger und damit auch der Verfasser des vierten Evangeliums bis in die neuere Zeit allgemein mit dem Apostel Johannes identifiziert. Aus guten Gründen wird diese Ansicht heute in Zweifel gezogen. Als Verfasser wird von sehr vielen Exegeten statt dessen eine uns heute, was Namen, Herkunft und Lebenslauf angeht, nicht näher bekannte Persönlichkeit angenommen.[149] Durch die Kennzeichnung als »der geliebte

[149] Vgl. dazu *Wikenhauser-Schmid* (Anm. 29), 305–314. 337–341; *Kümmel* (Anm. 29), 162–164. 200–211 und bes. *R. Schnackenburg*, Das Johannesevangelium III (HThK 4,3) Freiburg-Basel-Wien 1975, 449–464.

Jünger« (13,23; 19,26; 20,2; 21,7.20) und die Angaben, daß er an der Brust des Herrn ruhte (13,23.25; 21,20) (vgl. die verwandte Aussage über den Logos 1,18), der sterbende Herr ihm seine Mutter anvertraute (19,27) und er Zeuge des aus dem Herzen des Herrn strömenden Blutes und Wassers ist (19,35), wird er als einer ausgewiesen, der in einzigartiger Weise mit Jesu Leben und Werk vertraut ist.[150] Der Einfachheit halber wird er heute wie früher meistens – auch hier – mit dem traditionellen Namen »Johannes« genannt.

Ziel des ganzen Johannesevangeliums ist es nach der Angabe von Joh 20,31, zum Glauben hinzuführen, daß Jesus der Messias und der Sohn Gottes ist, damit die Glaubenden in seinem Namen das Leben besitzen. Zu diesem Zweck betont der Verfasser von Anfang an, daß Jesus von Nazaret der Fleisch gewordene ewige Logos (1,14) und einzig geborene Sohn, ja Gott ist (1,1.18),[151] der uns Menschen Kunde von Gott bringt und jedem, der glaubt, Anteil am Leben Gottes gibt. Die Wiedergabe von Jesu Taten und Worten geschieht mehr noch als bei den Synoptikern aus der nachösterlichen Sicht heraus. Die Wunder Jesu werden »Zeichen« genannt und vor allem im Hinblick auf ihre Zeichenhaftigkeit dargestellt. Von Anfang an erkennen die Jünger Jesus als den »Sohn Gottes« und »König in Israel« (1,49). Bei dem ersten Besuch in Jerusalem kündigt Jesus nach dem vierten Evangelium mit dem Tempellogion seine Auferstehung an (»brecht diesen Tempel ab und in drei Tagen werde ich ihn aufbauen« 2,20), wenn auch die Jünger dies, wie Johannes eigens bemerkt, erst nach Ostern verstanden (2,22). Die bei den Synoptikern überlieferte Leidensankündigung (Mk 8,31 u. ö.) erhält im vierten Evangelium einen ganz eigenen Klang: »Wie Mose die

---

[150] Dies gilt auch dann, wenn die angeführten Stellen über den »Jünger, den Jesus liebte«, erst nachgetragen wurden. Vgl. dazu *T. Lorenzen*, Der Lieblingsjünger im Johannesevangelium (SBS 55) Stuttgart 1971. – *Schnackenburg* (Anm. 149), 449, Anm. 1 spricht sich mit Recht dafür aus, den mißverständlichen Titel »Lieblingsjünger« zu vermeiden und analog zu dem angelsächsischen Sprachgebrauch (»the Beloved Disciple«) »der geliebte Jünger« zu verwenden.

[151] Zur textkritischen Frage und zur Bedeutung von Joh 1,18 sowie der übrigen Stellen aus dem Johannesevangelium vgl. bes. die Kommentare von *R. Bultmann*, Das Evangelium des Johannes (KEK II) Göttingen [19]1968; *R. E. Brown*. The Gospel According to John I. II (The Anchor Bible 29, 29a) New York 1966 u. 1970; *Schnackenburg* (Anm. 149).

Schlange in der Wüste erhöhte, so muß der Menschensohn erhöht werden, damit jeder der glaubt, durch ihn ewiges Leben erhalte« (3,14f; vgl. 12,32). Jesu Wort am letzten Tag des Festes »Ströme lebendigen Wassers werden aus seinem Inneren fließen« (7,38) kommentiert der Evangelist, indem er schreibt: »dies sagte er über den Geist, den die an ihn Glaubenden empfangen werden; denn noch gab es keinen Geist, weil Jesus nicht verherrlicht war« (7,39). Das Verständnis von Jesu Tod als »Verherrlichung« und Quelle des Lebens ist das zentrale Thema der Lazarusperikope (11,1–46). Der Tod des Lazarus dient der »Verherrlichung« Jesu (11,4); denn er wird nach der Schilderung des Johannes Anlaß für den Gang Jesu nach Betanien und das zeichenhafte Heilshandeln an dem Toten, das den Todesbeschluß des Hohen Rates heraufbeschwört (11,42.53). Jesus entzieht sich diesem lebenspendenden und seine Lebenshingabe fordernden Dienst nicht. Er offenbart sich im Gespräch mit Marta als der, der selbst »die Auferstehung und das Leben« ist (11,25). Die Passion erfährt und bejaht Jesus nach Johannes in dem vollen Bewußtsein, daß er vom Vater gekommen ist und zum Vater geht (13,1). In den Abschiedsworten, die ganz aus der österlichen Sicht redigiert sind, spricht Jesus offen über das bevorstehende, ja sich in dieser Stunde schon vollziehende Ende als seine »Verherrlichung« (13,31f; 17,1ff). Er kündigt dort den Jüngern an, daß sie ihn bald, »an jenem Tage« (14,20; 16,23) wieder »sehen« (16,16) und sie sich »freuen« (15,11; 16,22) werden. Bis zuletzt verlangt Jesus, den Willen des Vaters zu tun. Das ist der Sinn des Rufes »mich dürstet« (19,28; vgl. 4,34).

Im Anschluß an die von den synoptischen Evangelien abweichende Schilderung des hoheitsvollen Sterbens Jesu, seiner »Verherrlichung« und »Erhöhung«, erzählt Johannes, die Gebeine Jesu seien nicht zerbrochen worden (19,36). Der Evangelist interpretiert dies als Erfüllung der Schrift und als Zeichen dafür, daß Jesus das wahre Paschalamm ist (19,36; vgl. 1,36). Johannes schreibt außerdem: »Einer der Soldaten öffnete mit seiner Lanze die Seite Jesu und sogleich floß Blut und Wasser heraus« (19,34). Dazu bemerkt der Evangelist noch: »und der dies gesehen hat, hat es bezeugt, und sein Zeugnis ist wahr ...« (19,35). Johannes führt hier den geliebten Jünger sicher nicht nur als Zeuge für die Tatsächlichkeit des Todes an. Er nennt ihn vielmehr als Zeugen für das, was das Hervortreten von Blut und Wasser symbolhaft (als Zeichen für Eucharistie und

Taufe) andeutet: den in der Urkirche erfahrenen Geistempfang;[152] unverkennbar ist hier die Bezugnahme auf 7,38f: »Ströme lebendigen Wassers werden aus seinem Inneren fließen ... Dies sagte er von dem Geist, den alle empfangen sollten, die an ihn glauben werden«. Das Begräbnis Jesu geschieht laut Joh 19,39–42 ganz nach jüdischer Sitte. Der Leichnam Jesu wird – im Widerspruch zu den Angaben der Synoptiker – mit der erstaunlichen Menge von hundert Pfund Myrrhe und Aloe gesalbt und in ein neues Grab gelegt, das sich in einem nahegelegenen Garten befindet. Johannes erwähnt nicht, daß Frauen dem Begräbnis zuschauen und ein Stein vor das Grab gewälzt wird. Auf die Schilderung des Begräbnisses in dem Garten folgt wie bei den Synoptikern eine Erzählung über die Entdeckung des geöffneten und leeren Grabes.

5.1. Die johanneische Grabesgeschichte (20,1–18)

[1] Am ersten Tag der Woche kommt Maria von Magdala in der Frühe, als es noch dunkel war, zum Grab und sieht den Stein vom Grab weggenommen.
[2] Da läuft sie und kommt zu Simon Petrus und zu dem anderen Jünger, den Jesus liebte, und sagt zu ihnen: »Sie haben den Herrn aus dem Grab weggenommen, und wir wissen nicht, wo sie ihn hingelegt haben«.

[3] Da gingen Petrus und der andere Jünger hinaus, und sie kamen zum Grab. [4] Beide aber liefen zusammen; und der andere Jünger lief voraus, schneller als Petrus und kam als erster zum Grab;[5] und als er sich vorbeugte, sieht er die Leinenbinden liegen, ging jedoch nicht hinein.[6] Nun kommt Simon Petrus, der ihm folgte, und ging in das Grab hinein; und er

---

[152] So auch *Schnackenburg* (Anm. 149), z. St; vgl. auch noch *J. Heer*, Der Durchbohrte. Johanneische Begründung der Herz-Jesu-Verehrung (Analecta theologica de cultu SS. Cordis Jesu) Rom 1966, 100–123, und etwas zurückhaltender *F. Porsch*, Pneuma und Wort. Ein exegetischer Beitrag zur Pneumatologie des Johannesevangeliums (Frankfurter theologische Studien 16) Frankfurt 1974, 332–340. Die kirchliche Liturgie deutet diese Stelle in Verbindung mit Joh 7,38; 2,20 (»brecht diesen Tempel ab«) und Ez 47,1.2.9 (Vulgata: »Vidi aquam egredientem a latere dextro ejus ...«). In der kirchlichen Kunst wurde deshalb die Seitenwunde des Gekreuzigten meist rechts dargestellt.

sieht die Leinenbinden liegen 7 und das Schweißtuch, das auf
seinem Haupt war, nicht bei den Leinenbinden liegen, son-
dern zusammengewickelt für sich allein an einem Ort. 8 Da
nun ging auch der andere Jünger, der zuerst kam, in das
Grab, und er sah und glaubte.
9 Denn noch verstanden sie nicht die Schrift, daß er von den
Toten auferstehen müsse. 10 Die Jünger gingen nun wieder
nach Hause.
11 Maria aber stand weinend draußen bei dem Grab. Wäh-
rend sie nun weinte, beugte sie sich vor in das Grab hinein
12 und sieht zwei Engel in weißen Gewändern sitzen, einen
bei der Stelle des Kopfes und einen bei der der Füße, wo der
Leichnam Jesu gelegen hatte. 13 Und jene sagen zu ihr:
»Frau, was weinst du?« Sie sagt zu ihnen: »Sie haben meinen
Herrn weggenommen, und ich weiß nicht, wo sie ihn hinge-
legt haben«.

14 Da sie dieses sprach, wandte sie sich um und sieht Jesus
stehen, und sie wußte nicht, daß es Jesus ist. 15 Jesus sagt zu
ihr: »Frau, was weinst du? Wen suchst du?« Da jene meinte,
es sei der Gärtner, sagt sie zu ihm: »Herr, wenn du ihn weg-
getragen hast, sage mir, wo du ihn hingelegt hast, und ich
werde ihn holen.«

16 Jesus sagt zu ihr: »Mirjam«. Da wendet jene sich und sagt
zu ihm auf hebräisch: »Rabbuni!« (das heißt: »Meister«).
17 Jesus sagt zu ihr: »Halte mich nicht fest; denn ich bin noch
nicht zum Vater aufgestiegen. Geh aber zu meinen Brüdern
und sage ihnen: ›Ich steige auf zu meinem Vater und zu eurem
Vater, zu meinem Gott und zu eurem Gott‹«.
18 Maria von Magdala geht und verkündigt den Jüngern: »Ich
habe den Herrn gesehen«; und dies habe er ihr gesagt.

5.1.1. Texterklärung

In der johanneischen Grabesgeschichte, die textkritisch keine großen Probleme aufwirft, erzählt der Evangelist zuerst die Entdekkung des Grabes durch Maria von Magdala (1–2), dann über die Besichtigung des Grabes durch Petrus und den geliebten Jünger

(3–10) und anschließend die Erscheinung des Auferstandenen vor der am Grab weinenden Maria von Magdala (11–18).

20,1–2: Maria von Magdala entdeckt das geöffnete Grab

Am ersten Tag der Woche kommt Maria von Magdala in der Frühe, als es noch dunkel war, zum Grab und sieht den Stein vom Grab weggenommen: Bei den Synoptikern gehört Maria von Magdala zu den Frauen, die am ersten Wochentag das Grab Jesu besuchen. Der vierte Evangelist erwähnt nur sie und erreicht durch das Weglassen der anderen Frauen einen »dramatischen Effekt«[153], indem von derselben Person das ängstliche Wegeilen, die klagende Suche und die Berufung zur Verkündigung der Osterbotschaft erzählt wird. Die Zeitangabe »als es noch dunkel war« steht in Widerspruch zu den Angaben der Synoptiker und paßt auch schlecht zu den damaligen Gegebenheiten. Der Hinweis auf die Dunkelheit hat hier, wie auch sonst im vierten Evangelium, eine symbolische Bedeutung (vgl. 1,5; 6,17; 12,35.46): die Besucherin des Grabes weilt nicht in der Helle dessen, der selbst das Licht ist (vgl. 1,9; 8,12). Wenn der Evangelist schreibt, daß Maria den Stein weggenommen sieht, so setzt er beim Leser die Kenntnis der synoptischen Überlieferung von dem Verschließen des Grabes mit einem Stein voraus (vgl. 11,41). Johannes deutet nicht an, daß Maria sich durch eine Besichtigung davon überzeugt, daß das Grab leer ist.

Da läuft sie und kommt zu Simon Petrus und zu dem anderen Jünger, den Jesus liebte, und sagt zu ihnen: Sie haben den Herrn aus dem Grab weggenommen, und wir wissen nicht, wo sie ihn hingelegt haben: Die Feststellung, daß das Grab geöffnet ist, ist für Maria Anlaß, vom Grab wegzulaufen (vgl. Mk 16,8: »und sie flohen«), um die Jünger zu benachrichtigen. Anstelle der Lk 24,9 genannten »Elf und allen übrigen«, sind es nach dem vierten Evangelisten Simon Petrus und »der andere Jünger, den Jesus liebte«, an die sich Maria wendet. Simon zählt nach Joh 1,41f zu den ersten Gefährten Jesu; er erhält von Jesus den Namen »Petrus« und nimmt nach 6,68; 13,6–10 innerhalb des Jüngerkreises eine führende Rolle ein (vgl.

[153] *Schnackenburg* (Anm. 149), 362.

21,15ff). Der geliebte Jünger wird hier das dritte Mal ausdrücklich als solcher bezeichnet.[154] Als »der andere Jünger« (vgl. 18,15)[154a], dessen Namen hier wie auch sonst nicht genannt wird, muß er den Lesern bekannt sein. Der Evangelist setzt voraus, daß beide in Jerusalem weilen und sie die Feststellung der Grabesöffnung in besonderer Weise angeht. Maria teilt ihnen mit: Der Herr ist nicht mehr da, sondern wurde weggenommen. Sie nennt den Gekreuzigten mit dem Hoheitstitel »Herr« (vgl. 20,13.15.18.20.25.28). Das geöffnete Grab ist für sie, die nicht mit einer Auferstehung des Gekreuzigten rechnet, ein Hinweis, daß sein Leichnam entfernt wurde. Wer dies getan hat, wird mit keinem Wort angedeutet. Nach Mt 28,15 war das Gerücht verbreitet, die Jünger hätten den Leichnam gestohlen. Die Formulierung »*wir* wissen nicht, wo sie ihn hingelegt haben« kann als Indiz dafür gewertet werden, daß Johannes hier vielleicht eine Überlieferung aufgegriffen hat, nach der mehrere Frauen das geöffnete Grab entdecken (vgl. Mk 16,1f par). Im vorliegenden Text wird damit ausgesprochen, daß Maria (und andere Frauen) nicht weiß, wo Jesu Leichnam ist. Es fehlt hier jeder Hinweis auf eine Engelserscheinung.

20,3–10: Petrus und der geliebte Jünger eilen zum Grab

Da gingen Petrus und der andere Jünger hinaus, und sie kamen zum Grab. Beide aber liefen zusammen; und der andere Jünger lief voraus, schneller als Petrus und kam als erster zum Grab; und als er sich vorbeugte, sieht er die Leinenbinden liegen, ging jedoch nicht hinein: Petrus und der geliebte Jünger begeben sich auf die Nachricht Mariens hin nach draußen und eilen zum Grab. Beachtenswert ist, daß im griechischen Text die Verben, die die erzählte Handlung angeben, hier meist im Aorist bzw. Imperfekt stehen, während V. 1–2 das Präsens vorherrschte. Vielleicht ist mit dem Verbum ἐξῆλθεν (sie gingen hinaus) angedeutet, daß sie sich bislang verborgen gehal-

[154] Allerdings steht hier nicht wie 13,23; 19,26; 21,20 ἠγάπα, sondern ἐφίλει. Doch braucht Johannes beide Verben völlig synonym. Vgl. *M. Lattke,* Einheit im Wort. Die spezifische Bedeutung von »agape«, »agapan« und »filein« im Johannes-Evangelium (StANT 41) München 1975, 11–16.

[154a] Vgl. dazu *F. Neirynck,* The ›other Disciple‹ in Jn 18,15–16: ETL 51 (1975) 113–141.

ten haben. Ob der Evangelist aber nicht auch daran denkt, daß sie den Kreis der anderen Jünger verlassen (vgl. V. 10)? Wie Maria vom Grab eilends zu ihnen gekommen ist, so eilen sie zu ihm hin. Der Evangelist bemerkt, daß der andere Jünger schneller läuft, früher zum Grab kommt und als erster den Tatbestand feststellt (*βλέπει* – er sieht). Johannes räumt ihm damit einen Vorzug gegenüber Petrus ein, wie aus dem folgenden noch deutlicher hervorgeht. Andererseits deutet er aber auch dessen Rücksichtnahme auf Petrus an, da er nicht vor diesem das Grab betritt.

Nun kommt Simon Petrus, der ihm folgte, und ging in das Grab hinein; und er sieht die Leinenbinden liegen und das Schweißtuch, das auf seinem Haupt war, nicht bei den Leinenbinden liegen, sondern zusammengewickelt für sich allein an einem Ort: Petrus kommt zwar später zum Grab – er folgt dem geliebten Jünger nach –, doch geht er als erster hinein. Er nimmt nicht nur wie der andere Jünger die dort liegenden Leinentücher wahr, sondern stellt außerdem fest, daß das Schweißtuch gefaltet ist und an einem gesonderten Platz liegt. Wie seit frühester Zeit bemerkt wird, dürfte damit der Verdacht eines in Eile abgewickelten Diebstahls abgewehrt werden. Petrus kann als Zeuge dafür gelten. (Nach dem von Hieronymus zitierten Hebräerevangelium übergibt Jesus selbst das Leinentuch dem Knecht des Priesters. Nach einem koptischen Fragment zeigt Pilatus bei einer Grabbesichtigung den jüdischen Autoritäten die Tücher, als Beweis dafür, daß kein Diebstahl vorliege.)[155] Der Vergleich mit der Lazarusperikope legt nahe, in dieser Beschreibung der Tücher einen Hinweis auf den Unterschied zwischen der Auferstehung Jesu und der Kapitel 11 geschilderten Auferweckung des Lazarus zu sehen.[156] Über die Folgerung, die Petrus aus diesem Tatbestand ableitet, schreibt Johannes nichts (vgl. Lk 24,12: »er ging weg ... und staunte«).

Da nun ging auch der andere Jünger, der zuerst kam, in das Grab, und er sah und glaubte: Mit besonderem Nachdruck (»da nun ...« »der zuerst kam«) erzählt der Evangelist, daß der geliebte Jünger

---

[155] Dazu *Mahoney* (Anm. 46), 255. Vgl. auch das Fragment des Hebräerevangeliums 7: »Als aber der Herr das Leintuch dem Knecht des Priesters gegeben hatte, ging er zu Jakobus und erschien ihm« (*Hennecke-Schneemelcher* I [Anm. 3], 108).

[156] So *Brown* II (Anm. 151), 1008.

erst nach Petrus das Grab betritt und nach diesem die Gegebenheiten feststellt. In einem kurzen, prägnanten Nachsatz berichtet er über sein Verhalten: Sehen und Glauben. Die Bedeutung dieses Nachsatzes kann aus den Vokabeln selbst nicht bestimmt werden.[157] Seit Augustinus wird er wegen der folgenden Verse 9–10, der V. 19f vorausgesetzten Situation der Jünger und vor allem wegen der Gegenüberstellung von »sehen« und »glauben« in 20,29 so interpretiert, daß der geliebte Jünger sich ebenso wie Petrus lediglich von dem Tatbestand des leeren Grabes und der geordneten Lage der Tücher vergewisserte. (*πιστεύω* kann auch im Neuen Testament diese Bedeutung haben, vgl. Joh 4,21; 9,18; 1 Kor 11,18.) Näher liegt jedoch, den Nachsatz in dem Sinne zu deuten, der dem vertrauten Klang von »glauben« im Johannesevangelium besser gerecht wird: der geliebte Jünger sieht den Tatbestand und findet zum Glauben an den Auferstandenen. Für ihn ist das, was er schaut, ein Zeichen, das ihn zum Glauben hinführt.[158] Sein Glaube ist für den vierten Evangelisten die adäquate Deutung des in der Gemeinde bekannten leeren Grabes. In diesem Sinn übt der geliebte Jünger innerhalb der johanneischen Grabesgeschichte in etwa die gleiche Funktion aus wie der Grabesengel in der synoptischen Tradition.[159]

Denn noch verstanden sie nicht die Schrift, daß er von den Toten auferstehen müsse: Dieser Vers – besonders der Plural – steht in einer gewissen Spannung zu der unmittelbar vorausgehenden Aussage; er kann hier nämlich nicht begründen (»denn«), warum der geliebte Jünger zum Glauben gelangt ist. Einige Forscher streichen ihn deshalb als eine redaktionelle Glosse,[160] obwohl die Textüberlieferung dafür keinen Anhalt bietet. Andere erklären ihn als einen Satz, den der Evangelist aus einer vorgegebenen Quelle unverändert übernommen hat.[161] Dafür spricht auch sein Inhalt, das in der Urkirche und besonders bei Lukas bekannte Motiv »gemäß den Schrif-

---

[157] Anders *G. Ghiberti,* I racconti pasquali del capitolo 20 di Giovanni (Studi Biblici 19) Brescia 1972, 36ff. Vgl. auch die interessante Darlegung von *I. T. Ramsey* (Anm. 18), 1–5, der die Steigerung von *βλέπω – θεωρέω – ὁράω* – analysiert.

[158] Vgl. dazu *Mahoney* (Anm. 46), 261–263. In diesem Punkt muß ich ebenso wie in anderen Einzelfragen meine frühere Ansicht revidieren.

[159] Z. B. *Brown* II (Anm. 151), 1001; vgl. *Mahoney* (Anm. 46), 270.

[160] So *Bultmann* (Anm. 151), z. St.; *S. Schulz,* Das Evangelium nach Johannes (NTD 4) Göttingen 1972, z. St.

[161] So *Schnackenburg* (Anm. 149), 369.

ten«. In dem vorliegenden Text ist er allerdings nicht so fehl am Platz, wie meist angenommen wird. Denn als Erzählerkommentar, nicht zu dem unmittelbar voraufgehenden V. 8, wohl aber zu dem ganzen V. 3–8 geschilderten Verhalten der beiden Jünger erklärt er: sie hätten eigentlich schon vor der Besichtigung des geöffneten Grabes an die Auferstehung glauben müssen.[162]

Die Jünger gingen nun wieder nach Hause: Die beiden Jünger kehren nach der Besichtigung des Grabes wieder an ihren Aufenthaltsort zurück. Es fällt auf, daß überhaupt keine emotionale Reaktion beider geschildert wird, weder des Erschreckens (Mk 16,7–8) noch der Freude (Mt 28,8), noch des Staunens (Lk 24,12). Im Zusammenhang des vorliegenden Textes bereitet diese Notiz auf die folgende Schilderung vor.

20,11–18: Maria von Magdala sieht den Herrn

Maria aber stand weinend draußen bei dem Grab: Den nach Hause eilenden Jüngern stellt der Evangelist Maria gegenüber (»aber«). Sie steht »draußen« beim Grab, das sich in einem Garten befindet (vgl. 19,41). Warum und wie sie zurückgekehrt ist, schreibt der Evangelist nicht. Wie die folgenden Verse andeuten, ist ihr Weinen für den Erzähler keine übliche Totenklage (vgl. 11,31, aber auch 16,20: »ihr werdet weinen und trauern«).

Während sie nun weinte, beugte sie sich vor in das Grab hinein und sieht zwei Engel in weißen Gewändern sitzen, einen bei der Stelle des Kopfes und einen bei der der Füße, wo der Leichnam Jesu gelegen hatte: In ihrem Jammer beugt sich Maria vor – so wie es vorher von dem geliebten Jünger hieß –, um in das Grab zu schauen. Sie stellt dort zwei Engel fest (vgl. Lk 24,4: »zwei Männer«), die an ihren Gewändern als Boten des Himmels erkennbar sind. Umständlich gibt der Erzähler noch an, wo die beiden sitzen. Durch diese Beschreibung ihres Platzes – nicht durch eine Wiedergabe ihrer Worte (wie Mk 16,6par) – bringt der Evangelist zum Ausdruck, daß sie das leere Grab bezeugen und auf die Auferstehung verweisen.

---

[162] So auch *E. L. Bode*, The First Easter Morning. The Gospel Accounts of the Women's Visit to the Tomb of Jesus (Analecta Biblica 45) Rom 1970, 81.

Der Evangelist schreibt nichts über einen furchterregenden Eindruck der beiden Boten auf Maria.

Und jene sagen zu ihr: Frau, was weinst du? Sie sagt zu ihnen: Sie haben meinen Herrn weggenommen, und ich weiß nicht, wo sie ihn hingelegt haben: Wie die beiden Männer in der lukanischen Grabesgeschichte, so richten auch hier die beiden Engel an Maria eine Frage. Allerdings fragen sie nicht nach dem Grund ihres Grabbesuchs, sondern nach dem Grund ihrer Wehklage. Maria antwortet fast mit denselben Worten, die sie nach V. 2 gegenüber den Jüngern äußerte. Jesus ist ihr Herr (»meinen Herrn«), auf ihn hat sie ihre Hoffnung gesetzt.

Da sie dieses sprach, wandte sie sich um und sieht Jesus stehen, und sie wußte nicht, daß es Jesus ist: Ohne eine Auskunft von den Engeln zu erhalten oder abzuwarten, wendet sich Maria von ihnen ab. Der Erzähler leitet damit eine neue Episode ein (Aorist). Die Klagende sieht (Präsens) nun Jesus; er steht vor ihr. Sie aber, dies bemerkt der Evangelist ausdrücklich, erkennt (Imperfekt) ihn nicht (vgl. Joh 21,4; Lk 24,16). Den Grund dafür führt Johannes nicht an. Er dürfte seiner Ansicht nach mehr bei Maria liegen als in der Erscheinungsweise Jesu.

Jesus sagt zu ihr: Frau, was weinst du? Wen suchst du? Da jene meinte, es sei der Gärtner, sagt sie zu ihm: Herr, wenn du ihn weggetragen hast, sage mir, wo du ihn hingelegt hast, und ich werde ihn holen: Jesus redet Maria an und richtet an sie zwei Fragen. Die erste deckt sich ganz mit der Frage der Engel (Mt 28,10 wiederholt der Auferstandene ebenfalls die Worte des Engels); die zweite erinnert in etwa an die Frage der beiden Boten in der lukanischen Grabesgeschichte (»Was sucht ihr den Lebendigen bei den Toten?«), mehr aber an das erste Wort Jesu im Johannesevangelium: »Was sucht ihr?« (1,38). Sie hat hier ihren besonderen Reiz, denn sie lenkt die Aufmerksamkeit ganz auf den, der Maria gegenübersteht. Maria erkennt Jesus auch jetzt noch nicht. Sie hält ihn vielmehr für den Gärtner. Wie Maria zu dieser Annahme kommt, erklärt der Evangelist nicht. Vermutlich liegt es für ihn deshalb nahe, weil sich das Grab Jesu, wie er annimmt (19,41), in einem Garten befindet. (Das Motiv des Gärtners kehrt in der späteren jüdischen Polemik gegen das Christentum wieder und könnte dem Evangelisten als solches bekannt gewesen sein.)[163] Maria redet Jesus mit »Herr« an. Dies ist hier zunächst als höfliche Anrede des Gärtners aufzufassen; doch klingt für den Evangelisten und seine Leser darin auch der urkirchliche Hoheitstitel Jesu an (vgl. 20,18.25). Die Bitte der Frau, ihr den Ort anzuzeigen, damit sie den Leichnam Jesu hole, ist Ausdruck dafür, wie sehr Maria unter der Trennung von Jesus leidet und wie sehr sie danach verlangt, ihm wieder nahe zu sein, und sei es nur seinem Leichnam. Aus diesen Worten spricht die starke, den schmachvollen Tod überdauernde Liebe der Frau. Die kirchliche Liturgie bringt diese Klage mit der der Braut des Hohen Liedes in Verbindung: »Ich suchte ihn und fand ihn nicht ... Habt ihr ihn gesehen, den meine Seele liebt?« (Hld 3,1–3).[164] Die Frage nach dem Ort weckt die Erinnerung an die Frage der ersten Jünger »Wo wohnst du?« (1,38).

Jesus sagt zu ihr: Mirjam. Da wendet jene sich um und sagt zu ihm auf hebräisch: Rabbuni! (Das heißt: »Meister«): Jesus kommt der Bitte Mariens nicht in der Weise nach, wie sie es sich vorgestellt hat. Er ruft sie mit ihrem Namen. (Vermutlich ist die Lesart *Μαριάμ* [Mirjam] hier ursprünglicher als *Μαρία* [Maria].) Das Ansprechen mit dem vertrauten Rufnamen hat innerhalb des vierten Evangeliums eine tiefe Bedeutung: Jesus ist nach Joh 10,3.4.27 der gute Hirt, der die Seinen kennt und mit Namen ruft (vgl. Jes 43,1 »ich habe dich bei deinem Namen gerufen«). Welche Wirkung dieser Ruf auslöst, beschreibt der Evangelist, indem er mit wenigen Worten die Reaktion Mariens erzählt: Maria wendet sich zu Jesus. Dies meint mehr ihre innere als ihre äußere Wende; denn äußerlich steht sie bereits Jesus zugekehrt (vgl. V. 14). Jesu Ruf befreit sie demnach von ihrer Ichbezogenheit und läßt sie auf den vor ihr Stehenden aufmerksam werden, so daß sie ihn erkennen kann. Jetzt weiß sie, wo er ist. Sie braucht ihn nicht mehr zu holen. Die aramäische An-

---

[163] Vgl. *Tertullian,* De spect. XXX, 6 cl CC l 253: hic est, quem am discentes subripuerunt, ut surrexisse dicatur, hortulanus detraxit, ne lactucae suae frequentia commeantium adlaederentur.

[164] Vgl. *A. Feuillet,* La recherche du Christ dans la Nouvelle Alliance d'après la christophanie de Jo 20,11–18, in: L'homme devant Dieu (Mélanges H. de Lubac) I, Paris 1963, 93–112, bes. 98 f. 102–107 (Lit.); ähnlich *Brown* II (Anm. 151), 1010 und neuerdings *S. M. Schneiders*, The Johannine Resurrection Narrative, Rom 1975, 48–55. *P. Benoit,* Die Himmelfahrt, in: *ders.*, Exegese und Theologie. Gesammelte Aufsätze (KBANT) Düsseldorf 1965, 182–218, hier 189.201.

rede »Rabbuni« (wörtlich: mein Meister) steht für die übliche »Rabbi« und wird so auch vom Evangelisten übersetzt. Im Neuen Testament kommt dieser Ausdruck nur noch in der Bitte des blinden Bartimäus vor (Mk 10,51). Vom Kontext her hat Rabbuni im Munde Mariens einen feierlichen Klang und entspricht in etwa dem Bekenntnis des Tomas »mein Herr und mein Gott« (20,28). Wiederum liegt hier ein Anklang an die Schilderung der ersten Begegnung Jesu mit zwei Jüngern vor: »sie aber sprachen zu ihm: ›Rabbi‹, das heißt übersetzt: Meister« (1,38). (In einigen jüngeren Handschriften findet sich noch der Zusatz: »und sie lief voraus, um ihn anzufassen«. Dies ist offensichtlich in Angleichung an Mt 28,9 nachgetragen worden.)

Jesus sagt zu ihr: Halte mich nicht fest; denn ich bin noch nicht zum Vater aufgestiegen: Auf das freudige Bekenntnis Mariens läßt der Evangelist Worte des Auferstandenen folgen, die nicht leicht zu deuten sind. Es handelt sich zunächst um einen Imperativ, durch den eine Abwehr ausgesprochen wird. Jesus fordert Maria auf, ihn nicht festzuhalten. (Der griechische Text *μή μου ἅπτου* [Imperativ des Präsens] verbietet die Fortsetzung einer Handlung, aber nicht eine neue Handlung: »rühre mich nicht an« [dann müßte der Aorist stehen].) Die verbreitete Übersetzung »rühre mich nicht an« ist außerdem wegen des Kontextes weniger angebracht.[164a] Der Evangelist setzt voraus, daß Maria Jesus umfaßt hat. Ein solches Verhalten (vgl. Mt 28,9 »sie umfaßten seine Füße«) kann im Sinn des vierten Evangelisten als spontaner Ausdruck der Freude darüber verstanden werden, daß sie ihren Herrn wiedergefunden hat. (Vgl. Joh 11,32: »Als sie ihn sah, warf sie sich zu seinen Füßen nieder«.) Sie möchte ihn festhalten und nicht mehr verlieren.
Jesus begründet sein abwehrendes Wort damit, daß etwas »noch nicht« geschehen ist. Der Gedanke des »noch nicht« durchzieht das ganze vierte Evangelium (2,4; 6,17; 7,6.8.30.39; 8,20; vgl. 13,36). Was nach Ansicht des Johannes an diesem Ostermorgen »noch nicht« ist, nennt er hier »aufsteigen zum Vater«. Die Bedeutung dieser rätselhaften Wendung geht aus dem folgenden Auftrag hervor.

Geh aber zu meinen Brüdern und sage ihnen: Ich steige auf zu meinem Vater und zu eurem Vater, zu meinem Gott und zu eurem

---

[164a] Anders *Bultmann* (Anm. 151), z. St.

Gott: Anstatt Jesus festzuhalten, soll Maria weggehen und seinen Brüdern eine Botschaft übermitteln. V. 18 zeigt unmißverständlich, daß die Adressaten der Botschaft nicht die Verwandten Jesu sind (vgl. 7,3.5.10), sondern die Jünger.[165] Nur hier werden sie im vierten Evangelium »Brüder« genannt (vgl. Mt 28,10). Dadurch ist ausgesprochen, daß die Jünger von nun an in einem ganz einzigartigen Verhältnis zu Jesus stehen (vgl. Joh 15,15: »Ich nenne euch nicht mehr Knechte ... ich habe euch Freunde genannt«). Ihre Bezeichnung als Brüder muß in Verbindung mit den Worten »zu meinem Vater und zu eurem Vater« gesehen werden.

Die den »Brüdern« auszurichtende Botschaft enthält im Unterschied zu den synoptischen Grabesgeschichten kein Zitat der urkirchlichen Osterverkündigung (etwa »er wurde auferweckt«) und auch keinen Hinweis auf ein Vorangehen nach Galiläa. Wird die Wendung »ich steige auf zu meinem Vater« isoliert betrachtet, so verleitet sie den Leser dazu, hier die Ankündigung einer Himmelfahrt ausgesprochen zu finden. Diese wäre dann zwischen dem Ostermorgen und der abendlichen Erscheinung anzusetzen und der Grund dafür, warum Maria Jesus nicht festhalten darf. Eine solche Annahme steht aber in Widerspruch zu den sonstigen Aussagen des Neuen Testaments, besonders zu der theologischen Schau des vierten Evangelisten. Für diesen bilden Tod, Erhöhung und Verherrlichung ein einziges Geschehen (vgl. z. B. 3,14f; 12,32f). Johannes spricht außerdem noch an anderen Stellen seines Evangeliums vom »Aufsteigen« des Menschensohns (3,13; 6,62) und oft vom »Gehen zum Vater« (7,33; 13,1–3; 14,1–4.28; 16,17.28; 17,13). Wenn der Auferstandene diese Worte verwendet, so gibt der Evangelist zu verstehen, daß dieses »Gehen« zum Vater Ostern noch nicht vollendet, sondern noch in statu fieri ist. Der vierte Evangelist gibt also mit diesen Worten die urkirchliche Botschaft »er wurde auferweckt« aus seiner theologischen Schau und in seiner Sprache wieder. Von dort her fällt auch Licht auf die rätselhafte Abwehr »halte mich nicht fest; denn ich bin noch nicht zum Vater aufgestiegen«. Das Ziel des Werkes Jesu ist noch nicht ganz erreicht; er ist noch unterwegs, um den Seinen eine Wohnstätte zu be-

---

[165] Anders *G. Richter,* Der Vater und Gott Jesu und seiner Brüder in Joh 20,17: MüTZ 24 (1973) 95–114, bes. 107–111; vgl. auch *Dodd* (Anm. 89), 114.

reiten (14,1–4); erst wenn sie dort sind, wo er ist, ist sein Gehen zum Vater vollendet (14,3).[166]

Die Formulierung »zu meinem Vater und zu eurem Vater« deutet einerseits den Unterschied in dem Gottesverhältnis Jesu und dem seiner Jünger an; sie hebt andererseits hervor, daß der Vater Jesu auch der Vater der Jünger Jesu ist und diese deshalb zu Recht seine »Brüder« genannt werden; denn sie sind berufen, im Hause seines Vaters (14,2) einen Platz zu finden. Jesus nennt als Ziel seines »Aufsteigens« weiter »meinen Gott und euren Gott«. Diese alttestamentlich klingenden Worte (Ex 20,2; Dtn 26,5–11; vgl. Jer 24,7) rufen in Erinnerung, daß der Vater Jesu der Gott ist, der Israel gerettet und die endgültige Rettung verheißen hat. Wie Jesus dürfen die Jünger sich auf ihn verlassen und seiner Hilfe sicher sein.

Maria von Magdala geht und verkündigt den Jüngern: Ich habe den Herrn gesehen; und dies habe er ihr gesagt: Ohne ein Weggehen oder Entschwinden des Erschienenen zu erwähnen, beschließt der Evangelist den Abschnitt mit einer kurzen Bemerkung über Maria von Magdala. Sie folgt dem Auftrag Jesu, indem sie sich vom Grab weg wieder zu den Jüngern begibt und ihnen – anders als V. 2 – eine Botschaft verkündet. Ihre Kunde wird zunächst in direkter Rede wiedergegeben (»ich habe den Herrn gesehen«). Die Formulierung, die kurz darauf wiederkehrt (20,25), ist auch 1 Kor 9,1 (»habe ich nicht den Herrn gesehen?«) belegt und entspricht der Osterformel »er erschien«. Der zweite Teil der Kunde Mariens steht eigentümlicherweise in indirekter Rede. (Dem Wortlaut nach heißt dieser Satz für sich genommen: »und dies sagte er ihr«. Der Kontext fordert aber, *εἶπεν* [sagte] im Sinne der indirekten Rede aufzufassen.) In der vorliegenden Textfassung wird dadurch die Aufmerksamkeit des Lesers auf die vorher berichteten Worte Jesu gelenkt. Wie die Jünger auf die Botschaft reagieren, erzählt Johannes nicht.

---

[166] Vgl. die ausführliche Diskussion bei *W. Thüsing*, Die Erhöhung und Verherrlichung Jesu im Johannesevangelium (Ntl. Abh. 21, 1/2) Münster 1960, 263–276, der allerdings daraus folgert, mit dem »Aufsteigen« beginne das »zweite Stadium« des Werkes Jesu. In verwandter Weise sieht *Brown* II (Anm. 151), 1015 unter Verweis auf 6,42 und 16,7 das »Aufsteigen« als Voraussetzung für die Geistmitteilung. Vgl. auch *Porsch* (Anm. 152), 344–349.

5.1.2. Form und Gattung

Im ersten Abschnitt (1–2) der johanneischen Grabesgeschichte erzählt der Evangelist mit kurzen, einfachen Sätzen den Gang einer einzigen Frau zum Grab, ihre Entdeckung, ihr Laufen zu zwei Jüngern und deren Benachrichtigung. Näher bestimmt werden in diesen beiden Versen einzig die frühe Stunde (»als es noch dunkel war«) und der andere Jünger (»den Jesus liebte«). Die Handlung wird durchgehend im Präsens berichtet. In der direkten Rede, mit der die Nachricht Mariens wiedergegeben wird, steht die berichtete Handlung im Aorist, die Angabe über die Sprecherin in dem als Präsens aufgefaßten Perfekt *οὐκ οἴδαμεν* (wir wissen nicht). Dabei fällt besonders der Plural auf.

In dem zweiten Abschnitt (3–10) wird über die Grabesbesichtigung der beiden benachrichtigten Jünger gesprochen, und zwar in einer ganz anderen Diktion. Die Verben stehen hier teils im Aorist, teils im Imperfekt und teils im Präsens. Diese Abwechslung verleiht dem Erzählstück einer Szene gleich eine gewisse Vielschichtigkeit und Lebendigkeit, obwohl wie in einer Pantomime jegliches Gespräch fehlt. Das Herausgehen (*ἐξῆλθεν*) zu Beginn und das Weggehen vom Grab am Schluß (*ἀπῆλθον*) stehen im Aorist. Davon unterscheidet sich die Notiz über das Kommen und Laufen zum Grab (jeweils im Imperfekt: *ἤρχοντο, ἔτρεχον*), von der sich wiederum die Bemerkung über das Vorauslaufen des anderen Jüngers (*προέδραμεν*) und seine frühe Ankunft am Grab (*ἦλθεν*) in Formen des Aorists abheben. Auffallend ist, daß die Verben, die das Feststellen der im Grab liegenden Tücher, die Ankunft Petri am Grab und die Wahrnehmung durch Petrus bezeichnen, die Form des Präsens aufweisen, während die übrigen Handlungen am Grab, besonders das Hineingehen des anderen Jüngers und sein Verhalten, im Aorist geschildert werden. Dasselbe gilt für die Begründung in V. 9. Auf das V. 4f geschilderte Vorauslaufen und Warten des anderen Jüngers wird nachher noch mehrmals Bezug genommen (V. 6: Petrus folgt ihm; V. 8: dann ... der zuerst zum Grab kam). Der Erzähler schreibt diesem eine große Bedeutung zu. Dasselbe gilt für das Finden der im Grab liegenden Tücher, die im Vergleich zu den übrigen Angaben viel ausführlicher beschrieben werden. Die kurzen, aber einprägsamen Worte »Er sah und glaubte« bilden den Höhepunkt der Handlung. Dies geht aus der als Erzählerkommentar beigefüg-

ten Begründung (V. 9) und der anschließenden Bemerkung über die Rückkehr hervor.
Der dritte Abschnitt (11–18) schildert eine Handlung, in deren Mittelpunkt dieselbe Frau wie im ersten Abschnitt (1–2) steht. Wie zu Beginn des Kapitels herrscht hier die präsentische Darstellungsweise vor; sie wird allerdings durch Angaben im Imperfekt (bzw. Plusquamperfekt) und Aorist, besonders aber durch die Dialogform sehr aufgeflockert. Die Handlung selbst wird wie in einer Szene in fortschreitender, dramatischer Weise entwickelt. Gleichsam als Exposition wird zu Beginn das Weinen der Frau betont, auf das die späteren Fragen mehrfach Bezug nehmen. Ausführlich wird der Ort beschrieben, wo die beiden Engel sitzen. Auf ihre Frage hin antwortet die Frau fast mit denselben Worten, die sie vorher den beiden Jüngern mitgeteilt hat (der einzige Unterschied ist der Singular *οἶδα* [ich weiß]). Durch die Hinwendung der Frau zu Jesus, den sie für jemand anderen hält, erhält die Szene eine reizvolle, dramatische Steigerung. Jesus wiederholt und ergänzt seinerseits die Frage der beiden Engel. Maria geht darauf nicht direkt ein, bittet aber den Fragenden, diesmal ohne Klage, um die Angabe des Ortes, wo sie den Leichnam holen könne. Höhepunkt der Szene ist das Aussprechen ihres Namens, wodurch der Bann des Nichterkennens gebrochen wird. Es folgt noch, daß Jesus ihr verwehrt, ihn festzuhalten; statt dessen schickt er sie sofort zu den Jüngern, damit sie ihnen eine Kunde ausrichte, und zwar die in der Sprache des vierten Evangelisten formulierte Osterbotschaft. Damit endet die Szene. Der Abschnitt schließt mit dem kurzen Bericht über die Ausführung des Auftrags (V. 18), wobei das Ineinander von direkter und indirekter Rede auffällt.
Die drei zum Teil ganz verschiedenartigen Textstücke bilden eine kunstvolle Einheit; denn der erste und dritte Teil umschließen den Mittelteil formal nach Art einer inclusio. Die in allen Teilen dargestellten Handlungen haben einen gemeinsamen Ort: das Grab im Garten. Das am Schluß berichtete Hingehen Mariens zu den Jüngern leitet über zu den nächsten Szenen, die an einem anderen Ort spielen. Die gesamte Darstellung ist, wie auch viele andere Texte im vierten Evangelium, dadurch gekennzeichnet, daß sie eine Reihe von Aussagen enthält, die eine symbolische Bedeutung besitzen und nur unter deren Berücksichtigung sinnvoll sind. Dies gilt für die Angabe »als es noch dunkel war«, für das Vorauslaufen und

Warten des anderen Jüngers, für die Frage Mariens nach dem Aufbewahrungsort des Leichnams, für das zweite Hinwenden Mariens zu Jesus und für die Abwehr ihres Festhaltens durch den Herrn und deren Begründung. Charakteristisch für den Stil dieser Perikope ist ebenfalls das im Johannesevangelium beliebte Stilmittel des Mißverständnisses (vgl. 3,3ff; 4,10ff; 7,33ff; 8,31ff).

Bei einem Vergleich der johanneischen Grabesgeschichte mit den Geschichten der Synoptiker finden sich zwar manche Gemeinsamkeiten, auffälliger aber sind eine Reihe von Daten, die sich – faßt man den Text als Berichterstattung auf – nicht harmonisieren lassen. Dazu zählen mit Sicherheit die Angaben über den geliebten Jünger. Daß er früher als Petrus »glaubte«, steht, falls man diese Angabe als historisch wertet, in krassem Widerspruch zu der sonst einhelligen Bezeugung des Neuen Testaments, nach der Jesus zuerst dem Simon erschienen ist. Dies gilt ferner für die Worte der beiden Engel, die hier nicht mehr als Vermittler der Osterbotschaft fungieren, und für die Worte des Auferstandenen, die eindeutig in der Sprache des vierten Evangelisten abgefaßt sind.

Die genannten Beobachtungen verbieten es, die johanneische Grabesgeschichte der Gattung protokollarischer Bericht zuzuordnen. Die Schilderung des vierten Evangelisten ist auch keine haggadisch-apokalyptische Darstellung wie Mk 16,1–8. Trotz einiger apologetischer Züge ist sie ebenfalls keine apologetische Tendenzgeschichte im Stil haggadisch-apokalyptischer Literatur wie Mt 27,62–28,15. Sie unterscheidet sich auch von der lukanischen, der kirchlichen Unterweisung dienenden Grabesgeschichte. Ihre Gestaltungsweise ist hingegen sehr verwandt mit anderen johanneischen Geschichten (z.B. der Berufung der ersten Jünger), besonders aber mit der Darstellung der johanneischen *σημεῖα* (Zeichen).[167] Der vierte Evangelist – ebenso schon seine Quelle – begnügt sich bei diesen noch weniger als die Synoptiker mit einer Berichterstattung über äußere Vorgänge. Er veranschaulicht vielmehr in erzählender (narrativer) und mitunter dramatischer Weise[167a] die

[167] Zur Diskussion darüber, ob Joh 20,1–18 und die anderen johanneischen Ostergeschichten als *σημεῖα* (Zeichen) aufgefaßt werden dürfen, vgl. *Mahoney* (Anm. 46), 268ff und die revidierte Auffassung von *Schnackenburg* (Anm. 149), 401f. Vgl. bes. *A. Feuillet,* Les christophanies pascales du quartrième évangile sont-elles des signes?: NRTh 107 (1975) 577–592.

[167a] Es ist gewiß kein Zufall, daß gerade die johanneische Grabesgeschichte in den

Bedeutung der Taten Jesu als Offenbarung seiner lebenspendenden Macht und Herrlichkeit. Die Gattung der Perikope Joh 20,1–18 ist daher am ehesten als eine typisch *johanneische, dramatische Offenbarungsgeschichte* zu bestimmen.

5.1.3. Redaktion und Tradition

Wie bei der Texterklärung mehrfach betont wurde, weist die johanneische Grabesgeschichte sehr viele Merkmale der Sprache und theologischen Schau des vierten Evangelisten auf, zum Beispiel: die Konzentrierung der Grabesüberlieferung auf eine Person, die Erwähnung der Finsternis (1) und des geliebten Jüngers (2.3), das Motiv des Mißverstehens (15), das Rufen beim Namen (16) und die Formulierung der Osterbotschaft »ich steige auf« (17). Eine Einzeluntersuchung vermag noch mehr Charakteristika des Johannesevangeliums aufzuzeigen.[168] Bei einem Vergleich mit den synoptischen Grabesgeschichten fällt die Eigenständigkeit der johanneischen Darstellung sofort auf.

Allerdings läßt ein solcher Vergleich auch keinen Zweifel daran, daß der vierte Evangelist von vorgegebenen Traditionen abhängig ist. Diskutiert wird heute nur, in welchem Umfang Johannes Quellen benutzt hat und ob diese nur mündliche Überlieferungen oder schriftliche Vorlagen waren. Bei letzterer Annahme stellt sich die Frage, ob sich diese noch näher bestimmen lassen (einzelne Texte, eines der synoptischen Evangelien). Als Indizien für schriftliche Quellen, die Johannes teilweise wörtlich übernahm, lassen sich viele Unebenheiten und Spannungen im vorliegenden Text anführen. So erklärt sich der Plural »wir wissen nicht« im Munde Mariens (2) am leichtesten bei der Annahme einer Quelle, die von dem Grabesbesuch mehrerer Frauen sprach. Auch die Bemerkung »denn noch verstanden sie nicht...« (9) kann als nachträglicher Kommentar zu einem vorgegebenen Text gewertet werden. Die nach V. 10

---

mittelalterlichen Osterspielen einen breiten Raum einnahm. Vgl. dazu *A. Roeder*, Art. Osterspiele: Kindlers Literaturlexikon im dtv Bd. 16, München 1974, 7057–7066.

[168] Vgl. *E. Ruckstuhl*, Die literarische Einheit des Johannesevangeliums. Der gegenwärtige Stand der einschlägigen Forschungen (Studia Friburgensia N. F. 3) Freiburg/Schweiz 1951.

überraschenden Aussagen über das Verweilen Mariens am Grab und die Übereinstimmung ihrer Klage von V. 13 mit der Äußerung von V. 2 legen die Vermutung nahe, daß V. 11 ursprünglich an V. 1 anschloß und V. 2–10 einen späteren Einschub darstellt. Dies erhält eine Bestätigung dadurch, daß die Schilderung von V. 2–10, abgesehen von dem johanneischen Motiv des geliebten Jüngers, in Lk 24,12 eine Parallele hat und eine für den weiteren Verlauf der Handlung überflüssige apologetische Akzentuierung aufweist (die Beschreibung der Tücher im Grab). Die beiden Engel im Grab und ihre Frage weisen auf Lk 24,5f bzw. die dort redigierte Tradition zurück. Die lebendig geschilderte Erscheinung Jesu vor Maria (14b–17) stammt nach der Ansicht vieler Autoren ebenfalls aus einer Quelle,[169] die auch Mt 28,8–10 ihre Spuren hinterlassen hat. Die Formulierung der Osterbotschaft in V. 18 (»ich habe den Herrn gesehen«), die von den vorausgehenden Worten abweicht, und ihre Ergänzung durch die indirekte Rede (»und dies habe er ihr gesagt«) legt auch die Benützung einer Vorlage nahe.
Angesichts dieser Indizien läßt es sich kaum bestreiten, daß der vierte Evangelist hier mehrere ursprünglich getrennte Überlieferungsstücke miteinander verbunden und aus seiner Sicht (unter Benützung des Lukasevangeliums?) ergänzt hat. Als wichtigste lassen sich drei Vorlagen vermuten: 1. eine sehr alte Überlieferung von dem Grabesbesuch einiger Frauen am Ostermorgen; 2. die Besichtigung des Grabes durch Petrus; 3. die Erscheinung des Auferstandenen vor Frauen. Alle bisherigen Versuche, solche hypothetisch angenommenen Quellen näher zu umgrenzen, vermögen allerdings nicht zu befriedigen. Deshalb ist es nicht verwunderlich, wenn in neuerer Zeit oft davon Abstand genommen wird.[170] Ob sich allerdings die johanneischen Aussagen ohne Annahme irgendeiner besonderen schriftlichen oder mündlichen Sonderüberlieferung einzig aus dem Mattäusevangelium und noch mehr aus dem Lukasevangelium ableiten lassen,[171] ist sehr fraglich.
Von dem bis heute nicht befriedigend gelösten Problem der Quellen hängt zum Teil auch die Antwort auf die Frage ab, ob die johanne-

---

[169] So z. B. *Schnackenburg* (Anm. 149), 374–376, vgl. die dort angeführten Untersuchungen von *Hartmann, Benoit* und *Fortna*.
[170] Vgl. *Mahoney* (Anm. 46), 224–227.
[171] So *Neirynck* (Anm. 105).

ische Grabesgeschichte über den Ablauf der Osterereignisse eine Auskunft geben kann, die über die Angaben der Synoptiker hinausgeht. Manche meinen, in Joh 20,1–2 liege die älteste Nachricht über die Entdeckung des geöffneten Grabes in ihrer ursprünglichen Form vor (s. w. o. S. 47). Sicher ist aber nur, daß der vierte Evangelist an vorgegebene Überlieferungen anknüpft und überzeugt ist, daß seine mündlichen oder schriftlichen Quellen im Kern auf die unbestrittenen Erfahrungen der Jünger zurückgehen. Die heutige Frage nach der Historizität der Einzelangaben ist ihm fremd. Er richtet seine Aufmerksamkeit auf die tiefere Bedeutung der ihm überlieferten Daten. So wie sie ihm bekannt geworden sind, sind sie für ihn »Zeichen« und »Offenbarung« eines Geschehens, das die Geschichte transzendiert.[172]

5.1.4. Bedeutung für den Leser

Die voraufgehenden Erörterungen zeigten: die johanneische Grabesgeschichte beruht auf alten Überlieferungen, bietet diese aber in der für das ganze vierte Evangelium charakteristischen Sprache und Form dar. Wie die ersten Leser, so vermag diese Perikope auch den Leser von heute noch anzusprechen und in ihren Bann zu ziehen. Sie kann dies vor allem dann, wenn der Leser versucht, sich auf diese Sprache einzulassen und die einzelnen Szenen immer wieder betrachtet.

1. als es noch dunkel war. Die Erwähnung der frühen Morgenstunde in den vorjohanneischen Grabesüberlieferungen ist für den vierten Evangelisten kein nebensächlicher Umstand. Johannes sieht darin einen Hinweis auf die »Dunkelheit«; diese ist ihm einerseits Symbol für die Finsternis der Sünde und der Bosheit der Welt, andererseits für die Situation der Jünger Jesu, wenn Jesus nicht bei ihnen weilt (vgl. 6,17). In der Finsternis der Welt und der Dunkelheit ihres Herzens eilt Maria zum Grab.

Der Evangelist konzentriert auf Maria all das, was die Urkirche von den Frauen erzählte, die sich durch die furchtbare Todesart nicht abschrecken ließen und das Grab Jesu so früh wie möglich besuch-

[172] Vgl. *S. M. Schneiders*, Geschichte und Symbolik im Johannesevangelium: Erbe und Auftrag 52 (1976) 30–35.

ten. Für Johannes ist Maria zugleich »Zeichen« (Typus) all derer, die einmal von der Liebe zu Jesus ergriffen wurden und ihn dann in der »Nacht«, wie es von der Braut im Hohenlied heißt (Hld 3,1 ff), aus den Augen verloren. In dieser Lage deutet sie den vom Grab weggenommenen Stein nur als Zeichen dafür, daß ihr Herr weggenommen wurde. Sie klagt den Jüngern, daß sie nicht wisse, wo man ihn hingelegt habe.

Der Leser erkennt ohne Mühe hier den Reflex der Frage nach dem leeren Grab, die die ersten Christen beschäftigte.

Dem gläubigen Hörer fällt es nicht schwer, in Maria sich selbst wiederzuerkennen: auch er ist von Finsternis umgeben; in der Dunkelheit sucht er oft seinen Herrn. Was er findet (so wie er die Bibel versteht, wie ihm die Kirche begegnet), ist ihm vielfach nur der Hinweis darauf, daß dieser nicht mehr da zu sein scheint. Klagend wendet er sich an die, die ganz eng zum Herrn gehören.

2. Petrus und der andere Jünger. Daß das Grab Jesu leer war, ist für den vierten Evangelisten keine Frage. Er kennt eine Überlieferung, nach der Petrus und vielleicht auch andere Jünger (vgl. Lk 24,24) dies festgestellt haben. Aus seiner Sicht kann er den geliebten Jünger als Gewährsmann dafür anführen. In einer lebendigen, erdichteten Szene stellt er dar, daß Petrus und der andere Jünger gemeinsam zum Grab laufen. Beide sind für ihn, und wohl mehr noch für seine Leser »Konkurrenten«; die einen berufen sich auf Petrus, die anderen auf den geliebten Jünger. Die beiden Jünger selbst respektieren einander, jeder weiß um den Standort des anderen. Beide stimmen in der Osterbotschaft überein. Deshalb kann Johannes beide feststellen lassen: der Leichnam ist nicht mehr im Grab; die Grabtücher sind nicht gestohlen oder weggenommen; der Begrabene bedarf ihrer nicht mehr. Nach Johannes versteht und interpretiert der geliebte Jünger dies als erster. Wer, wie es von ihm heißt, an der Brust des Herrn ruhen und vom Herrn selbst die Offenbarung erfahren darf, weiß eben, was diese Zeichen bedeuten. Es gibt verschiedene Gaben und Begabungen in der Kirche. Als Jünger, die in einzigartiger Weise »sehen« durften – das Wahrnehmen der Grabtücher ist dafür nur eine Veranschaulichung – und dadurch gnadenhaft zum Glauben fanden, kehren sie zu den anderen zurück. Was sie erfahren durften, hat auch für die anderen Bedeutung. Der Evangelist notiert noch, die beiden seien zum Grab gelaufen, weil sie noch nicht die Schrift verstanden hätten. Seiner Ansicht nach weilten also auch die Jünger zu Ostern noch im Dunkel und hätten eigentlich ohne diese Zeichen zum Glauben kommen sollen. Es gibt also verschiedene Wege zum Glauben an den Auferstandenen.

3. Frau, was weinst du? Der Evangelist kennt die jüdische Sitte der klagenden Frauen an den Gräbern und sieht den Gang der Frauen zum Grab in Verbindung damit. In der Trauer Mariens sieht er aber mehr als eine übliche Totenklage. Es ist das Weinen der Braut, die ihren Bräutigam verloren hat und sucht (vgl. Hld 3,1–3; 6,1). Ihr Kummer macht sie blind. Sie darf zwar mehr »sehen« als die beiden Jünger (es ist der Reflex alter Überlieferungen), aber auf die Frage der Engel nach dem Grund ihres Leides wiederholt sie nur ihre Erklärung für das Fehlen des Leichnams. Sie vermißt schmerzlich den, der ihrem Leben einen neuen Inhalt gegeben hat, und ist so von Trauer erfüllt, daß sie keine Auskunft von den beiden himmlischen Boten erwartet und vernimmt.
Johannes hat hier die Geschichte der Getreuen Jesu in den Tagen nach seiner Kreuzigung so dargestellt, daß darin die Geschichte vieler Christen aller Zeiten erkennbar wird; denn sehr oft macht die »Trostlosigkeit«, von der die geistlichen Lehrer sprechen (die Erfahrung der Ferne Gottes und Christi), seine Jünger und Jüngerinnen krank und blind, sodaß sie nur noch ihr Leid zu klagen vermögen.

4. Mirjam - Rabbuni. Die alte Nachricht von einer Erscheinung des Auferstandenen vor Frauen ist dem Verfasser Stoff genug, um daraus eine lebendige Szene zu gestalten und anschaulich darzustellen, wie Menschen dazu gelangten, den Auferstandenen zu erkennen. Maria wendet sich von den Engeln weg und sieht Jesus; denn sie sucht ihn, und doch kennt sie ihn nicht. Sie hält ihn für den Gärtner. Von Jesus nach dem Grund ihres Leides und ihrer Suche gefragt, möchte sie von ihm nur wissen, wo er ist, damit sie ihn (den Leichnam?) hole. (Vgl. die an die Wächter gerichtete Frage der Braut: »Habt ihr ihn gesehen, den meine Seele liebt?« Hld 3,3.)
Erst als Jesus sie mit ihrem vertrauten Namen anredet, fällt der Bann von ihren Augen und ihrem Herzen. Jesus ruft sie, wie der Hirt die Seinen ruft. Dies bedeutet für sie die »Wende« (»sie wendet sich um«) und sie nennt ihn, wie sie es vor seinem Tod gewohnt war. Jetzt weiß sie, wo er ist. Was Johannes hier dramatisierend erzählt,

deckt sich mit dem, was Lukas über das Öffnen der Augen »beim Brotbrechen« schreibt und Paulus über die Mitwirkung des heiligen Geistes bei jeder Erkenntnis des Kyrios darlegt: »Keiner kann sagen ›Herr ist Jesus‹, es sei denn im heiligen Geist« (1 Kor 12,3; vgl. 2 Kor 4,6).

5. *Ich bin noch nicht ... aufgestiegen.* Aufgrund älterer Überlieferung setzt Johannes vermutlich voraus, daß Maria wie die Jünger versucht war, aus dem Wiedersehen mit Jesus auf seine Rückkehr in das Leben dieser Welt und eine Wiederherstellung des früheren Beisammenseins zu schließen (vgl. Apg 1,6). Maria, so deutet es der Erzähler an, möchte Jesus festhalten, um nicht mehr von ihm, ihrem Rabbi, getrennt zu werden. Jesus wehrt dies ab. Er begründet es mit dem Hinweis darauf, daß sein Werk noch nicht vollendet ist. Er ist, wie es in der Sprache des Johannes heißt, noch unterwegs, auf dem Weg zum Vater, um seinen Brüdern und Schwestern dort die bleibende Wohnung zu bereiten.
Hier wird uns die nachösterliche Situation, die Zeit zwischen Auferstehung und Parusie vor Augen gestellt. Jesu Werk ist *schon* »vollendet« (19,30), er ist *schon* auferstanden und »verherrlicht«, doch ist damit sein Aufsteigen, seine Erhöhung und Verherrlichung *noch nicht* abgeschlossen. Sein Werk gilt ja nicht nur seiner Person, sondern all denen, die ihm der Vater gegeben hat, die – nach Paulus – seinen »Leib« bilden. (Dasselbe Thema klingt in der Bezeichnung Christi als »Erstlingsgabe der Entschlafenen« [1 Kor 15,20] und »Erstgeborener aus den Toten« [Kol 1,18] an. Mt 27,51–53 wird es in der midraschartigen Schilderung von der Auferweckung der Toten in der Todesstunde Jesu ausgesprochen.)
Deshalb darf der, der Jesus als den Auferstandenen erfahren hat, ihn nicht festhalten und seinen Glauben für sich behalten. Er wird wie Maria weggewiesen, um den anderen die frohe Kunde zu bringen, damit auch sie an der Auferstehung und dem Aufsteigen des Sohnes und Bruders Anteil erhalten.

6. *Maria ... geht und verkündigt den Jüngern.* In der ersten Szene schildert Johannes, daß Maria zu den Jüngern »kommt« und ihnen ihr Leid klagt. In der letzten Szene kehrt sie abermals vom Grab zurück. Sie »geht« jetzt und »verkündigt« die Osterbotschaft. Sie tut es – ähnlich wie die Engel in den synoptischen Grabesgeschichten – mit einer traditionellen Formel: »Ich habe den Herrn gesehen«.

Doch begnügt sie sich nicht damit. Sie legt den Jüngern außerdem dar, was er ihr sagte, das heißt, wie sie das Ostergeschehen dank seiner Belehrung als das »Aufsteigen zum Vater« deuten darf. Diese Schlußszene vermittelt dem Leser einen Einblick in die Entstehung des Osterglaubens der Gemeinde. Er entstand aus dem Zusammenwirken verschiedener Erfahrungen. Nach dem Neuen Testament gehören dazu außer den erzählten Erlebnissen der Jünger auch die der Frauen. Im Lauf der Kirchengeschichte waren es immer wieder ganz verschiedenartige, gottgeschenkte Erkenntnisse, durch die Jesus (durch seinen Geist) in die ganze Wahrheit der Heilsgeschichte einführt. Dies gilt ebenso für heute und für die Zukunft.

5.2. Die Doppelgeschichte von den Erscheinungen des Auferstandenen vor den Jüngern in Jerusalem (20,19–29)

An die johanneische Grabesgeschichte schließt unmittelbar die Schilderung von zwei Erscheinungen des Auferstandenen vor den Jüngern an. Auf die beiden eng zusammengehörigen Perikopen folgt dann ein kurzes Schlußwort (20,30–31), das auf das ganze Evangelium zurückblickt, aber in der vorliegenden Fassung besonders für die unmittelbar vorher beschriebenen »Zeichen« gilt.

> 19 Als es nun spät war an jenem ersten Wochentag und die
> Türen dort, wo die Jünger weilten, aus Furcht vor den Juden
> verschlossen waren, kam Jesus und trat in die Mitte und sagt
> zu ihnen: »Friede euch!« 20 Und als er dieses sprach, zeigte er
> ihnen die Hände und die Seite.
> Da freuten sich die Jünger, als sie den Herrn sahen.
> 21 Er sprach nun zu ihnen wiederum: »Friede euch. Wie mich
> der Vater gesandt hat, sende auch ich euch«. 22 Und als er dies
> sprach, hauchte er sie an und sagt zu ihnen: »Empfangt heili-
> gen Geist; 23 denen ihr die Sünden vergebt, denen sind sie
> vergeben; denen ihr sie behaltet, sind sie behalten«.
>
> 24 Tomas aber, einer von den Zwölfen, der Zwilling genannt
> wird, war nicht bei ihnen, als Jesus kam. Ihm sagten nun die
> anderen Jünger: »Wir haben den Herrn gesehen«.

Er sprach zu ihnen: »Wenn ich nicht an seinen Händen das Mal der Nägel sehe und meinen Finger in das Mal der Nägel stecke und meine Hand in seine Seite lege, glaube ich nicht«.

26 Und nach acht Tagen waren seine Jünger wieder drinnen und Tomas war bei ihnen. Da kommt Jesus bei verschlossenen Türen, und er trat in ihre Mitte und sprach: »Friede euch«.
27 Dann sagt er zu Tomas: »Lege deinen Finger hierher und sieh meine Hände, und nimm deine Hand und lege sie in meine Seite; und sei nicht ungläubig, sondern gläubig«.
28 Tomas antwortete und sprach zu ihm: »Mein Herr und
mein Gott«. 29 Da sagt Jesus zu ihm: »Weil du mich gesehen
hast, hast du geglaubt. Selig, die nicht sehen und doch glauben«.

5.2.1. Texterklärung

Die Perikope Joh 20,19–29 gliedert sich deutlich in zwei Abschnitte (19–23; 24–29), die sich im einzelnen je in kleinere Texteinheiten unterteilen lassen: Jesus erscheint den Jüngern (19–20); Jesus sendet die Jünger aus und vermittelt ihnen den heiligen Geist (21–23); Überleitung zur Erscheinung vor Tomas (24–25); Jesus erscheint am achten Tage (26); Jesus und Tomas (27–29).

20,19–20: Jesu Erscheinen und Freude der Jünger

Als es nun spät war an jenem ersten Wochentag und die Türen dort, wo die Jünger weilten, aus Furcht vor den Juden verschlossen waren, kam Jesus und trat in die Mitte: Johannes berichtet nichts über eine Wirkung der Botschaft Mariens auf die Jünger. Eine solche tritt für ihn völlig gegenüber dem zurück, was die versammelten Jünger selbst erfahren, und zwar – so betont er – am Abend jenes ersten Wochentags. Hier fällt sowohl die ausdrückliche Bestimmung »erster Wochentag« (an dem sich die Christen versammeln) auf, wie auch die in den Abschiedsreden mehrfach verwendete Angabe »an jenem Tag« (14,20; 16,23). Die Jünger sind versammelt. Es liegt sehr nahe, von dem Kontext her (24) an den Kreis der Zwölf zu denken. (Doch kann Johannes auch einen größeren [vgl. Lk 24,10] oder kleineren [vgl. Joh 21,2] vor Augen haben.) Die Jünger stellen sozusagen eine Kerngemeinde dar, die regelmäßig zusammenkommt (vgl. 26). Den Ort gibt der Evangelist nicht an. Die im vierten Evangelium mehrfach erwähnte »Furcht vor den Juden« (7,13; 9,22; 19,38) spiegelt die Situation zur Zeit des Verfassers wider, da die Kirche von der Synagoge getrennt ist und verfolgt wird. Hier steht die Furcht als Motiv für das Verschließen der Türen und zugleich als Hintergrund, von dem sich die Freude abhebt, die das Erscheinen des Auferstandenen auslöst. Daß Jesus in wunderbarer Weise bei verschlossenen Türen in ihre Mitte tritt – dies wird V. 26 noch stärker betont – darf als ein »Zeichen« für das Neuartige und Machtvolle seines Kommens gedeutet werden. Allerdings wird in keiner Weise beschrieben, wie dies geschah. (Im Unterschied dazu gefallen sich antike Dichter im Ausmalen des geheimnisvollen Eintretens der Götter bei den Menschen. Von Hermes heißt es, z. B.: er kommt »wie ein Herbstwind oder Nebel durch das Schlüsselloch« [Homerische Hymnen 3.147], und von Athene, sie sei »dem Windhauch gleich« in die verschlossene Kammer der Nausikaa eingedrungen [Homer, Odyssee 6,20].)[173] Die Wahl des Verbums »kommen« (vgl. 20,24.26; 21,13) erinnert an die Ankündigung des verheißenen Kommens Jesu in den Abschiedsreden (14,3.18.28) und die urkirchliche Erwartung seines Wiederkommens (21,23; 1 Kor 11,26; 16,22; Offb 22,20).

und sagt zu ihnen: Friede euch! Und als er dieses sprach, zeigte er ihnen die Hände und die Seite: Jesus grüßt die Jünger mit dem üblichen Gruß, der Wunsch und Zusage zugleich ist (vgl. Gen 43,23; Ri 6,23; Dan 10,19). Er wird V. 21 und V. 26 wiederholt und hat für den Evangelisten als Ostergruß ein besonderes Gewicht. Jesus vermittelt den Jüngern damit jetzt, was er in den Abschiedsreden verheißen hat (»Frieden hinterlasse ich euch, meinen Frieden gebe ich euch« 14,27). Im Rahmen der dargestellten Szene übt das Grußwort in etwa die gleiche Funktion aus wie die Anrede bei Maria (16). Der Erscheinende unterstreicht seinen Gruß noch durch eine zeichenhafte Handlung. Dem Verbum »zeigen« kommt im vierten Evangelium eine gewichtige Bedeutung zu (vgl. 2,18–22; 5,20; 10,32; 14,8).[174] Daher hat das Zeigen der Hände und der Seite hier

[173] Vgl. *Bultmann* (Anm. 151), z. St.
[174] *D. Mollat,* L'apparition du Réssuscité et le don de l'ésprit: AssSeign 30 (1970) 42–56, hier 46.

besondere Aussagekraft. Es kann, wie aus der V. 25 geäußerten Forderung des Tomas hervorgeht, als Beweis für die Identität des Erschienenen mit dem Gekreuzigten dienen. Für den Evangelisten hat das Zeigen der Seitenwunde aber darüber hinaus noch einen tieferen Sinn; denn die durchbohrte Seite ist für ihn Symbol dafür, daß der Gekreuzigte zur Quelle des Geistes geworden ist, der besonders in den Sakramenten von Taufe und Eucharistie vermittelt wird (s. w. o. S. 162f). Indem der Auferstandene den Jüngern seine Wundmale zeigt, offenbart er sich ihnen als der Spender des Geistes.

Da freuten sich die Jünger, als sie den Herrn sahen: Die Wirkung der Erscheinung des Auferstandenen auf die Jünger beschreibt der Evangelist mit einem einzigen Satz. Auf die Art und Weise ihres Sehens geht er darin nicht näher ein. Er spricht darüber in der Terminologie »den Herrn sehen«, die ihm als Ausdruck für die Begegnung mit dem Auferstandenen geläufig ist (20,18.25) und mehr als ein sinnenhaftes Wahrnehmen meint[175] (vgl. 1,14: »Wir haben seine Herrlichkeit gesehen«). Er erwähnt es zudem nur als Voraussetzung (in der Form des Partizipiums *ἰδόντες*) für die dadurch ausgelöste Freude. Diese ist für ihn wichtig (vgl. dazu die andersartige Darstellung in Lk 24,37–38 [Bestürzung und Angst]; aber auch die Notiz Lk 24,41: »da sie vor Freude noch nicht glaubten»). Wie Jesu Anrede bei Maria die Finsternis und das Nicht-Wissen verdrängte, so weicht hier infolge der Selbstoffenbarung Jesu die Furcht der Freude. Wiedersehen und Freude hat Jesus nach Johannes in seinen Abschiedsreden mehrfach verheißen (»ich werde euch wiedersehen und euer Herz wird sich freuen, und eure Freude wird niemand von euch nehmen« 16,22; vgl. 15,11; 16,16.20.24; 17,13).

20,21–23: Sendung und Geistverleihung

Er sprach nun wiederum zu ihnen: Friede euch: Der Erzähler markiert mit diesen Worten den Anfang einer neuen Szene. Die Wiederholung des Grußes läßt, wie oben schon angedeutet, unmißverständlich erkennen, daß das Wort »Frieden« für den Evangelisten

[175] Vgl. *F. Mußner,* Die johanneische Sehweise und die Frage nach dem historischen Jesus (QD 28) Freiburg-Basel-Wien 1965. *C. Traets,* Voir Jésus et le Père en lui, selon l'Evangile de saint Jean, Rom 1967, 83f, 189.

mehr ist als ein bloßer Gruß. Als der Auferstandene vermittelt er den Jüngern Frieden inmitten einer von Haß erfüllten Umwelt (vgl. 15,18f; 17,14). Am Schluß der Abschiedsrede heißt es: »Dies habe ich zu euch gesprochen, damit ihr in mir Frieden habt. In der Welt werdet ihr Bedrängnis erfahren, aber seid guten Mutes, ich habe die Welt überwunden« (16,33).

Wie mich der Vater gesandt hat, sende auch ich euch: Der Auferstandene schickt nach Joh 20,17 Maria zu den Jüngern und sendet auch nach den Synoptikern die Jünger aus (Mt 28,19; Lk 24,47). Ebenso erteilt Jesus hier den Anwesenden einen Missionsauftrag. Dieser ist sehr allgemein gehalten und gibt nicht im einzelnen an, wohin sie gehen sollen. Die Eigenart ihrer Sendung können die Jünger jedoch aus den einleitenden Worten erschließen: »Wie mich der Vater gesandt hat«. Darin ist ein Doppeltes ausgesprochen. Einmal deutet Jesus damit an, daß ihre Aufgabe seinem Auftrag entspricht. Wie Jesus in die gottfeindliche Welt der Sünde gesandt wurde, so sendet er sie aus. Er vertraut ihnen das Werk an, das ihm der Vater anvertraut hat (»wie du mich in die Welt gesandt hast, so habe ich sie in die Welt gesandt« 17,18). Sehr oft bezeichnet sich Jesus im Johannesevangelium als den, welchen der Vater gesandt hat (3,17.34; 5,24; 6,29.57; 7,28; 8,42; 10,36; 17,3.8.21.23.25; vgl. auch die Übersetzung des Namens Schiloach mit »der Abgesandte«; 9,7). Zum anderen gibt der mit *καθώς* eingeleitete Vordersatz entsprechend der griechischen Bedeutung der Partikel die Begründung für die Jüngersendung an. Weil Jesus vom Vater ausgesandt ist, deshalb kann er sie aussenden. Diese Verankerung der Jüngermission in der Sendung des Sohnes durch den Vater entspricht ganz der theologischen Schau des vierten Evangelisten (vgl. 6,57: »Wie mich der lebendige Vater gesandt hat und ich durch den Vater lebe, wird auch der, der mich ißt, durch mich leben«).

Und als er dies sprach, hauchte er sie an und sagt zu ihnen: Empfangt heiligen Geist; denen ihr die Sünden vergebt, denen sind sie vergeben; denen ihr sie behaltet, sind sie behalten: Mit denselben Worten wie V. 20 leitet Johannes die Aussage ein, daß der Auferstandene den Missionsauftrag (wie den Friedensgruß) mit einer zeichenhaften Handlung verbindet. Im Unterschied zu V. 20 fügt er jedoch noch zwei diese Handlung begleitende und deutende Worte Jesu bei. Was Jesus nach V. 22–23 tut und sagt, steht also in enger Verbindung zu dem vorher ausgesprochenen Auftrag. Die Formulierung *ἐνεφύσησεν* (wörtlich: er blies ein) ist in Anlehnung an Gen 2,7; 1 Kön 17,21; Ez 37,9; Weish 15,11 gewählt und bedeutet hier wie dort die Übertragung des Lebensodems. Die angehauchten Jünger erhalten dadurch Anteil an dem Leben des Auferstandenen. Das erste der Deuteworte erklärt das in der Symbolhandlung Bezeichnete: Sie empfangen jetzt den im Alten Bund verheißenen Geist. Ihn hat Jesus nach Johannes als die lebenspendende Kraft für die Zeit nach seiner Verherrlichung (7,38f) und als den nach seinem Weggehen kommenden Parakleten in Aussicht gestellt (vgl. 14,26 und bes. 16,7: »Es ist gut für euch, daß ich hingehe ... wenn ich aber gehe, werde ich ihn zu euch senden«). 20,22b ist das letzte Wort über den heiligen Geist im Evangelium des Johannes. Für dessen Betrachtungsweise ist aber die Geistmitteilung nicht an einen einzigen Zeitpunkt gebunden. Deshalb ist es für den vierten Evangelisten kein Widerspruch, wenn er schon Jesu Sterben als Übergeben des Geistes deutet (19,30: »er übergab den Geist«; vgl. 19,34), die Spendung des Pneumas in Verbindung mit der Erscheinung des Auferstandenen schildert (20,22) und das Kommen des Parakleten für die Zukunft in Aussicht stellt (in den Parakletsprüchen 14,16f.26; 15,26; 16,6–11.13–15).[176] Auffallenderweise fehlt in dieser johanneischen Deutung des Geistempfangs jeder Hinweis darauf, daß der österliche Geistempfang in die ganze Wahrheit einführt (vgl. Joh 16,13) und zu prophetischer Verkündigung befähigt, wie dies in der Apostelgeschichte dargelegt wird, wo hingegen die lebenspendende, sündenvergebende Kraft des Geistes unerwähnt bleibt. (Nach der lukanischen Darstellung wird dieser Geist erst am Pfingstfest verliehen.)[177]

Das zweite Deutewort ist gattungsmäßig ein Rechtssatz und verwandt mit dem Mt 16,19 und Mt 18,18 überlieferten Logion (»binden... lösen«). Im Kontext der Aussendung und Geistverleihung ist damit ausgesprochen, wozu Jesus die Jünger aussendet und ihnen den Geist verleiht: um den Nachlaß der Sünden zu vermitteln. Kraft dieser Sendung und des Geistempfangs sollen sie das Werk Jesu, die Tilgung der Sünde (»das Lamm Gottes, das hinwegnimmt die

---

[176] Vgl. dazu *Porsch* (Anm. 152), 341–378, bes. 374ff.

[177] Vgl. *J. Kremer*, Pfingstbericht und Pfingstgeschehen. Eine exegetische Untersuchung zu Apg 2,1–13 (SBS 63/64) Stuttgart 1973, bes. 218–222.

Sünde der Welt« [1,36]) und Heiligung der Welt (»dieser ist es, der im heiligen Geist tauft« [1,33]), fortführen. Die Aussendung und Geistverleihung gibt den Jüngern als Vertretern der Gemeinde dazu die Vollmacht. Diese betrifft ihr ganzes Wirken. Da Johannes meist von der Sünde im Singular spricht und darunter die Sünde des Unglaubens versteht, ist auch hier – wo er sich einer übernommenen Formulierung bedient – in erster Linie die Überwindung des Unglaubens gemeint.[178] Die Verbindung zwischen Geistmitteilung und Sündentilgung ist auch in den Schriften von Qumran belegt.[179] Die Vollmacht der Jünger kommt, wie es die Kirchenväter auslegten, bei der Zulassung oder Verweigerung der Taufe in besonderer Weise zum Ausdruck. Nach dem späteren Verständnis der Kirche ist darin auch die richterliche Bevollmächtigung begründet, innerhalb der Gemeinde die von einzelnen Gliedern eingestandenen Sünden (1 Joh 1,8ff) nachzulassen.[180] Wie die Jünger die Sendung und Geistvermittlung aufnehmen, beschreibt der Evangelist nicht. Statt dessen fügt er eine andere Szene an, die dies ein wenig beleuchtet.

20,24–25: Die Bedingungen des Tomas

Tomas aber, einer von den Zwölfen, der Zwilling genannt wird, war nicht bei ihnen, als Jesus kam. Ihm sagten nun die anderen Jünger: Wir haben den Herrn gesehen: Dem Kreis der Jünger stellt der Evangelist einen einzelnen gegenüber. Er nennt seinen aramäischen Namen Tomas mit dessen griechischer Übersetzung »Zwilling«. (In den apokryphen Tomasakten [31.39] wird diese Übersetzung mißverstanden und daraus abgeleitet, Tomas sei Zwillingsbruder Jesu gewesen.) Johannes kennzeichnet ihn ferner als einen, der zum Kreis der Zwölf gehört. Ausgangspunkt für die in diesem Abschnitt

---

[178] *Porsch* (Anm. 152), 359–363 beachtet m. E. zu wenig den vorliegenden Kontext; er deutet die hier ausgesprochene Vollmacht mehr im Sinne von 1 Joh und sieht darin nur einen Teilaspekt der umfassenden Sendung. Dem Pneuma kommt s. E. nur die Aufgabe zu, bei der rechten Ausübung ihrer Vollmacht zu erleuchten.

[179] Vgl. *J. Schmitt*, Simples remarques sur le fragment Jo XX, 22–23: RevScRel 30 (Mélanges en l'honneur de Mons. M. Andrieu) (1956) 415–423.

[180] Zur Diskussion über die kirchliche Auslegung vgl. *Schnackenburg* (Anm. 149), 387f.

erzählte Handlung ist, daß Tomas nach der Kenntnis des Evangelisten bei der Erscheinung Jesu nicht anwesend war. Einen Grund für das Fehlen nennt Johannes nicht. Nach Joh 14,5 fällt es Tomas schwer, Jesu Worte zu verstehen; nach 11,16 äußert er seine Bereitschaft, das Schicksal Jesu zu teilen. Der Evangelist sieht in ihm offensichtlich eine Verkörperung der skeptischen Haltung, wie sie zu Ostern nach den Angaben des Lukas selbst unter den Aposteln verbreitet war. Ihm berichten die anderen Jünger, was sie erfahren haben. Sie tun es mit den gleichen Worten, mit denen Maria den Jüngern verkündete: »ich habe den Herrn gesehen« (18). Wann und bei welcher Gelegenheit sie dies tun, erzählt Johannes ebenfalls nicht. Um so ausführlicher gibt er die Antwort des Tomas wieder.

Er aber sprach zu ihnen: Wenn ich nicht an seinen Händen das Mal der Nägel sehe und meinen Finger in das Mal der Nägel stecke und meine Hand in seine Seite lege, glaube ich nicht: Tomas nennt hier drei Bedingungen, unter denen er bereit ist, zu glauben. Er verlangt Beweise und zählt diese in steigernder Weise auf: Sehen der Wundmale an den Händen, Berühren dieser Male, Hineinlegen der Hand in die Seitenwunde. Durch diese drastischen Forderungen wird das Anliegen des Evangelisten unmißverständlich klar: hier versteift sich jemand auf Erfüllung seiner Bedingungen und macht davon den Glauben abhängig. Das Verlangen des Tomas ist verwandt mit der Zeichenforderung der Juden: »Was für ein Zeichen wirkst du, damit wir sehen und dir glauben?« (6,30; vgl. 2,18). Eine solche Haltung tadelt Jesus nach Joh 4,48: »Wenn ihr nicht Zeichen und Wunder seht, glaubt ihr nicht«.

20,26: Jesu Erscheinen nach acht Tagen

Und nach acht Tagen waren seine Jünger wieder drinnen und Tomas [war] bei ihnen. Da kommt Jesus bei verschlossenen Türen, und er trat in die Mitte und sprach: Friede euch: Ohne zu den Bedingungen des Tomas direkt Stellung zu nehmen oder über ihre Beurteilung durch die anderen Jünger zu berichten, erzählt Johannes über eine erneute Erscheinung des Auferstandenen. Diese findet acht Tage nach dem Osterabend statt. Die Zeitangabe verrät den Einfluß urkirchlicher liturgischer Praxis, nach der sich die Christen jeweils

»am ersten Wochentag« (so fügt hier sogar eine alte syrische Handschrift hinzu) zum Gedenken der Auferstehung Jesu versammeln (vgl. 1 Kor 16,2; Apg 20,7; Offb 1,10). Diesmal ist, so bemerkt es Johannes ausdrücklich, Tomas anwesend.
Mit fast denselben Worten wie V. 19 schildert der Evangelist die Erscheinung Jesu. Er »kommt« (hier steht im Unterschied zu V. 19 das Präsens ἔρχεται), und zwar wieder bei verschlossenen Türen; also in einer ungewöhnlichen, staunenerregenden Weise (die »Furcht vor den Juden« wird allerdings nicht mehr erwähnt). Den Friedensgruß leitet der Erzähler diesmal nicht mit dem betonten λέγει (er spricht), sondern mit dem Aorist εἶπεν (er sprach) ein. Der Gruß tritt dadurch gegenüber den folgenden Worten zurück.

20,27–29: Jesus und Tomas

Dann sagt er zu Tomas: Lege deinen Finger hierher und sieh meine Hände; und nimm deine Hand und lege sie in meine Seite; und sei nicht ungläubig, sondern gläubig: Welchen Eindruck die Erscheinung Jesu auf die versammelten Jünger und auf Tomas macht, schreibt Johannes nicht. Er lenkt sofort die Aufmerksamkeit des Lesers ganz auf die Worte, die Jesus zu Tomas spricht (vgl. das Präsens λέγει [sagt]). In diesen greift der Auferstandene die von Tomas gestellten Bedingungen auf. Er erweist sich dadurch, ähnlich wie in der ersten Begegnung mit Natanael (1,47–50), als der, der die Gedanken der Menschen kennt. Erstaunlich ist, daß Jesus hier auf die Forderung nach handgreiflichen Beweisen eingeht, während er sich gegenüber einer solchen Zeichenforderung sonst ablehnend verhält (z. B. 4,48; 6,30ff; vgl. Mk 8,11ff; Mt 16,1.2.4; Lk 11,29). Dem Wortlaut nach fordert der Auferstandene Tomas auf, sich durch Berühren der Wundmale davon zu überzeugen, daß er Jesus sieht (vgl. die verwandte Darstellung von Lk 24,39: »Seht meine Hände und meine Füße... betastet mich und seht...«). Die beigefügte Mahnung und das folgende Bekenntnis des Tomas deuten aber darauf hin, daß es dem Evangelisten hier nicht nur auf die Versicherung ankommt, daß Jesus leibhaftig auferstanden ist. Es geht ihm um den Weg zum Glauben an Jesus Christus. Dieser ist nach Johannes nicht das Resultat überprüfbarer Argumente, sondern Gnadengeschenk Gottes bzw. des Auferstandenen (vgl. 6,44f). Für den vierten Evangelisten, der eine Vorliebe für die doppeldeutige und symbolische Bedeutung überlieferter Angaben hat,[181] hat darum die Aufforderung Jesu, seine Hände und seine Seite zu berühren, einen tiefen Sinn. Hinsichtlich der Seite liegt darin eine unverkennbare Anspielung auf die Symbolik der Seitenwunde als der Quelle des Geistes (s. w. o. S. 162f). Bei den Händen – Jesus selbst spricht nicht von ihren Wundmalen! – kann der Evangelist daran denken, daß der Vater alles in die Hände des Sohnes gegeben hat (3,35; 13,3), dieser gestorben ist, um alles an sich zu ziehen (12,32f; vgl. 21,18f), und versichert, daß niemand die Seinigen aus seinen Händen reißen werde (10,28). Mit den an Tomas gerichteten Worten weist also nach Johannes Jesus den Lesern den Weg zum Glauben: Sie müssen sich den Händen Jesu, seiner Führung, anvertrauen und durch den Empfang von Taufe und Eucharistie und von seinem Geist erfüllen lassen. Hält man sich diese tiefere und dem Evangelisten wichtigere Bedeutung der Worte des Auferstandenen vor Augen, so verwundert es nicht, daß der Evangelist (übrigens ähnlich wie Lk 24,39-41) nicht berichtet, ob Tomas tatsächlich die Wundmale berührt hat. (Dafür kann auch nicht 1 Joh 1,1 als Beleg angeführt werden, da es dort nicht direkt um den Auferstandenen, sondern allgemein um den Menschgewordenen geht.)[182]

Tomas antwortete und sprach zu ihm: Mein Herr und mein Gott: Auf die Worte Jesu gibt Tomas eine Antwort – es ist die erste und einzige Antwort eines Jüngers innerhalb dieses Kapitels – die der

---

[181] O. *Cullmann,* Der johanneische Gebrauch doppeldeutiger Ausdrücke als Schlüssel zum Verständnis des vierten Evangeliums: ThZ 4 (1948) 360–372.

[182] Vgl. *Schnackenburg* (Anm. 149), z. St. – Während die Ausleger früher meist annahmen, Tomas habe der Aufforderung Jesu Folge geleistet und die Wundmale berührt, verneinen das heute die meisten (anders *Bultmann).* Ausdrückliche Hinweise dieser Art finden sich erst in den Apokryphen; vgl. Epistola Apostolorum 11 (22), 6–12 (23), 2: »Und er sprach zu uns: ›Weshalb zweifelt ihr noch und seid ihr ungläubig? Ich bin es, der euch gesagt hat in betreff meines Fleisches, meines Todes und meiner Auferstehung. Und damit ihr erkennet, daß ich es bin, so lege, Petrus, deine Hand (und deine Finger) in das Nägelmal meiner Hände und du, Thomas, in meine Seiten und du auch, Andreas, sieh, ob mein Fuß auf die Erde tritt und (dabei) eine Spur hat. Denn es steht geschrieben im Propheten: Ein Gespenst, ein Dämon aber hat keine Spur auf der Erde‹. Wir aber nun betasteten ihn, daß er wahrhaftig im Fleisch auferstanden wäre. Und darauf fielen wir vor ihm auf unser Angesicht, baten ihn um Verzeihung und flehten ihn dafür an, daß wir ihm nicht geglaubt hatten« *(Hennecke-Schneemelcher* I [Anm. 3], 131 f).

Antwort Mariens (V. 16) entspricht, diese aber zugleich übersteigt. Sie ist Ausdruck seines persönlichen Glaubens (zweimal »mein«). Ihre Formulierung entspricht der im Alten Bund bekannten Gottesanrede (z.B. Ps 35,23: »Mein Gott und mein Herr«; Ps 30,3: »O Herr, mein Gott«; vgl. 1 Kön 18,39; 2 Sam 7,28) und findet sich als Anrede Gottes auch in dem Hymnus Offb 4,11: »Würdig bist du, unser Herr und Gott«. Als eine bekannte liturgische Formel steht sie hier stellvertretend für den Glauben aller Jünger und beispielhaft für alle, die berufen sind zu glauben, daß Jesus der Christus und Sohn Gottes ist (20,31). Die nach Johannes Jesus schon während seines Erdenlebens zustehende Anrede *κύριε* (Herr) gilt für den Auferstandenen, der Joh 20,18.20.25 (vgl. 21,7.12) einfach *κύριος* (Herr) genannt wird, erst recht. Ihre volle Bedeutung erhält sie aus der Verwendung des Titels *κύριος* in der damaligen Umwelt als Bezeichnung für die Kaiser, besonders aber als Übersetzung des hebräischen Gottesnamens Jahwe (vgl. auch Phil 2,9: »Der Name, der über jedem Namen ist«). Indem Tomas zu Jesus sagt »mein Herr«, bringt er zum Ausdruck, wem er gehört und von wem er Heil erwartet. Durch die Beifügung »und mein Gott« verdeutlicht er, daß Jesus die gleiche Ehre wie dem Vater gebührt (Joh 5,23) und er mit dem Vater eins ist (»wer mich gesehen hat, hat den Vater gesehen« 14,9; vgl. 10,30; 12,45). Damit wird am Ende des Evangeliums ausgesprochen, was im Prolog schon angeklungen ist: »und Gott war der Logos« (1,1; vgl. 1,18 und 1 Joh 5,20).

Da sagt Jesus zu ihm: Weil du mich gesehen hast, hast du geglaubt. Selig, die nicht sehen und doch glauben! Auf das gläubige Bekenntnis des Tomas folgt noch ein doppelgliedriges Wort, das zugleich das letzte Wort Jesu in der ursprünglichen Fassung des Evangeliums ist. Indem der Erzähler es mit dem präsentischen *λέγει* (sagt) einleitet, hebt er die Bedeutung dieser Rede hervor, die darin enthaltene allgemein gültige Wahrheit. Der erste Teil ist inhaltlich und formal ein Tadel für Tomas (oder wie manche Ausleger wohl weniger zutreffend meinen: eine tadelnde Frage). Jesus sagt ihm, daß er erst nach dem »Sehen« zum Glauben gelangt sei. Im Kontext des vorher Erzählten ist damit vordergründig an ein sinnliches Wahrnehmen gedacht (ein »Berühren« wird allerdings nicht genannt). Doch geht es dem Evangelisten um mehr als um eine objektiv überprüfbare Vergewisserung; denn in seinem Evangelium meint »sehen« die den bevorzugten Zeugen gewährte gläubige Schau (vgl. 1,14; 1,50).[183] Was Jesus hier Tomas sagt, gilt im Grunde ebenso für Maria von Magdala und für die anderen Jünger (20,18.25). Auf sie spielt das unmittelbar folgende Nachwort an, das von den »Zeichen« handelt, die Jesus »vor den Augen der Jünger« gewirkt hat (20,30). Wenn Jesu Wort hier den Anflug eines Tadels hat, so ist dieser weniger an die Person des Tomas gerichtet als an alle, die wie »Tomas« ihren Glauben von der Erfüllung einer Zeichenforderung abhängig machen. (Die Wahl der Perfekta *ἑώρακας* [gesehen] und *πεπίστευκας* [geglaubt] deutet an, daß hier eine Haltung beschrieben wird.) Diesen stellt Johannes abschließend jene gegenüber, die ohne Zeichen glauben, und läßt sie durch Jesus selig preisen. Diese Seligpreisung ist nicht als allgemein gültige Sentenz zu werten, als sei der Glaube ohne Zeichen höher als der aufgrund von Zeichen.[184] Sie ist vielmehr ganz auf die konkrete Situation der nachapostolischen Generation bezogen; über Tomas hinaus wendet sich Jesus nämlich damit an die Leser des Evangeliums, für die nach Joh 20,31 die »Zeichen« aufgeschrieben sind, damit sie glauben. Sie sind nicht zu bedauern, weil sie nicht zu den Jüngern zählen und nicht wie diese den Auferstandenen in einzigartiger Weise »sehen« durften (der Aorist des Partizips *ἰδόντες* [sehend] zeigt ebenso wie der des folgenden *πιστεύσαντες* [glaubend] an, daß »sehen« und »glauben« hier vollzogene bzw. begonnene Akte meinen). Hingegen sind sie glücklich zu preisen, wenn sie zum Glauben finden und glauben aufgrund der Worte derer, die ihn gesehen haben und als den Christus und den Sohn Gottes bezeugen.

5.2.2. Form und Gattung

Wie die zu Beginn der Texterklärung angedeutete Struktur und die Texterklärung zeigten, stehen in der Perikope Joh 20,19–29 zwei doppelgliedrige Schilderungen von je einer Erscheinung des Auferstandenen parallel zueinander, verbunden durch das als Disposition zur zweiten Schilderung dienende Mittelstück.

---

[183] Vgl. *Mußner* (Anm. 175), bes. 66–71.

[184] *Bultmann* (Anm. 151), z. St. meinte, in diesen Worten »eine eigentümliche Kritik an der Wertung der Ostergeschichten« ausgesprochen zu finden. Ähnlich *Schulz* (Anm. 160), z. St.

Jesus erscheint Friedensgruß (V. 19–20)	Jünger und Tomas (V. 24–25)	Jesus erscheint Friedensgruß (V. 26)
Sendung der Jünger Geistmitteilung (V. 21–23)		Jesu Worte an Tomas Seligpreisung (V. 27–29)

Die Zusammengehörigkeit und die kunstvolle Form beider Textabschnitte kann an vielen Einzelbeobachtungen aufgezeigt werden.[185] Hier seien folgende angeführt:

Am Anfang des ersten Abschnitts (19–23) umrahmt ein doppelter genitivus absolutus (*οὔσης ... ὀψίας* [als es spät war] – *τῶν θυρῶν κεκλεισμένων* [als die Türen verschlossen waren]) die umständlich formulierte Angabe des Tages (»an jenem ersten Wochentag«) und gibt dieser ein besonderes Gewicht. Eine Ortsangabe fehlt. Die von dem geschilderten Geschehen betroffenen Personen werden nur in einem kurzen Nebensatz allgemein »die Jünger« genannt. Aus der Begründung für den Umstand, daß die Türen verschlossen sind, erfährt der Leser etwas über ihre Situation. Von diesem als Disposition beschriebenen Hintergrund hebt sich nun der Hauptträger der Handlung ab. Er wird mit seinem bekannten Namen genannt und nicht näher beschrieben. Sein Tun wird zunächst mit den beiden Verben im Aorist *ἦλθεν* (er kam) und *ἔστη* (er trat) gekennzeichnet und sein Friedensgruß durch die präsentische Einleitung *λέγει* (er sagt) besonders betont. Dieser enthält außerdem noch dadurch eine hervorstechende Note, daß in V. 20 mit *τοῦτο εἰπών* (als er dieses sprach) darauf zurückverwiesen und eine ihn begleitende Zeichenhandlung genannt wird (»zeigte er ihnen die Hände und die Seite«). Mit einem kurzen, einprägsamen Satz wird V. 20b die Wirkung dieser Erscheinung erzählt und begründet (»da freuten sich die Jünger, als sie den Herrn sahen«). V. 21 beginnt der zweite Teil des ersten Abschnittes. Der Aorist *εἶπεν* (er sprach) leitet die Wiederholung des Friedensgrußes und die Beifügung des doppelgliedrigen Sen-

[185] *L. Dupont-C. Lash-G. Levesque,* Recherche sur la structure de Jean 20: Biblica 54 (1973) 482–499 finden Joh 20 eine zusammenhängende Struktur, indem sie vier Ausdrücke (termes) – m. E. nicht immer ohne systematisierende Voreingenommenheit – kombinieren: »Christ sensible/Christ glorieux/vision sensible/vision de foi« (ebd. 484).

dungswortes ein. Parallel zu V. 20a wird mit denselben Worten καὶ τοῦτο εἰπών (und als er dieses sagte) eine weitere Zeichenhandlung angeführt. An sie schließt sich – mit καὶ λέγει αὐτοῖς (und er sagt zu ihnen), ebenso wie in V. 19, – ein Wort an, diesmal im Imperativ, das die Zeichenhandlung erläutert (»empfangt heiligen Geist«); auf diesen folgt noch ein doppelgliedriger Rechtssatz (»welchen ihr die Sünden nachlaßt ...«).
In dem zweiten Abschnitt (24–29) wird gleich zu Beginn ein neuer Handlungsträger eingeführt (Tomas), näher bestimmt und den Personen, von denen vorher erzählt worden war, gegenübergestellt. Auf die übermittelte Osterbotschaft antwortet Tomas mit einer dreigliedrigen, in sich gesteigerten Aufzählung von Bedingungen. Die Darstellung erhält dadurch eine dramatische Zuspitzung. V. 26 schildert parallel zu V. 19 eine Erscheinung. Dabei fallen die kleinen Abweichungen besonders ins Gewicht: »Tomas mit ihnen«; Jesus »kommt« (ἔρχεται) »bei verschlossenen Türen« (diese Notiz steht V. 19 vor dem Verbum ἦλθεν [er kam] und wird durch den Nebensatz davon getrennt); er »sprach (εἶπεν): Friede euch« (dem Friedensgruß kommt hier nicht dieselbe Bedeutung zu wie vorher, wo er mit λέγει [er spricht] eingeführt und durch die Zeichenhandlung unterstrichen wird). Parallel zu den V. 21 f berichteten Worten und der Symbolhandlung steht V. 27 ein mit λέγει [er sagt] eingeleitetes doppelgliedriges Wort Jesu. Dieses greift in Form eines Imperatives die Bedingungen des Tomas auf und ergänzt sie durch einen weiteren antithetisch formulierten Imperativ (»und sei nicht ungläubig, sondern gläubig«). Daran schließt sofort das mit den Aoristen ἀπεκρίθη und εἶπεν (antwortete und sprach) eingeführte Bekenntnis des Tomas, in der Sprache einer liturgischen Akklamation. Die Perikope endet mit einem letzten Wort Jesu (mit dem präsentischen λέγει [sagt] eingeleitet!), dessen erster Teil sich direkt an Tomas wendet und dessen Abschluß die Form eines Makarismus aufweist.

Die Darstellungsweise beider Textabschnitte ist sehr gerafft. Es fehlt jede ausführliche Beschreibung und jede nähere Angabe über den äußeren Ablauf, zum Beispiel über das Ende sowohl der ersten wie der zweiten Erscheinung. Der Hauptakzent liegt auf den Worten des Auferstandenen. Diese lassen im ersten Teil auffallend viele und deutliche Bezüge zu den Abschiedsreden erkennen und werden durch Zeichenhandlungen unterstrichen. Ihnen wird im zweiten

Abschnitt noch das gläubige Bekenntnis des Tomas zur Seite gestellt, das infolge des zuvor beschriebenen Unglaubens hervorragt. Zur Eigenart der Darbietung gehört auch, daß die Worte und Zeichen eine tiefsinnige und zum Teil doppelte Bedeutung haben.

Aufgrund der genannten Beobachtungen zu Form und Sprache darf Joh 20,19–29 gattungsmäßig nicht als protokollarische Berichterstattung gewertet werden. Es handelt sich um zwei »Geschichten«, die nicht wenige Anzeichen fiktionaler Literatur besitzen, zum Beispiel Äußerungen der Gemütserregung, Gespräche in einer vorgegebenen Diktion (Terminologie der johanneischen Abschiedsreden; johanneische Symbolik und Doppelsinnigkeit). Wegen der engen Zusammengehörigkeit beider Geschichten ist es angebracht, sie als eine *Doppelgeschichte* zu betrachten. Wenn man die theologische Dichte, die symbolträchtige Sprache und den sonst im vierten Evangelium verwendeten Erzählstil beachtet, so ist die literarische Gattung dieser Doppelgeschichte (besonders bei den *σημεῖα* [Zeichen] s. w. o. S. 177) als *eine für das Johannesevangelium typische, dramatische Offenbarungsgeschichte* zu bestimmen.

5.2.3. Redaktion und Tradition

Auf die vielen Anzeichen johanneischer Sprache und Motive ist im Vorhergehenden schon oft hingewiesen worden. Dies braucht hier nicht wiederholt zu werden. Es ist aber auch nicht schwer, die Abhängigkeit dieser Doppelgeschichte von vorgegebenen Überlieferungen festzustellen. Dies gilt besonders für den ersten Abschnitt. Eine Erscheinung am Osterabend in Jerusalem, vor dem Kreis der versammelten Jünger, die Motive Furcht und Freude, der Hinweis auf die Hände, die Aussendung der Jünger, das Motiv der Geistsendung und Sündenvergebung – all dies findet sich, wenn auch zum Teil in abgewandelter Weise – schon Lk 24,36ff. Inwieweit der vierte Evangelist direkt von Lk 24 bzw. einem gemeinsamen Traditionsstrom oder sogar von einer schriftlichen Quelle abhängig ist, läßt sich im einzelnen nicht klären.[186]
Im zweiten Abschnitt deckt sich das Motiv des Zweifels, verbunden mit der Forderung nach einem handfesten Beweis, mit den Angaben

---

[186] Vgl. diesbezüglich die Erörterungen bei *Schnackenburg* (Anm. 149), z. St. (Lit.).

von Lk 24,36–40. Der vierte Evangelist hat es daher sicher direkt oder indirekt übernommen. Allerdings hat er der Vorlage einen neuen und tieferen Sinn gegeben, indem er die Handlung so eng mit der Person des Tomas verbunden, sie im Rahmen einer zweiten Erscheinung dargestellt und der Berührung von Händen und Seite zugleich eine symbolische Bedeutung gegeben hat. Wie die Formanalyse zeigte, ist Joh 20,24–29 vom Evangelisten in enger Anlehnung an Joh 20,19–20 und weithin eigenständiger als der erste Abschnitt gestaltet.[187] Betrachtet man Joh 20,19–29 in Verbindung mit Joh 20,1–18, so ergibt sich, daß Johannes vorgefundene Überlieferungen aus seiner Sicht miteinander verbunden und selbständig redigiert hat. Wie im Schlußkapitel des Lukasevangeliums, ist auch hier eine vom Verfasser beabsichtigte Steigerung zu erkennen. In zum Teil spannender Erzählweise führt der Evangelist am Ende seines Buches die Leser tiefer in das Geheimnis des gekreuzigten und auferstandenen Herrn ein. Die Darstellung führt den Leser aus dem Dunkel und der Trauer, aus der Furcht und dem Zweifel, ja aus dem Unglauben, hinein in das Licht, den Frieden und die Freude des Glaubens. Weil Johannes die Interpretation der übernommenen Nachrichten wichtiger ist als eine protokollarische Berichterstattung, vermitteln seine Darlegungen dem Historiker im Grunde keine neuen historischen Erkenntnisse über Ostern. Der zum Glauben bereite Leser findet aber gerade hier »Worte ewigen Lebens« (Joh 6,68).

5.2.4. Bedeutung für den Leser

1. Jesus kommt zu den Jüngern. Jesus kommt zu den versammelten Jüngern bei verschlossenen Türen. Er bringt ihnen »Frieden«; durch den Hinweis auf seine Seite gibt er sich ihnen als Herr über den Tod und als Spender des Geistes zu erkennen. Diese Erfahrung löst bei den Seinen Freude aus.

Indem der Evangelist dies erzählt, sagt er seinen Lesern: der Gekreuzigte lebt; wie das Grab können auch andere Absperrungen ihn nicht hindern, zu den Seinen zu kommen; er ist für sie die Quelle des beglückenden heiligen Geistes.

---

[187] Vgl. *A. Dauer*, Zur Herkunft der Tomas-Perikope Joh 20,24–29, in: *H. Merklein-J. Lange* (Hrsg.), Biblische Randbemerkungen (Fschr. R. Schnackenburg II) Würzburg 1974, 56–74.

Diese Botschaft gilt allen, die in Furcht sind, besonders dann, wenn diese Furcht vor Verfolgung durch die bisherige Nachfolge Jesu bedingt ist. Der Auferstandene bringt heute noch »Frieden« und Freude, wenn er in der Kirche bei jeder Feier der Eucharistie »kommt« und kundtut, daß sein Sterben Leben für alle bedeutet, die an ihn glauben.

2. *... sende auch ich euch.* Für die Jünger bedeutet die Begegnung mit dem Auferstandenen Aussendung. Johannes sieht diese Sendung in Zusammenschau mit der Sendung des Sohnes und mit seinem Werk. Die Jünger sind aufgerufen, dieses fortzusetzen, indem sie seinen lebenspendenden und sündentilgenden Dienst weiterführen. Sie können dies kraft seines Geistes; denn durch ihn erhalten sie Anteil an seinem Lebensodem und werden sie mit ihm eins.
Die ersten Leser des Johannesevangeliums erfuhren dadurch: das in ihrer Mitte verkündete Wort und der ihnen geschenkte Geist stammen vom Herrn. In ihrer Gemeinschaft lebt dieser weiter und setzt sein Werk fort. Dies gilt bis heute: in der Kirche wird das Werk Jesu (nicht nur seine Sache) weitergeführt; dort wird sein Geist vermittelt und werden in der Kraft dieses Geistes Sünden nicht nur aufgedeckt, sondern vergeben.

3. *Wenn ich nicht ... sehe.* Zur gemeinsamen Thematik der Osterevangelien gehört, daß nicht alle Jünger sofort glaubten. In der Gestalt des Tomas hat der vierte Evangelist dieses Motiv anschaulich dargestellt. Tomas ist nur dann bereit zu glauben, wenn der Auferstandene die von ihm gestellten Bedingungen erfüllt. Diese betreffen das Innerste des Auferstandenen, die Zeichen seiner Liebe und Hingabe.
Das hier geschilderte Verhalten des Tomas ist charakteristisch, für das menschliche Verhalten gegenüber Gott und seinem Gesandten. Man will glauben, so behauptet man, macht aber diesen Glauben von Bedingungen abhängig und tritt Gott als mißtrauischer, sozusagen gleichberechtigter Partner gegenüber. Erst wenn Gott sich herabläßt, auf die menschlichen Forderungen einzugehen, ist man bereit, zu glauben. Eine solche Fehleinschätzung des Verhältnisses zwischen Gott und Mensch schließt das Vertrauen aus und macht den Glauben unmöglich. Wie kann der Mensch diese Verkehrtheit

und Verblendung überwinden? Aus eigener Kraft ist dies unmöglich.

4. Sieh meine Hände. Jesus geht auf die Bedingungen des Tomas ein. Er gewährt Tomas aber viel mehr, als dieser verlangt. Denn der durch den Zusammenhang geforderte Doppelsinn der Worte enthält die Einladung, mehr als die äußeren Wundmale zu berühren. Ein bloßes Betasten könnte nicht die Herzenshärte und Anmaßung des Zweiflers überwinden. Jesus fordert ihn auf, sich seinen Händen anzuvertrauen, sich von ihm ergreifen zu lassen und sich nicht auf das eigene Erkenntnisvermögen zu berufen. Er gestattet ihm, mit seinem durchbohrten Herzen in Kontakt (Kommunion) zu treten, das seinen Geist vermittelt und so das alte Menschenherz durch ein neues ersetzt (Ez 36,26). Deshalb singt die Kirche in der römischen Liturgie am Fest des heiligen Tomas zur Communio: »Mitte manum tuam et cognosce loca clavorum: et noli esse incredulus, sed fidelis«.

5. Mein Herr und mein Gott. Die durch den Geist des Herrn ermöglichte Antwort des Tomas ist das Bekenntnis des christlichen Glaubens, in dem der Evangelist seine Leser bestärken will. Er hat sein Buch geschrieben, »damit ihr glaubt, daß Jesus der Christus, der Sohn Gottes ist« (20,31). In diesem Sohn steht, wie Johannes es in seinem Evangelium mehrfach andeutet und hier bekennen läßt, Gott selbst vor Tomas und vor uns. Was das heißt, vermögen Menschen niemals zu erklären, noch weniger zu ergründen. Nicht zufällig stehen diese hohen Aussagen innerhalb des Neuen Testaments fast nur in Bekenntnisformeln und Hymnen. Daß Jesus in Wahrheit Sohn Gottes ist, ja Gott genannt werden darf und mit ihm eins ist, das vermögen wir nur im Eingeständnis der eigenen Grenzen und in der Bereitschaft zur Anbetung zu denken und zu bejahen.

6. Selig, die ... glauben. Die Seligpreisung aller, die nicht »sehen« dürfen wie Tomas und die Jünger, sondern auf das Zeugnis der Apostel angewiesen sind, gilt uns. Wer glauben darf, ist glücklich zu nennen. Sein Leben ist nicht ein Dasein auf den Tod hin und beklagenswert, mag auch das Kreuz den Alltag nur zu oft prägen. Jesus hat die Macht des Bösen in der Welt und den Tod überwunden. Wer zu ihm gehört, darf inmitten aller Bedrängnis »in ihm Frieden haben« (Joh 16,33); er darf wissen, daß der Gekreuzigte Quelle des

Lebens für alle ist, die an ihn glauben, damit sie in seinem Namen ewiges Leben haben (20,31). Unser Hoffen und Sehnen ist also nicht eine Illusion; es hat als festen Grund den, zu dem ein jeder sagen darf »mein Herr und mein Gott«.

5.3. Die Geschichte von der Erscheinung am See Tiberias (21,1–23)

Auf die Worte von Joh 20,30–31, mit denen die ursprüngliche Fassung des vierten Evangeliums abschloß, folgt Joh 21,1–23 noch die Schilderung einer Erscheinung des Auferstandenen am See Tiberias. Diese Perikope setzt die voraufgehende Doppelgeschichte voraus (vgl. V. 1 und 14). Die unmittelbar folgende erneute Schlußbemerkung V. 24 läßt erkennen, daß für den Verfasser dieses Abschnittes und dessen Leserkreis die Person des geliebten Jüngers eine besondere Rolle spielte. Inwieweit Kapitel 21, abgesehen von V. 24f, von demselben Verfasser stammt, der auch das Evangelium geschrieben hat, ist umstritten.[188] Wie in den Erörterungen über Redaktion und Tradition aufgezeigt wird (s. w. u. S. 223), dürfte Joh 21,1–23 kaum vom vierten Evangelisten stammen, wohl aber von einem Redaktor, der ihm engstens verbunden war.

> [1] Darauf offenbarte sich Jesus wiederum den Jüngern am See von Tiberias; er offenbarte sich aber so:
> [2] Es waren beisammen Simon Petrus und Tomas, der Zwilling genannt wird, und Natanael aus Kana in Galiläa und die Söhne des Zebedäus und zwei andere von seinen Jüngern.
> [3] Simon Petrus sagt zu ihnen: »Ich gehe fischen«. Sie sagen zu ihm: »Auch wir kommen mit dir«. Sie gingen hinaus und stiegen in das Boot, und in jener Nacht fingen sie nichts.
> [4] Als es bereits Morgen wurde, trat Jesus an das Ufer. Die Jünger aber wußten nicht, daß es Jesus ist. [5] Da sagt Jesus zu ihnen: »Kinder, habt ihr keinen Fisch?« Sie antworteten ihm: »Nein«. Jesus aber sprach zu ihnen: »Werft das Netz auf der rechten Seite des Bootes aus, und ihr werdet finden«. Sie war-

---

[188] Vgl. *Wikenhauser-Schmid* (Anm. 29), 312.323f; *Kümmel* (Anm. 29), 173f und die Kommentare.

fen es nun aus und vermochten es wegen der Menge der Fi-
sche nicht herauszuziehen.
7 Da sagt jener Jünger, den Jesus liebte, zu Petrus: »Es ist der
Herr«. Als nun Simon Petrus hörte »Es ist der Herr!«, gürtete
er sich das Oberkleid um – denn er war nackt – und warf sich
in den See.
8 Die anderen Jünger aber kamen mit dem Boot – denn sie wa-
ren nicht weit vom Land entfernt, sondern nur zweihundert
Ellen – und schleppten das Netz mit den Fischen. 9 Als sie
nun an Land [gingen und] ausstiegen, sahen sie ein Kohlen-
feuer am Boden und darauf einen gebratenen Fisch liegen und
Brot. 10 Jesus sagt zu ihnen: »Bringt von den Fischen, die ihr
jetzt gefangen habt!«
11 Simon Petrus stieg nun hinauf und zog das Netz, das gefüllt
war mit hundertdreiundfünfzig großen Fischen, ans Land;
und obwohl es so viele waren, zerriß das Netz nicht.
12 Jesus sagt zu ihnen: »Kommt, haltet das Frühmahl«. Kei-
ner aber der Jünger wagte es, ihn zu fragen: »Du, wer bist
du?«, da sie wußten: Es ist der Herr.
13 Jesus kommt und nimmt das Brot und gibt es ihnen und
den Fisch ebenso.
14 Dies war bereits das dritte Mal, daß Jesus sich seinen Jün-
gern offenbarte, nachdem er von den Toten auferweckt wur-
de.

15 Als sie nun gegessen hatten, sagt Jesus zu Simon Petrus:
»Simon [Sohn] des Johannes, liebst du mich mehr als diese?«
Er sagt zu ihm: »Ja, Herr, du weißt, daß ich dich liebe«. Er
sagt zu ihm: »Weide meine Lämmer!«
16 Der sagt zu ihm wieder ein zweites Mal: »Simon, [Sohn]
des Johannes, liebst du mich?« Er sagt zu ihm: »Ja, Herr, du
weißt, daß ich dich liebe«. Er sagt zu ihm: »Hüte meine Scha-
fe!«
17 Er sagt zu ihm das dritte Mal: »Simon, [Sohn] des Johan-
nes, liebst du mich?« Da wurde Petrus betrübt, weil er zu ihm
das dritte Mal sprach: Liebst du mich? Und er sagt zu ihm:
»Herr, du weißt alles; du weißt, daß ich dich liebe«. Er sagt
zu ihm: »Weide meine Schafe!«
18 Amen, Amen, ich sage dir, als du jung warst, gürtetest du

dich selbst und gingst du, wohin du wolltest. Wenn du aber alt wirst, wirst du deine Hände ausstrecken, und ein anderer wird dich gürten und führen, wohin du nicht willst«.
19 Dies aber sprach er, um anzuzeigen, durch welchen Tod er Gott verherrlichen werde. Und als er dies gesprochen hatte, sagt er zu ihm: »Folge mir nach!«

20 Als Petrus sich umwandte, sieht er den Jünger, den Jesus liebte, nachfolgen, der auch beim Mahl an seiner Brust ruhte und sprach: »Herr, wer ist es, der dich verrät?«
21 Als nun Petrus diesen sah, sagt er zu Jesus: »Herr, dieser aber, was [wird aus ihm]?« Jesus aber sagt zu ihm: »Wenn ich will, daß er bleibt, bis ich komme, was geht das dich an? Du folge mir nach!«
23 Es verbreitete sich nun dieses Wort bei den Brüdern: »Jener Jünger stirbt nicht«. Jesus sagte aber nicht zu ihm: »Er stirbt nicht«, sondern: »Wenn ich will, daß er bleibt, bis ich komme, was geht das dich an?«

5.3.1. Texterklärung

Der Text Joh 21,1–23 steht in den wichtigsten Handschriften ohne wesentliche Abweichungen. Er läßt sich mühelos in zwei Abschnitte gliedern: V. 1–14 (Erscheinung des Auferstandenen) und V. 15–23 (Gespräch Jesu mit Petrus). Jeder Abschnitt kann zur besseren Übersicht weiter unterteilt werden: der erste in V. 1–3 (Überschrift und Disposition); V. 4–6 (Jesu Erscheinen und der reiche Fischzug); V. 7–13 (die Erkenntnis: es ist der Herr); V. 14 (Schlußbemerkung); der zweite in V. 15–19 (Petri Aufgabe und Zukunft); V. 20–23 (Petrus und der geliebte Jünger).

20,1–3: Überschrift und Disposition

Darauf offenbarte sich Jesus wiederum den Jüngern am See von Tiberias; er offenbarte sich aber so: Der Anfang des Kapitels hat den Charakter einer Überschrift. Von der im folgenden erzählten Erscheinung heißt es, daß sie nach den zuvor geschilderten stattfand (vgl. V. 14). Sie wird hier und in der abschließenden Bemerkung V. 14 mit dem Wort *φανερόω* (offenbaren) bezeichnet, das im vierten Evangelium mit Vorzug (z. B. 1,31; 2,11; 3,21; 7,4; 9,3; 17,6), aber dort nicht für die Erscheinungen des Auferstandenen verwendet wird. Durch die Verwendung dieses Verbums wird hier die Erscheinung des Auferstandenen als Kundmachung dessen, der sonst nicht zu erkennen ist, charakterisiert. Diese Selbstoffenbarung ereignet sich nach der ausdrücklichen Angabe des Verfassers an dem See in Galiläa, der nach der Stadt Tiberias benannt wird. Den Lesern des Evangeliums ist diese Gegend durch die Tätigkeit Jesu bekannt (vgl. 6,1 ff). Die eigentliche Schilderung leitet der Erzähler mit dem Sätzchen ein: »Er offenbarte sich aber so«. Der Leser wird dadurch eigens aufgefordert, der Darstellung besondere Aufmerksamkeit zu schenken.

Es waren beisammen Simon Petrus und Tomas, der Zwilling genannt wird, und Natanael aus Kana in Galiläa und die Söhne des Zebedäus und zwei andere von seinen Jüngern: Der Verfasser nennt sieben Jünger, die beisammen sind. Als ersten führt er Simon Petrus mit seinem Doppelnamen an (vgl. 1,42); außerdem erwähnt er namentlich Tomas (vgl. 11,16; 14,5; 20,24–29) und Natanael (vgl. 1,45 ff). Sie sind den Lesern des Evangeliums bekannt, Petrus und Tomas nicht zuletzt aus der österlichen Doppelgeschichte. Die zwei Söhne des Zebedäus werden im Johannesevangelium nie als solche erwähnt. (Früher versuchte man, einen von ihnen mit dem geliebten Jünger zu identifizieren.) Wer die beiden anderen sind und ob unter ihnen der geliebte Jünger zu suchen ist, ist dem Text nicht zu entnehmen.[189] Wenn hier sieben Jünger und nicht etwa zwölf bzw. elf aufgezählt werden, ist dies wohl nicht ohne Belang. Die Erwähnung von sieben Gemeinden und sieben Engeln der Gemeinden in Offb 2–3 legt nahe, hier eine Anspielung auf die Bedeutung der sieben Jünger für sieben Gemeinden – repräsentativ für die ganze Kirche – zu vermuten.

Simon Petrus sagt zu ihnen: Ich gehe fischen. Sie sagen zu ihm: Auch wir kommen mit dir. Sie gingen hinaus und stiegen in das Boot, und in jener Nacht fingen sie nichts: Der Evangelist schreibt nicht, wann, wie und warum die Jünger von Jerusalem nach Galiläa gekommen sind. (Nach Lk 24,49 haben die Jünger den Auftrag, Jerusalem vor dem Geistempfang nicht zu verlassen.) Petrus fungiert als Anführer der Gruppe; seinem mit dem präsentischen λέγει (sagt)

[189] Vgl. *Schnackenburg* (Anm. 149), z. St.

angeführten Vorschlag ὑπάγω ἁλιεύειν (wörtlich: ich gehe weg, um zu fischen) stimmen die anderen zu. (Innerhalb des Johannesevangeliums wird hier erstmals der frühere Beruf der Jünger erwähnt [vgl. Mk 1,16–18par; Lk 5,1–11].) Auffallenderweise heißt es, daß sie »hinausgehen« (*ἐξῆλθον*; vgl. 20,3). Dies kann als ein Indiz dafür gewertet werden, daß der Erzähler nicht an eine Rückkehr in ihren früheren Beruf denkt;[190] eine solche würde kaum zu dem Joh 20,21 berichteten Missionsauftrag passen. Wie im Laufe der Darstellung noch deutlicher wird, sieht der biblische Schriftsteller in dem »Fischen« ein Sinnbild für das apostolische Wirken (vgl. Lk 5,10: »Von nun an wirst du Menschen fangen«; Mk 1,17: »Ich mache euch zu Menschenfischern«; Mt 13,47–50 das Gleichnis vom Netz). Ganz in Hinordnung auf die folgende Erscheinung heißt es: »in jener Nacht« (vgl. »an jenem Tag« 20,19). Die Nacht ist die günstigste Zeit für den Fischfang. Obwohl die Jünger sie gewählt haben, bleibt ihr Bemühen ohne Erfolg. (Vgl. Lk 5,5: »Wir haben uns die ganze Nacht abgemüht, aber nichts gefangen«.) Innerhalb des Erzählflusses weckt diese Bemerkung gespanntes Interesse für den weiteren Verlauf.

21,4–6: Jesu Erscheinen und der reiche Fischzug

Als es bereits Morgen wurde, trat Jesus an das Ufer. Die Jünger aber wußten nicht, daß es Jesus ist: Der frühe Morgen ist die Zeit, zu der die Fischer von ihrer Arbeit zurückkehren. Da tritt Jesus, so wird ohne nähere Beschreibung erzählt, an das Ufer (vgl. 20,19.26: »er trat in ihre Mitte«). Wichtig ist für den Schriftsteller einzig, daß die Jünger ihn nicht erkennen (ähnlich heißt es 20,14 von Maria von Magdala und Lk 24,16 von den Emmausjüngern). Dies ist umso erstaunlicher, als sie Jesus nach der unmittelbar voraufgehenden Darstellung schon zweimal gesehen haben.

---

[190] So scheint es hingegen das Petrusevangelium 14/58–60 aufzufassen: »Es war aber der letzte Tag der ungesäuerten Brote, und viele gingen weg und wandten sich nach Hause, da das Fest zu Ende war. Wir aber, die zwölf Jünger des Herrn, weinten und trauerten, und ein jeder, voller Trauer über das Geschehene, ging nach Hause. Ich aber, Simon Petrus, und mein Bruder Andreas nahmen unsere Netze und gingen ans Meer. Und es war bei uns Levi, der Sohn des Alphäus ...« (*Hennecke-Schneemelcher* I [Anm. 3], 124).

Da sagt Jesus zu ihnen: Kinder, habt ihr keinen Fisch? Sie antworten ihm: Nein: Gegenüber den vorher zuletzt im Aorist gemachten Angaben fällt hier das Präsens λέγει (sagt) besonders auf. Die familiäre Anrede παιδία (Kinder) kommt nur noch 1 Joh 2,14.18 vor und gehört zur Sprache der johanneischen Gemeinde.[191] Sie stellt das Erzählte ganz in die Gegenwart der Leser hinein. Der Terminus προσφάγιον (wörtlich: Zukost) steht innerhalb des Neuen Testaments nur hier. Gewöhnlich wurde zum Frühstück als Zukost Fisch gegessen (vgl. Joh 6,9). Hier wird dieses Wort in der Bedeutung von »Fisch« verwendet, um die Fischer zum Eingeständnis ihres vergeblichen Bemühens herauszufordern. Die Wahl dieses ungewöhnlichen Ausdrucks legt hier darüber hinaus schon den Gedanken an eine Mahlzeit nahe. Die Jünger antworten – dies wird in der Form des Aorist ἀπεκρίθησαν (sie antworteten) gesagt – kurz mit: »Nein«.

Jesus aber sprach zu ihnen: Werft das Netz auf der rechten Seite des Bootes aus, und ihr werdet finden! Sie warfen es nun aus und vermochten es wegen der Menge der Fische nicht herauszuziehen: Von der Frage Jesu hebt sich die folgende Aufforderung dadurch ab, daß sie mit εἶπεν (Aorist: er sprach) eingeleitet wird und den Anfang einer kleinen Wundergeschichte bildet. Jesus fordert die Jünger auf, das Netz auf der rechten Seite, der Glücksseite (Lk 1,11; Mt 25,33; Mk 16,5; Ps 101,1), auszuwerfen und verheißt ihnen einen Fang. Die Jünger gehorchen, obwohl sie den Fremden nicht kennen, und vermögen das gefüllte Netz nicht ins Boot zu ziehen.[192] Dies wird erzählt, um die ungewöhnliche Größe des Fischzugs zu veranschaulichen (vgl. Lk 5,8–9, allerdings in einer ganz anderen Diktion).

21,7–13: Die Erkenntnis: »Es ist der Herr«

Da sagt jener Jünger, den Jesus liebte, zu Petrus: Es ist der Herr: Ganz unvermittelt gibt der Erzähler jetzt ein Wort des geliebten

---

[191] *Schnackenburg* (Anm. 149), z. St.; vgl. die verwandte Anrede τεκνία Joh 13,33; 1 Joh 2,1.12.28; 3,7.18; 4,4; 5,21.

[192] Der hier vorausgesetzte Fischfang scheint nicht ganz zu den am See Gennesaret üblichen Arbeitsweisen zu passen; vgl. *Schnackenburg* (Anm. 149), z. St. (Lit.).

Jüngers wieder, der bisher noch nicht erwähnt wurde und allenfalls als einer der vier Jünger, deren Namen nicht genannt wurden, vermutet werden kann. (Er tritt auffallenderweise auch nachher innerhalb des Abschnitts 1–14 nicht mehr besonders hervor.) Das Gewicht seiner Äußerung geht schon aus dem präsentischen *λέγει* (sagt) hervor. Er richtet sie einzig an Petrus und nicht an alle anderen Jünger. Diesem sagt er mit einem kurzen, formelartigen Satz *ὁ κύριός ἐστιν* (es ist der Herr). Der Name *κύριος* (Herr) war in der Urkirche als Titel für den Auferstandenen geläufig (z. B. Röm 10,9) und wird in dieser Bedeutung auch Joh 20,18.25.28 verwendet. Hinzu kommt, daß das urkirchliche Bekenntnis *ἀνέστη* (er ist auferstanden) bzw. *ἠγέρθη* (er wurde auferweckt) nicht bloß eine informative Aussage ist, sondern zugleich den appellativen Charakter einer Proklamation hat, im Sinne von »er kommt als der Kyrios«. Der kleine Satz »Es ist der Herr«, der unmittelbar darauf (7b) und später (12) noch einmal wiederholt wird, hat im Rahmen dieser Perikope fast dieselbe Bedeutung wie in den Grabesgeschichten die alte Formulierung *ἠγέρθη* (er wurde auferweckt). Er ist Verkündigung der Osterbotschaft, mit direktem Hinweis auf die Person des Auferstandenen. Der Verfasser von Kapitel 21 schreibt nicht, wodurch der geliebte Jünger zu dieser Erkenntnis kommt. Es liegt aber nahe, diese Äußerung als die Schlußfolgerung aus dem Wunder und als dessen Deutung zu erklären (ähnlich wie Joh 20,8 bei der Besichtigung des Grabes). Dem geliebten Jünger kommt innerhalb der geschilderten Handlung eine ähnliche Funktion zu wie dem angelus interpres in den synoptischen Grabesgeschichten (vgl. auch Joh 20,8).[193]

Als nun Simon Petrus hörte »Es ist der Herr«, gürtete er sich das Oberkleid um – denn er war nackt – und warf sich in den See: Die Botschaft des geliebten Jüngers wirkt also auf Petrus wie ein Signal. Er gürtet daraufhin sein Oberkleid um. Die Interpretation dieser Notiz hängt von der Deutung der Begründung ab: »denn er war nackt«. Besagt diese, daß er überhaupt keine Kleidung anhat (was allerdings für einen Juden und zudem in der kalten Nacht höchst unwahrscheinlich ist) und deshalb aus Ehrfurcht vor dem Herrn die

[193] *Brown* II (Anm. 151), 1001 bemerkt dies zu 20,3–8; es trifft aber hier noch mehr zu.

Kleidung anlegt bevor er ins Wasser springt? Um das Verhalten des Petrus verständlich zu machen, wurde vermutet, Petrus habe wegen der Arbeit bloß unter dem Obergewand keine andere Kleidung getragen (dies sei hier mit »nackt« gemeint) und sein Obergewand zusammengerafft, um besser schwimmen zu können.[194] Aber jeder Versuch, diese Angabe realistisch zu erklären, stößt auf sehr große Schwierigkeiten. Deshalb ist zu überlegen, ob diesem Zug nicht ebenso wie anderen eine symbolische Bedeutung zukommt, etwa als Anspielung auf die Sünde des Simon (vgl. die Andeutung der dreimaligen Verleugnung Joh 21,17 und »... damit du dich kleidest und die Schande deiner Nacktheit nicht offenbar werde« Offb 3,18; auch Offb 16,15; Gen 3,7). Simon Petrus wirft sich ins Wasser, um offensichtlich so rasch wie möglich zu Jesus zu kommen (vgl. Mt 14,28f: »Befiehl, daß ich zu dir auf dem Wasser komme ...«).

Die anderen Jünger aber kamen mit dem Boot – denn sie waren nicht weit vom Land entfernt, sondern nur zweihundert Ellen – und schleppten das Netz mit den Fischen: Von den anderen Jüngern erzählt der Verfasser von Kapitel 21, daß sie im Boot bleiben, mit diesem dem Land zusteuern und das Netz hinter sich herschleppen. Während Petrus einzig den Herrn im Blick hat, beschäftigen sie sich weiter mit den Fischen. Als Begründung dafür nennt der Erzähler die kurze Entfernung vom Ufer (etwa 96 m).

Als sie nun an Land [gingen und] ausstiegen, sahen sie ein Kohlenfeuer am Boden und darauf einen gebratenen Fisch liegen und Brot. Jesus sagt zu ihnen: Bringt von den Fischen, die ihr jetzt gefangen habt! Ohne zunächst weiter über Petrus zu berichten, schildert der Text in seiner vorliegenden Fassung, was die Jünger bei dem Aussteigen aus dem Boot (*ἀπέβησαν* sie stiegen aus) sehen (*βλέπουσιν* Präsens!): ein am Ufer bereitetes Mahl aus Fisch und Brot. Wer dies bereitet hat und woher der Fisch kommt, wird nicht gesagt. Ob mit dem Fisch, der jedenfalls nicht aus dem Fang der Jünger stammt, in symbolischer Weise Jesus gemeint ist, läßt sich nicht mit Sicherheit bestimmen. Jesus selbst, so erzählt der Verfasser von Kapitel 21, fordert die Jünger auf, von den soeben gefangenen Fischen zu brin-

---

[194] So neuerdings noch *Schnackenburg*, z. St. unter Berufung auf *J. M. Lagrange*, Evangile selon saint Jean, Paris [5]1936, z. St.

gen. Was sie gefangen haben, soll zu dem Vorhandenen gefügt werden.

Simon Petrus stieg nun hinauf und zog das Netz, das gefüllt war mit hundertdreiundfünfzig großen Fischen, ans Land; und obwohl es so viele waren, zerriß das Netz nicht: Aus dem Text geht nicht eindeutig hervor, ob Petrus nach der Darstellung des Verfassers jetzt erst ans Land steigt oder auf die Aufforderung Jesu hin ins Boot. Jedenfalls zieht er – offensichtlich allein – das schwere Netz ans Land. Er vermag das, was vorher (6) als unmöglich dargestellt wird. Die Zahl 153 dürfte kaum auf die exakte Zählung eines Augenzeugen zurückgehen, sondern eher eine symbolische Bedeutung haben und hier auf die Größe sowie Universalität des Missionserfolgs anspielen.[195] Der kleine Nachsatz, daß das Netz trotz der Fülle nicht zerriß, wird mit Recht gern als sinnbildlicher Hinweis auf die Einheit der Gemeinde interpretiert, was ganz dem Anliegen des vierten Evangeliums entspricht.

Jesus sagt zu ihnen: Kommt, haltet das Frühmahl. Keiner aber der Jünger wagte es, ihn zu fragen: Du, wer bist du?, da sie wußten: Es ist der Herr: Der Erzähler lenkt jetzt wieder die Aufmerksamkeit auf Jesus und gibt eine an die Jünger gerichtete Aufforderung, näher zu treten und zu frühstücken, wieder. Diese Einladung hebt sich von der voraufgehenden dadurch ab, daß sie mit λέγει (sagt) eingeleitet wird. Diesem Präsens gegenüber fällt das unmittelbar folgende Imperfekt ἐτόλμα (wagte) besonders auf. Der Schriftsteller schildert eindrucksvoll das eigentümliche, widersprüchliche Verhalten der Jünger: sie wissen, wer Jesus ist und wagen es nicht, zu fragen, wer er ist. In erzählender Weise wird damit ausgedrückt, daß der Auferstandene für die Jünger einerseits bekannt, andererseits aber aufgrund seiner neuen Existenzweise sowie der darin

---

[195] Ob der Zahl 153 darüber hinaus noch eine weitere Symbolik zukommt, ist unsicher. Nach einer Angabe des Hieronymus wurden in der Antike 153 Fischarten gezählt. Als die Summe der Zahlen 1–17 (1 + 2 + ... 17 = 153) galt sie als eine Zahl von geheimnisvoller Vollkommenheit. Augustinus sieht darin einen allegorischen Hinweis auf die Trinität (3 × 50 [7 × 7 + 1] + 3). *H. Kruse*, Magni Pisces Centum Quinquaginta Tres: VD 38 (1960) 129–148, hier 143 will darin (ähnlich wie in der Zahl von Offb 13,18) eine Gematrie (Ersetzung eines Wortes durch die den Buchstaben entsprechenden Zahlenwerte) des aramäischen Wortes für »Kirche der Liebe« erkennen. Vgl. dazu weiter die Kommentare.

sichtbar gewordenen göttlichen Majestät zugleich ein Unbekannter ist.

Jesus kommt und nimmt das Brot und gibt es ihnen und den Fisch ebenso: Ohne Überleitung schließt der Verfasser daran die Aussage über ein dreifaches, jeweils im Präsens beschriebenes Tun Jesu an. Dies ist sozusagen die Antwort auf die nicht geäußerte Frage der Jünger; es ist zugleich der Höhepunkt der Handlung. Das erste Prädikat *ἔρχεται* (kommt) meint hier sicher nicht eine lokale Annäherung Jesu; denn nach der Schilderung weilt er doch schon bei den Jüngern. Hier wird vielmehr mit »Kommen« das österliche Erscheinen Jesu bezeichnet, wie dies im vorhergehenden Kapitel geschieht (20,19.24.26); in den Abschiedsreden kündet Jesus sein zukünftiges »Kommen« an (14,3.18.28; vgl. 21,23). Als der in die Welt Gekommene (vgl. 1,11; 3,31; 5,43; 8,14 u. ä.) »kommt« der Auferstandene in dieser Erscheinung und gibt er sich ihnen zu erkennen. (Vgl. den alten Ruf »Maranatha« [1 Kor 16,22; vgl. Offb 22,20], der nach der Didache 10,6 bei der frühchristlichen Eucharistiefeier gesprochen wurde; siehe auch 1 Kor 11,26: »bis er kommt«.)

Die beiden anderen Prädikate *λαμβάνει* (nimmt) und *δίδωσιν* (gibt) schildern die Eröffnung des Mahles. Dieses wird hier in enger Anlehnung an die Schilderung der großen Speisung beschrieben (6,11: »Jesus nahm nun die Brote und, indem er Dank sagte, gab er es den Lagernden, ebenso auch von den Fischen, soviel sie wollten«). Urkirchliche Leser konnten dies nicht lesen, ohne dadurch an die Feier der Eucharistie erinnert zu werden. Allerdings dürfen zwei Unterschiede nicht übersehen werden: es fehlt 21,13 die Angabe *εὐχαριστήσας* (indem er Dank sagte), die 6,11 einen direkten Bezug der Eucharistie anzeigt.[196] Außerdem heißt es 6,11 »und ebenso von den Fischen«, hier aber »und den Fisch ebenso«. Letzteres ist erstaunlich; Jesus gibt also den Jüngern – nach der Schilderung des Evangelisten – offensichtlich auch (oder nur?) von dem einen Fisch, der schon vorher auf dem Feuer lag. Dies ist sicher nicht ohne Symbolik, selbst wenn der Fisch noch nicht Sinnbild für Christus ist.[197] Darin ist zeichenhaft ausgesprochen, daß Jesus den Jün-

---

[196] *Bultmann* (Anm. 151), z. St., sieht dies in der nachösterlichen Existenz des Herrn begründet.

[197] Für »Fisch« steht hier ja nicht *ΙΧΘΥΣ*; auch hat *τό ὀψαριον* eher eine kollektive Bedeutung. Vgl. *Bultmann* (Anm. 151), z. St.

gern von dem Seinigen gibt. Für die Jünger bedeutet dies Teilhabe an seinem Leben, Gemeinschaft mit ihm und vertieftes Erkennen (vgl. Lk 24,35: »und wie sie ihn beim Brotbrechen erkannten«).

21,14: Schlussbemerkung

Dies war bereits das dritte Mal, daß Jesus sich seinen Jüngern offenbarte, nachdem er von den Toten auferweckt wurde: Das vorher Geschilderte wird hier unmißverständlich, wie schon in den einleitenden Worten, als Selbstoffenbarung Jesu gekennzeichnet. Der Verfasser von Kapitel 21 bemerkt überdies, es sei das dritte Mal gewesen. Die ersten beiden Male sind nach dieser Zählung die beiden Erscheinungen in Jerusalem am Osterabend und am Abend des achten Tages. Die Erscheinung vor Maria von Magdala wird nicht mitgerechnet. Mit dieser Zählung, faßt man sie chronologisch auf, lassen sich die Angaben von 1 Kor 15,5–7; Mt 28,16–20; Lk 24,34 und Lk 24,13–31 nicht vereinbaren. Zum ersten und einzigen Mal begegnet uns übrigens hier in einem Ostertext des Johannesevangeliums die alte Formulierung »auferweckt von den Toten« (sie steht in nur wenig abgewandelter Form 2,22 und 20,9).

21,15–19: Beauftragung des Simon

Als sie nun gegessen hatten, sagt Jesus zu Simon Petrus: Simon, [Sohn] des Johannes, liebst du mich mehr als diese? Er sagt zu ihm: Ja, Herr, du weißt, daß ich dich liebe. Er sagt zu ihm: Weide meine Lämmer! Die im Erzählstil abgefaßten Worte »als sie nun gegessen hatten« knüpfen unmittelbar an V. 13 an, ohne den Kommentar des Evangelisten in V. 14 zu berücksichtigen. Sie geben die Disposition für das folgende Zwiegespräch zwischen Jesus und Simon an. Die übrigen Jünger bleiben mit Ausnahme des geliebten Jüngers völlig im Hintergrund. Auf ihre Anwesenheit wird – in der Ebene der Darstellung – nur in dem Schluß der ersten Frage (»mehr als diese«) angespielt. Auf das Mahl, den Fischfang oder die Auferstehung wird überhaupt nicht mehr Bezug genommen. Das Prädikat λέγει (sagt) kehrt im folgenden immer wieder, und zwar regelmäßig im Präsens (mit Ausnahme des Nebensatzes V. 17b und des Kommen-

tars V. 19). Jesus redet Simon nicht mit dem vorher genannten Namen »Petrus« an, den er ihm selbst verliehen hat, sondern mit »Simon, [Sohn] des Johannes«. Es ist dieselbe Anrede, die Jesus nach Joh 1,42 bei der ersten Begegnung und der Namensgebung »Kefas« verwendet. Beiden Szenen kommt dadurch im Sinn des Evangelisten eine besondere Bedeutung zu. Die Anrede selbst ist im Neuen Testament sonst nicht belegt. (Jüngere Handschriften haben sie mitunter an die abweichende Formulierung in Mt 16,17 angeglichen: Simon, Sohn des Jona.) Der Auferstandene fragt Simon, ob er ihn liebe. Die im griechischen Text hier und beim weiteren Gespräch verwendeten Vokabeln *φιλεῖν* und *αγαπᾶν* werden im Johannesevangelium durchweg synonym gebraucht.[198] Gemeint ist hier die Liebe, die sich im Halten der Gebote (14,15.21) und im Einsatz für den Geliebten (3,16; 13,1.34) äußert. Wenn Jesus Simon fragt, ob seine Liebe die der anderen übertreffe, so knüpft er damit an die Bereitschaft an, die Simon bei der Ankündigung der Verleugnung erklärt hat: »Ich werde mein Leben für dich hingeben« (13,37). (Nach Mk 14,29 betont Petrus bei der Voraussage der Verleugnung, selbst dann treu zu bleiben, wenn alle anderen Anstoß nehmen.)
Simon antwortet kurz mit einem Ja; er beteuert aber nicht seine Liebe, sondern erklärt nur, daß Jesus darum wisse. Der Leser erfährt dadurch indirekt, daß Petrus trotz seines Falles zu Jesus steht. Auf diese Antwort hin erteilt Jesus ihm den Auftrag, seine Schafe zu weiden. Die hier und im folgenden verwendeten Wörter *τὰ ἀρνια* (Lämmer), *τά πρόβατα* (Schafe), *βοσκεῖν* (weiden), *ποιμαίνειν* (hüten) haben im Grunde alle dieselbe Bedeutung. Jesus vertraut damit Simon »seine« Herde an, so wie der Vater sie ihm anvertraut hat (vgl. 10,3f. 14; 17,9f).

Der sagt zu ihm wieder ein zweites Mal: Simon, [*Sohn*] des Johannes, *liebst du mich? Er sagt zu ihm: Ja, Herr, du weißt, daß ich dich liebe. Er sagt zu ihm: Hüte meine Schafe!* Mit Ausnahme der sachlich bedingten Abweichung in der Einleitung »wieder ein zweites Mal«, dem Fehlen von »mehr als diese« und dem Wechsel in den synonymen Vokabeln ist dies eine wörtliche Wiederholung des ersten Ge-

[198] *Brown* (Anm. 151) II, 1103 bemerkt, daß in der LXX beide Verben als Übersetzung von *'aheb* verwendet werden. Neuestens *Lattke* (Anm. 154), 11–16.

sprächs. Diese Wiederholung verleiht dem Gespräch eine Dringlichkeit und ein starkes Gewicht. Wenn das Gespräch anschließend noch ein drittes Mal – allerdings mit einigen stärkeren Abweichungen – wiedergegeben wird, so folgt der Erzähler damit einem Stilgesetz, das sich auch noch 1 Joh 2,12–14; 5,7f.18–20 findet. Die dreimalige Wiederholung hat aber zugleich einen anderen Grund, wie aus der Reaktion auf die dritte Frage ersichtlich ist.

Er sagt zu ihm das dritte Mal: Simon, [Sohn] des Johannes, liebst du mich? Da wurde Petrus betrübt, weil er zu ihm das dritte Mal sprach: Liebst du mich? Und er sagt zu ihm: Herr, du weißt alles; du weißt, daß ich dich liebe. Er sagt zu ihm: Weide meine Schafe! Die Frage Jesu lautet das dritte Mal genauso wie das zweite Mal, abgesehen von dem Wechsel der synonymen Verben *ἀγαπᾶν* und *φιλεῖν* (lieben). Der Erzähler unterbricht aber hier die Wiedergabe des Gesprächs und schildert kurz die Betrübnis des Petrus (*ἐλυπήθη* – er wurde betrübt). Diese hat nach der ausdrücklich angeführten Erklärung ihren Grund in der dritten Wiederholung. Der Angesprochene wird dadurch an die dreimalige Verleugnung erinnert (vgl. 13,38: »wirst du mich dreimal verleugnen«; vgl. 18,15–27). Sich dessen bewußt, appelliert Petrus – in der Ebene der Erzählung – an die Herzenserkenntnis Jesu (»du weißt alles«), bevor er wie die beiden anderen Male antwortet: »du weißt, daß ich dich liebe«. Wenn Jesus ihm daraufhin wie vorher seine Herde anvertraut, drückt er damit unmißverständlich aus, daß er dies trotz des Versagens seines Jüngers tut. Dem Apostel kann also von nun an nicht mehr der Vorwurf gemacht werden, er sei untreu und liebe Jesus nicht.

Das Simon Petrus anvertraute Hirtenamt muß in Verbindung mit den Aussagen über Jesu eigene Aufgabe als »der gute Hirt« (10,2ff), mit dem zum urkirchlichen Amtsverständnis gehörenden Bild des Hirten (z. B. Apg 20,28; Eph 4,11; 1 Petr 5,2–4) und der Mt 16,17–19 bezeugten Vorrangstellung des Petrus betrachtet werden.[199] (Nicht ohne Grund wird heute die Aussage von Mt 16,17–19 in einem österlichen Kontext gesehen.)[200]

[199] Vgl. *Schnackenburg* (Anm. 149), z. St. und bes. *W. Trilling*, Zum Petrusamt im Neuen Testament: ThQ 151 (1971) 118–133; zum Ganzen auch *R. E. Brown-K. P. Donfried-J. Reumann* (Hrsg.), Peter in the New Testament, New York 1973, deutsch: Der Petrus der Bibel. Eine ökumenische Untersuchung, Stuttgart 1976.

[200] Vgl. *A. Vögtle*, Zum Problem der Herkunft von »Mt 16,17–19«, in: *P. Hoffmann* (Hrsg.), Orientierung an Jesus. Zur Theologie der Synoptiker (Fschr. J. Schmid) Freiburg-Basel-Wien 1973, 372–393.

Amen, Amen, ich sage dir, als du jung warst, gürtetest du dich selbst und gingst du, wohin du wolltest. Wenn du aber alt wirst, wirst du deine Hände ausstrecken, und ein anderer wird dich gürten und führen, wohin du nicht willst: An die feierliche Rehabilitierung und die Verleihung des Hirtenamtes schließt unmittelbar eine Aussage über das zukünftige Schicksal des Apostels an. Das für Johannes kennzeichnende doppelte »Amen, Amen« verleiht ihr den Charakter eines gewichtigen Herrenwortes; dem Inhalt nach ist es eine Todesprophetie, der Form nach ein Bildwort. Vielleicht knüpft dieses an eine sprichwörtliche Redeweise über das Los des Greises an, der auf Hilfe angewiesen ist. Unmißverständlich ist hier damit, wie nachher ausdrücklich kommentiert wird (19), auf das spätere Schicksal des Petrus angespielt: er wird nicht mehr über sich selbst verfügen und selbst seinen Weg bestimmen können. »Die Hände ausstrecken« meint hier das Vorstrecken der Hände, um gegürtet, das heißt gefesselt und in die Gefangenschaft geführt zu werden. Viele erkennen darin auch eine Prophetie der Todesart: des Ausstreckens der Hände bei der Kreuzigung.[201]

Dies aber sprach er, um anzuzeigen, durch welchen Tod er Gott verherrlichen werde: 12,33 hat Johannes ein Wort Jesu als Hinweis auf seinen Tod interpretiert: »dies aber sagte er, um anzuzeigen, welchen Tod er sterben würde« (vgl. 18,32). Ähnlich kommentiert der Verfasser von Kapitel 21 hier das Bildwort über die Zukunft des Petrus. Er nennt den Märtyrertod eine »Verherrlichung« Gottes, so wie im Johannesevangelium mehrfach der Tod Jesu als »Verherrlichung« bezeichnet wird (z. B. 7,39; 12,16.23). Der angekündigte Tod des Petrus steht demnach dem Tod Jesu nahe.

Und als er dies gesprochen hatte, sagt er zu ihm: Folge mir nach! Nach dem kurzen Kommentar führt der biblische Schriftsteller die Erzählung fort und überliefert noch ein ihm sehr bedeutsam scheinendes Wort Jesu. Die aus dem Vokabular der Jüngernachfolge bekannte Aufforderung »folge mir nach« (vgl. 1,43) hat hier im Munde des Auferstandenen einen tieferen Sinn. Denn Jesus ruft Simon damit nicht mehr dazu, wie ein Schüler der Rabbinen hinter

---

[201] Das Martyrium des Petrus, das dem Schreiber offensichtlich bekannt ist, wird auch durch 1 Klem 5,4 und die alte römische Ortstradition bezeugt. Eine Kreuzigung (abhängig von Joh 21,18?) erwähnt erstmals Tertullian.

ihm her zu gehen (vgl. 1,43; Mk 1,17.20; Lk 5,11); der Auferstandene fordert ihn jetzt auf, »Jünger zu sein«, auch wenn er äußerlich nicht mehr die Gemeinschaft mit ihm teilen kann. Jesus ruft Simon damit außerdem – aber nicht nur[202] – in die Nachfolge des Martyriums. Diese Nachfolge hat Jesus – nach Joh 13,36 – Simon Petrus schon beim letzten Mahl für die Zukunft vorausgesagt: »Wohin ich jetzt gehe, kannst du mir nicht folgen, du wirst mir aber später folgen«. Die enge Verbindung zwischen Verleihung des Hirtenamtes, der Todesprophetie und der Aufforderung zur Nachfolge (bis ins Martyrium) ist sicher nicht ohne Absicht.

21,20–23: Petrus und der geliebte Jünger

Als Petrus sich umwandte, sieht er den Jünger, den Jesus liebte, nachfolgen, der auch beim Mahl an seiner Brust ruhte und sprach: Herr, wer ist es, der dich verrät? Die Angabe »als Petrus sich umwandte« leitet eine neue Szene ein, in deren Mittelpunkt der geliebte Jünger steht. Faßt man diese Situationsschilderung als historisch auf, so bleibt sie unverständlich; denn das »Umwenden« des Petrus ist nach der Aufforderung »folge mir« durch nichts begründet; außer dem geliebten Jünger müßten nach der Schilderung von V. 1–14 zudem die übrigen anwesend sein. Es handelt sich also lediglich um eine szenische Bemerkung, die die Disposition für das folgende Gespräch schafft (vgl. 1,38; 20,16). Der 21,7 schon erwähnte geliebte Jünger wird unter Bezugnahme auf den 13,23 angegebenen Ehrenplatz beim letzten Mahl beschrieben. Damit ist sein vertrautes Verhältnis zum Herrn und die daraus folgende einzigartige Stellung in Erinnerung gerufen. (Diese kommt auch 21,7 und 20,3–8 zum Vorschein.) Petrus sieht ihn »nachfolgen«, das heißt, auch er steht in der Nachfolge Jesu und genießt als Jünger über den Tod Jesu hinaus in der Gemeinde ein großes Ansehen. (»Nachfolgen« dürfte hier kaum bezeichnen, daß der geliebte Jünger im Unterschied zu Petrus schon unabhängig vor einer Aufforderung [wie sie V. 19b berichtet wird] in der Nachfolge Jesu steht und deshalb Petrus überlegen ist.[203]

---

[202] So *Schnackenburg* (Anm. 149), z. St.
[203] Vgl. *A. Kragerud*, Der Lieblingsjünger, Oslo 1959, 38–40.

Als nun Petrus diesen sah, sagt er zu Jesus: Herr, dieser aber, was [wird aus ihm]? Jesus sagt zu ihm: Wenn ich will, daß er bleibt, bis ich komme, was geht das dich an? Du folge mir nach! Der Erzähler greift nach der Charakterisierung des geliebten Jüngers noch einmal die Feststellung auf, daß Petrus diesen sieht. Dies löst eine sehr abgekürzt formulierte Frage aus, die diesen Jünger betrifft. Dem Zusammenhang nach hat der Erzähler hier entweder die Amtsübertragung oder die Todesprophetie vor Augen; die Frage des Petrus ist demnach auf die Stellung oder das zukünftige Schicksal des geliebten Jüngers zu beziehen. Die unmittelbar folgende Antwort Jesu aber legt letzteres nahe, denn Jesus fordert Petrus auf, sich um die andersartige Zukunft des geliebten Jüngers nicht zu kümmern, sondern dem Ruf zur Nachfolge nachzukommen. Dem Weg des geliebten Jüngers wird damit eine Eigenständigkeit zugeschrieben, der gerade angesichts des dem Petrus verliehenen Hirtenamtes ein hoher Rang zukommt. Das Schicksal des geliebten Jüngers wird in dem geheimnisvollen Konditionalsatz angedeutet: »wenn ich will, daß er bleibt, bis ich komme...«. Das Verbum *μένειν* (bleiben), für das der vierte Evangelist eine Vorliebe hegt und das er in verschiedenen Zusammenhängen verwendet, kann hier nur heißen: am Leben bleiben (so auch 1 Kor 15,6; Phil 1,25; vgl. Mk 9,1). »Bis ich komme« ist im Hinblick auf das endgültige Kommen bei der Parusie zu verstehen, die allerdings im vierten Evangelium sonst nicht mit dieser in der Urkirche gebräuchlichen Wendung bezeichnet wird (vgl. 1 Kor 4,5; 11,26; Offb 22,20 u.ö.). Die Hoffnung auf das »Bleiben« des geliebten Jüngers bis zur Parusie ist verwandt mit der Mk 9,1par ausgesprochenen Erwartung: »Einige von denen, die hier stehen, werden den Tod nicht kosten, bis sie die Königsherrschaft Gottes in Macht kommen sehen« (vgl. auch 1 Thess 4,15–17; 1 Kor 15,51).

Es verbreitete sich nun dieses Wort bei den Brüdern: Jener Jünger stirbt nicht. Jesus sagte aber nicht zu ihm: Er stirbt nicht, sondern: Wenn ich will, daß er bleibt, bis ich komme, was geht das dich an? Der Verfasser von Joh 21 erzählt nicht weiter über die Erscheinung und das Gespräch mit Petrus. Er fügt nur noch eine Erklärung zu dem letzten Wort Jesu an. Darin kommentiert er ein Mißverständnis, das unter den Christen – sie werden hier wie in 1 Joh »Brüder« genannt – verbreitet ist. In der Gemeinde war aus dem zitierten

Wort Jesu gefolgert worden, der geliebte Jünger werde noch die Parusie erleben. Demgegenüber fühlt sich der Verfasser von Joh 21 verpflichtet zu betonen – vermutlich infolge des inzwischen eingetretenen Todes dieses Jüngers[204] –, dies sei nicht der Sinn des Wortes. Deshalb stellt der Schreiber der in der Gemeinde verbreiteten Version »er stirbt nicht« einfach den Wortlaut des vorher wiedergegebenen Logions gegenüber: »Wenn ich will, daß er bleibt, bis ich komme, was geht das dich an?« Dieser unterscheidet sich nun von der zitierten Folgerung der Gemeinde: erstens durch die vorangestellte Bedingung »wenn ich will« (Jesu Wort ist demnach nur eine konditionale Aussage; ihre Erfüllung ist von seinem Willen abhängig [es ist allerdings schwer vorstellbar, daß Jesus hinsichtlich der Zukunft des geliebten Jüngers eine Willensänderung im Sinne hatte]) und zweitens durch die Verwendung von *μένειν* (bleiben), statt *ἀποθνήσκειν* (sterben). Der Verfasser von Joh 21 geht davon aus, daß »Bleiben« nicht nur »am Leben bleiben« bedeutet, sondern auch einen anderen Sinn haben kann und dieser hier zutrifft. Seiner Ansicht nach handelt das Logion von dem »Bleiben« des geliebten Jüngers in der Gemeinde, und zwar offensichtlich durch sein Evangelium.[205] Diese Erklärung stellt im Grunde eine spätere (johanneische) Neuinterpretation des kursierenden (vorjohanneischen) Logions dar. Durch sie gewinnt der Verfasser von Joh 21 dem Logion einen Sinn ab, der ganz auf der Linie des folgenden V. 24 liegt, denn dort heißt es, daß der geliebte Jünger der Autor des ganzen Evangeliums ist und für dessen Wahrheit bürgt. Geht es nämlich um das vom Herrn verheißene »Bleiben« des geliebten Jüngers in dem kommentierten Sinn, dann kommt dessen Evangelium auch nach seinem Tod in der Petrus anvertrauten Kirche eine bleibende Bedeutung zu.

5.3.2. Form und Gattung

Joh 21,1–23 ist ein in sich zwar nicht ganz einheitlicher, aber doch geschlossener Erzählkomplex. Dies geht rein formal aus dem Neu-

---

[204] Daß der geliebte Jünger zur Zeit der Niederschrift von Kap. 21 noch lebte, kann aus dem Präsens *ἀποθνήσκει* (stirbt) nicht gefolgert werden. Vgl. *Schnackenburg* (Anm. 149), z. St.

[205] Nach *Kragerud* (Anm. 203), 120–129 ist darin das Fortbestehen der charismatisch-prophetischen Rede ausgesprochen – entsprechend seiner Interpretation der übrigen Aussagen über den geliebten Jünger.

ansatz nach dem Schlußwort am Ende des Kapitels 20 in V. 1 (»Darauf offenbarte sich Jesus ...«) und aus der abschließenden Bemerkung von V. 24 (»Dies ist der Jünger, der dafür [für das Gesagte] Zeugnis ablegt ...«) hervor. Ort, Zeit und Personen sind in der erzählten Handlung immer dieselben. Charakteristisch ist, daß innerhalb dieses Textes alle Äußerungen der handelnden Personen – ausgenommen die Aufforderung zum Fischfang in V. 6 *εἶπεν* (sprach) – mit dem Präsens historicum *λέγει* (sagt) eingeleitet werden. Die Handlung selbst wird meist im Aorist berichtet, an einigen wichtigen Stellen aber im Präsens (*βλέπουσιν* [sehen]; *ἔρχεται* [kommt]; *λαμβάνει* [nimmt]; *δίδωσιν* [gibt]; *βλέπει* [sieht]). Außerdem liegt diesen Versen eine einheitliche Erzählweise zugrunde, auf die unten noch näher einzugehen ist. Inhaltlich geht es um eine einzige Erscheinung des Auferstandenen, um die besondere Stellung des Petrus im Vergleich zu den anderen Jüngern und seine Beziehung zu dem geliebten Jünger.
Innerhalb des gesamten Erzählkomplexes lassen sich zwei größere Abschnitte unterscheiden: V. 1–14 enthält eine Erzählung, in der Worte der verschiedenen Personen, aber kein eigentliches Gespräch wiedergegeben werden. (Die kurze Antwort »Nein« auf die Frage Jesu in V. 5 spricht nicht dagegen.) Hingegen steht im Vordergrund von V. 15–23 der Dialog, der nur einige kurze szenische Angaben enthält (»als sie gegessen hatten« [15]; »da wurde Petrus betrübt« [17]; »als Petrus sich umwandte, sieht er« [20]; »als Petrus nun diesen sah« [21]). Die Aussagen von V. 15–19 und V. 20–23 werden zwar durch zwei Erzählerkommentare (19.23) unterteilt, aber durch die Aufforderung »folge mir nach« (19d. 22d) und das gemeinsame Thema (die Stellung des Petrus zum geliebten Jünger) miteinander verknüpft.

Der Abschnitt V. 1–14 schildert nach der Einleitung (1–2) in mehreren Bildern eine fortschreitende Handlung: Vorschlag des Petrus und Zustimmung der anderen Jünger; Aufbruch zum Fischfang, der ohne Erfolg bleibt; Erscheinen Jesu am Ufer und Nichterkennen; Frage Jesu und ihre Beantwortung; Aufforderung zum Werfen des Netzes und reicher Fischzug; Wort des geliebten Jüngers; Reaktion des Petrus; Ankunft der anderen Jünger am Ufer; Wahrnehmung des vorbereiteten Mahls; Aufforderung Jesu zur Beigabe der Fische; Bergung der Netze durch Petrus allein; Aufforderung zum Mahl und Scheu der Jünger; das Mahl.[206] Obwohl diese Abfolge sinnvoll ist,[207] weist sie doch – zumindest für den heutigen Leser – eine Reihe von Unebenheiten auf: so wird zum Beispiel nach der Äußerung über Petrus in V. 7 (er wirft sich ins Wasser) zunächst erzählt, wie die Jünger ans Land kommen, schon einen Fisch zubereitet finden und aufgefordert werden, von ihren Fischen zu bringen (8–10); erst darauf heißt es, daß Petrus »aufsteigt« und er das Netz ans Land zieht. Den geordneten Ablauf der Erzählung stört, daß V. 7 der geliebte Jünger genannt wird, obwohl er vorher nicht erwähnt wurde. Daß Petrus sich erst umgürtet und dann ins Wasser wirft, entspricht nicht der gewöhnlichen Reihenfolge menschlichen Vorgehens. Überhaupt läßt sich das Erzählte selbst kaum oder gar nicht mit dem sonst üblichen Verhalten von Menschen und auch der Jünger vereinbaren. Die Jünger gehen trotz der 20,22 dargestellten Aussendung wieder ihrem früheren Beruf nach – so scheint es zumindest –; sie erkennen Jesus nicht, obwohl es sich schon um die dritte Erscheinung handelt. Als erfahrene Fischer werfen sie auf das Wort eines Unbekannten hin, der sie »Kinder« nennt, das Netz aus; Jesus fragt nach Fisch, sie aber finden bei ihm Fisch und Brot bereitet; sie wissen, wer er ist, wagen es aber nicht, ihn danach zu fragen.

Es ist nur zu verständlich, wenn als Erklärung dieser Ungereimtheiten geschrieben wurde, der Verfasser habe hier entweder ganz verschiedenartige Traditionen ungeschickt zusammengefügt oder unter Preisgabe des logischen Ablaufs einem allegorischen Symbolismus gehuldigt.[208] Jedenfalls ist der Verfasser des vorliegenden Abschnitts an einer Wiedergabe des äußeren Ablaufs weniger interessiert als an einer tiefsinnigen Aussage.[209] Die Darstellungsweise ist

---

[206] *H. Windisch*, Der johanneische Erzählungsstil; in: *H. Schmidt* (Hrsg.), *ΕΥΧΑΡΙΣΤΗΡΙΟΝ* II (Anm. 21), 174–213, hier 207f, zählt Joh 21 »zu den großen dramatischen Novellen« und gliedert es in 2 Akte (V. 1–14 – 15–22) mit 3 (1. in einem Haus in Kafarnaum, 2. am Ufer, 3. Mahl ohne Worte) bzw. 2 (1. Werke des Herrn, die Liebe des Petrus, Einsetzung, Weissagung; 2. Zurechtweisung des Petrus) Szenen.

[207] Nach *Schnackenburg* (Anm. 149), 407 ist »eine planvoll gestaltende Hand am Werk«.

[208] *A. Loisy*, Le quatrième Evangile, Paris ²1921, 519.

[209] Nach *Schnackenburg* (Anm. 149), 407 unterscheidet sich die Erzählweise von Joh 21 von dem übrigen Evangelium dadurch, daß hier das Wunder nur ein Nebenmotiv ist, dem zwar eine allegorische Bedeutung zukomme, das aber weniger organisch mit der Offenbarung des Auferstandenen verbunden ist.

einer alten Ikone zu vergleichen, wo die äußeren Konturen und Andeutungen transparent werden für tiefgründige Aussagen. Für sich allein betrachtet ist Joh 21,1–14 eine Erscheinungsgeschichte, die den beiden anderen Ostergeschichten des vierten Evangeliums verwandt ist, aber sich doch auch von ihnen unterscheidet.

Der Abschnitt V. 15–23 gibt, wie schon gesagt, im wesentlichen ein Gespräch des Auferstandenen mit Petrus wieder und zwar in dramatisierender Weise. Im ersten Teil (15–19) ergreift Jesus die Initiative. Er fragt dreimal in gleicher Weise, erhält darauf jeweils von Petrus die gleiche Antwort – nur das dritte Mal weicht sie ein wenig ab – und erteilt schließlich, jedesmal mit demselben oder synonymem Vokabular, einen Auftrag. Auf die dritte Wiederholung folgt noch in Form bildhafter Rede eine Prophetie, die der Verfasser dem Leser deutet, und darauf nochmals ein Imperativ (»folge mir«). Den zweiten Teil (20–23) leitet der Erzähler ein, indem er zunächst den Anlaß zu einer Frage erzählt (Petrus sieht den geliebten Jünger »nachfolgen«). In einem Relativsatz geht er dabei umständlich auf die Sonderstellung des geliebten Jüngers bei der Entlarvung des Verräters ein und referiert seine Frage an Jesus. Nach nochmaliger Erwähnung des Anlasses folgt dann eine Frage des Petrus an Jesus. Dieser antwortet darauf mit einem Bedingungssatz, der die Zukunft des geliebten Jüngers betrifft, sowie mit einer rhetorischen Frage und der Wiederholung der am Ende des ersten Dialogs stehenden Aufforderung (»du folge mir nach«). Der Erzähler berichtet dann noch über das aus der Antwort Jesu abgeleitete Mißverständnis und korrigiert dieses.

Rein formal weisen demnach beide Teile des zweiten Abschnitts trotz mancher Unterschiede eine gemeinsame Struktur auf:

	15–19	20–23
szenische Bemerkung:	nach dem Mahl	als Petrus den geliebten Jünger sah
drei Fragen:	alle von Jesus gestellt	vom geliebten Jünger, von Petrus, von Jesus
Aussage über die Zukunft:	Todesprophetie	wenn ich will, daß er bleibt
Aufforderung:	Folge mir!	Folge mir!
Erzählerkommentar:	Deutung	Richtigstellung

Die kunstvolle Gliederung läßt erkennen, daß dem Verfasser an diesem Gespräch und besonders an den darin zum Ausdruck gebrachten Parallelen im Lebensweg von Petrus und dem geliebten Jünger sehr gelegen ist.
Für die Sprache des zweiten Abschnittes gilt ebenso wie für den ersten, daß der Verfasser hier mit einem tieferen, symbolischen Sinn der Aussagen rechnet. Dies ist nicht zuletzt daran erkennbar, daß er selbst zu zwei Worten eine sozusagen authentische Auslegung gibt (19.23). Da auf die vorher geschilderte Erscheinung nicht mehr ausdrücklich Bezug genommen wird und die Worte den Charakter eines Vermächtnisses aufweisen, legt sich für diesen Abschnitt die Gattungsbezeichnung testamentarische Erklärung nahe.

Für die Bestimmung der Gattung der ganzen Texteinheit 21,1–23 ist noch auf ihre Funktion als letztes Kapitel des vorliegenden Evangeliums (nach Kapitel 20 und dessen Abschluß [30–31]) zu achten. Diese wird schon aus dem Bericht über die in der Gemeinde verbreitete Deutung eines Logions und dessen Korrektur durch den Verfasser sichtbar (23). Sie ergibt sich vor allem aus dem unmittelbar folgenden neuen Schlußwort: »Dies ist der Jünger, der dafür Zeugnis ablegt und dieses geschrieben hat, und wir wissen, daß sein Zeugnis wahr ist« (24). Die Bezugnahme auf den geliebten Jünger und dessen Relation zu dem Apostel Petrus geschieht, um die durch ihn verbürgte Wahrheit des ganzen Johannesevangeliums zu beteuern. Dann ist Kapitel 21 nicht bloß Nachtrag (Supplement; etwas Ausgelassenes wird nachgetragen) oder Anhang (Appendix; es wird noch etwas beigefügt, das ebenso gut fehlen könnte), sondern ein echter Epilog[210] der für Verständnis und Einschätzung von Kapitel 1–20 höcht aufschlußreich ist. Im Johannesevangelium kommt ihm eine ähnliche Funktion zu wie dem Schluß des Mattäusevangeliums. Wie dort wird auch hier im Hinblick auf die Gemeinde mittels einer Ostergeschichte (die aber nahezu typisch johanneisch ist) eine für das Verständnis der ganzen Schrift wichtige

[210] So *Brown* II (Anm. 151), 1078f; *Schnackenburg* (Anm. 149), 409 meint: »›Epilog‹ klingt (wenigstens im Deutschen) noch zu belanglos, um der zugedachten Funktion gerecht zu werden. Es ist ein redaktionelles Schlußkapitel mit einer sinnerschließenden Funktion für den damaligen kirchlichen Leser«.

Aussage gemacht. Der Gattung nach ist demnach Joh 21,1–23 *eine symbolträchtige* und *gemeindebezogene Ostergeschichte, die als Epilog dient.*

5.3.3. Redaktion und Tradition

Sprache und Stil von Joh 21 sind in letzter Zeit mehrfach untersucht und mit Joh 1–20 verglichen worden. Die dabei festgestellten Unterschiede in Wortwahl und Ausdruck fallen aber gegenüber den vielen Gemeinsamkeiten nicht so stark ins Gewicht, daß daraus allein auf einen anderen Verfasser geschlossen werden muß.[211] Deshalb wird von einzelnen Autoren auch heute noch die Ansicht vertreten, der Verfasser von Joh 1–20 habe selbst das Kapitel 21 nachgetragen[212] oder ein Redaktor habe älteres Material, das vom Evangelisten stamme, hinzugefügt.[213] Berücksichtigt man aber außer dem Vokabular auch die gesamte Art der Darstellung (die Verarbeitung der Quellen) und besonders die Thematik (die Hervorhebung des Petrus und der Relation des geliebten Jüngers zu diesem; Einheit der Kirche), dann spricht mehr dafür, daß ein anderer Joh 21,1–23 ebenso wie V. 24 geschrieben hat. Dieser stand dem Evangelisten nahe und verfügte vermutlich über Informationen von diesem selbst.[214] Indem er das Kapitel 21 dem schon abgeschlossenen Evangelium beifügte, gab er diesem im Hinblick auf Fragestellungen in seiner Gemeinde ein besonderes Gewicht und unterstrich dadurch vor allem die Zuverlässigkeit und Wahrheit des vierten Evangeliums. Diese Ergänzung muß schon sehr früh erfolgt sein, da Kapitel 21 in allen alten Handschriften schon zum übrigen Corpus des vierten Evangeliums gehört. (Inwieweit von diesem Redaktor auch andere Texte, zum Beispiel die übrigen Worte über den geliebten

---

[211] *M. E. Boismard,* Le Chapitre XXI de Saint Jean, Essai de Critique littéraire: RB 54 (1947) 473–501, hier 501 schließt daraus auf einen anderen Redaktor, den er später mit Lukas identifizieren wollte. Dagegen mit Recht *Ruckstuhl* (Anm. 168), 134–149 (*R.* hat inzwischen seine frühere Folgerung, Kap. 21 habe von Anfang an zu Joh 1–20 gehört, revidiert, hält aber nach wie vor an dem johanneischen Stil fest). Vgl. neuestens *Mahoney* (Anm. 46), 17–40.

[212] *S. S. Smalley,* The Sign in John XXI: NTS 20 (1974) 275–288.

[213] *Mahoney* (Anm. 46), 38; kritisch demgegenüber *Schnackenburg* (Anm. 149), 417.

[214] So auch *Schnackenburg* (Anm. 149), 416 f und *Brown* II (Anm. 151), 1079–82.

Jünger, stammen und dem Evangelium eingefügt wurden, soll hier nicht diskutiert werden.)[215]

Ohne Zweifel hat der Verfasser von Joh 21 vorgefundene Traditionen redigiert. Ein erstes Indiz dafür ist, daß er überhaupt nach den Joh 20 geschilderten Erscheinungen in Jerusalem über eine Begegnung mit dem Auferstandenen in Galiläa schreibt, die als solche (abgesehen von V. 1 und 14) den Anschein erweckt, die erste zu sein. Weitere Spuren vorgefundenen und überarbeiteten Quellenmaterials sind einmal der Unterschied zwischen der Erscheinungsgeschichte (im Milieu von Fischern) und dem Gespräch (Bildwort aus der Welt der Hirten), zum anderen aber die vielen schon genannten Unebenheiten innerhalb von V. 2–14. Hier scheinen zwei Überlieferungsstränge ineinander überzugehen: Fischfang und Mahl. Dies liegt umso näher, als das Thema Fischfang in Verbindung mit der Sonderstellung und Beauftragung des Petrus in Lk 5,1–11 eine unverkennbare Parallele hat.[216] Das Thema Erkennen des Nichterkannten beim Mahl steht den Ostergeschichten von Lk 24,30–31.35[217] auffallend nahe.

Die in dem Dialog 21,15–17 ausgesprochene Vorrangstellung des Petrus – Jesus bestellt ihn zum Hirt seiner Herde – ist verwandt mit dem Logion von Mt 16,17–19, in dem Jesus dem Petrus verheißt, er werde auf ihm als dem Felsen (*kefa*) seine Kirche bauen und ihm die dazu notwendige Vollmacht geben. Diese Verwandtschaft fällt um so mehr ins Gewicht, als heute auch von katholischen Fachexegeten der nachösterliche Charakter von Mt 16,17–19 und die Verbindung der dort genannten Vorrangstellung mit der urkirchlichen Tradition von der Erscheinung des Auferstandenen vor Simon Petrus anerkannt werden.[218] Als übernommen, wenn auch stärker überarbeitet, können schließlich noch die beiden in der Gemeinde des Verfassers bekannten Logien über das Schicksal des Petrus und

---

215 Vgl. dazu *Lorenzen* (Anm. 150).

216 Vgl. dazu die gründliche, aber nicht ohne Kritik gebliebene Untersuchung von *R. Pesch*, Der reiche Fischfang Lk 5,1–11 – Joh 21,1–14. Wundergeschichte, Berufungserzählung, Erscheinungsbericht (KBANT) Düsseldorf 1969, bes. 131 ff.

217 Vgl. *C. F. Evans*, Resurrection and the New Testament (Studies in Biblical Theology 12) London 1970, 100; *Guillaume* (Anm. 97).

218 Auffallend ist ja schon die terminologische Verwandtschaft von »nicht Fleisch und Blut haben dir das offenbart« mit Gal 1,16 »seinen Sohn offenbaren ... wandte ich mich nicht an Fleisch und Blut«. Ausführlich darüber *Vögtle* (Anm. 200).

das »Bleiben« des geliebten Jüngers gewertet werden (hier fällt die dem vierten Evangelium fremde, aber mit Mk 9,1; 1 Thess 4,15ff; 1 Kor 15,51 verwandte Naherwartung auf), die der Redaktor interpretiert und mit dem aus alter Überlieferung stammenden Motiv des Rufes in die Nachfolge verbindet.

Die Angaben über die Sonderstellung des Petrus stehen den alten Zeugnissen über die Ersterscheinung des Auferstandenen nahe (»und daß er dem Kefas erschien, dann den Zwölfen«, 1 Kor 15,5; vgl. Lk 24,34; Mk 16,7). Wenn die Verheißung von Mt 16,17–19 in Verbindung mit dieser Protophanie gelesen werden darf, kann mit Recht Joh 21,1–17 als Reflex dieser alten Überlieferung bestimmt werden. Unsicher ist es allerdings, ob hier noch das Fragment eines alten Berichts über diese Protophanie vorliegt, die sich danach am See Gennesaret bei einem Fischfang ereignet hätte.[219] Dies ist deshalb ungewiß, weil aus dem vorliegenden Text nicht ohne weiteres gefolgert werden darf, daß mit dem Motiv des großen Fischfangs das der Erscheinung von Anfang an verbunden war (Lk 5,1–11 also eine vordatierte Ostergeschichte wäre).[220] Da die Einfügung der Person des geliebten Jüngers, der den Fischfang deutet und die lokkere Verbindung zwischen Fischfang und Mahl herstellt, sicher redaktionell ist, dürfte auch das mit dem Mahl verbundene Erscheinungsmotiv erst sekundär mit dem des Fischzugs verknüpft worden sein.[221] Aus Joh 21 läßt sich daher mit Sicherheit keine neue Auskunft über den Hergang der Protophanie schöpfen. Wohl aber sind die Angaben von Joh 21 ein Beweis dafür, wie fest die Urkirche von der Erscheinung des Auferstandenen vor Petrus und seiner darin begründeten Sonderstellung überzeugt war.

---

[219] So *Bultmann* (Anm. 151), 546; *v. Campenhausen* (Anm. 58), 16f; *Fuller* (Anm. 99), 153; ausführlich *Brown* II (Anm. 151), 1096; *ders.*, John 21 and the First Appearance of the Risen Jesus to Peter, in: Resurrexit (Anm. 13), 246–265; nach *Brown* liegt der Mahlszene die Erinnerung an die Erscheinung vor den Zwölf zugrunde.

[220] Nach *Pesch* (Anm. 216), 133 wurde ein Joh 21 und Lk 5 zugrundeliegendes separates Fischfangwunder erst nachträglich mit einer Erscheinung beim Mahl verbunden. Vgl. auch *B. Steinseifer*, Der Ort der Erscheinungen des Auferstandenen: Zur Frage alter galiläischer Ostertradition: ZNW 62 (1971) 232–265, bes. 258–264.

[221] *Schnackenburg* (Anm. 149), 412f.

5.3.4. Bedeutung für den Leser

Wie die vorausgehenden Erörterungen zeigten, hat der Redaktor des vierten Evangeliums diesem einen Epilog beigefügt, der ihm für die Gesamtbewertung des Buches im Hinblick auf die Verkündigung in seiner Gemeinde wichtig erschien. Dazu hat er alte Überlieferungen aufgegriffen und aus seiner Sicht wiedergegeben. Bei der Lektüre ist besonders auf die Vorliebe des Verfassers für sinnträchtige Worte, Bilder und Szenen zu achten.

1. Ich gehe fischen. Vordergründig betrachtet, beschreibt dieser Ausspruch des Petrus seine unmittelbare Absicht, zu arbeiten, als wolle er in das frühere Leben zurückkehren, ja, als habe er keine Erfahrung mit dem Auferstandenen gemacht. Die Angabe über den mangelnden Erfolg nach einer Nacht der Arbeit scheint diesen Eindruck zu bestätigen. Für den Verfasser von Joh 21 und seine ersten Leser verbirgt sich aber hinter diesen Worten viel mehr: der Beruf des Fischers steht als Sinnbild für die apostolische Arbeit. Petrus und seine Gefährten sind »Menschenfischer«. Als solche treten sie ihre Arbeit an und mühen sie sich »in jener Nacht« umsonst. Der ausbleibende Erfolg gehört zu den ältesten und wohl bis zum Ende der Zeit bleibenden Erfahrungen christlicher Missionsarbeit.

2. Kinder, habt ihr keinen Fisch? Der Auferstandene nimmt den Mißerfolg wahr. Er tritt zu den Jüngern ans Ufer und redet sie an als die Seinigen, um die er wie ein Vater besorgt ist: »Kinder«. Seine Frage nötigt sie, ihre vergebliche Mühe einzugestehen. Als sie auf sein Wort hin (vgl. Lk 5,4ff) nichtglaubend-glaubend das Netz auswerfen, machen sie einen reichen Fischzug. Ohne Jesus vermögen sie unter günstigen äußeren Verhältnissen nichts (»getrennt von mir könnt ihr nichts tun« Joh 15,5), in Gemeinschaft mit ihm trägt ihre Mühe selbst unter widrigen Umständen reiche Frucht. Die in der Urkirche verbreitete Anrede der Gemeindeglieder mit »Kinder« deutet darauf hin, daß Jesus diese Frage an jeden Leser des Evangeliums richtet und ihn zwingt, über seine Arbeit nachzudenken.

3. Da sagt jener Jünger, den Jesus liebte, zu Petrus: Es ist der Herr! Nach Darlegung des Erzählers erkennen die Jünger Jesus nicht, sie begreifen aus sich allein nicht das wunderbare Geschehen. Nur der geliebte Jünger, der dem Herzen des Herrn nahe ist, versteht und

deutet es. Für den Verfasser von Joh 21 ist dieser Jünger der in seiner Gemeinde geschätzte Lehrer und der Autor des ganzen Evangeliums. Ihn schildert er als den Idealtyp eines Jüngers und Zeugen. Er besitzt den Geist, der auch Petrus dazu befähigte, Jesus als den »Herrn« zu erkennen, als der Auferstandene ihm zuerst erschien. Was in diesem Bild der Ostererscheinung festgehalten ist, gilt für die ganze nachösterliche Lebenszeit des Petrus: in den staunenerregenden Missionserfolgen wird er darauf aufmerksam gemacht: »Es ist der Herr!«
Dies gilt zugleich für das Leben und Wirken aller. Immer wieder brauchen wir diesen Ruf. Nur zu oft vergessen wir bei aller Arbeit – selbst im kirchlichen Dienst –, daß Jesus lebt, unter uns weilt und unser Werk begleitet. Oft sind auch wir dazu berufen, als »geliebter Jünger« den Brüdern und den Schwestern die Vorgänge im eigenen Leben und in der Weltgeschichte zu deuten mit dem prophetischen Wort: »Es ist der Herr!«

4. *Als nun Simon Petrus hörte: Es ist der Herr!, gürtete er sich.* Die Erkenntnis, Jesus lebt und ist da, läßt Petrus seine Arbeit und seine Mitarbeiter vergessen. Er kennt nur eines, sich so rasch wie möglich zum »Herrn« zu begeben. Was ihn von ihm trennt, ist das Meer (für den Israeliten oft der Inbegriff der Gefahr). Weil er »nackt«, das heißt ein Sünder ist, deshalb »gürtet« er sich. Ob der Erzähler hier nicht auch daran gedacht hat, daß Jesus sich einst mit dem Linnentuch »gürtete« (13,4–5)? Dasselbe Bild kehrt ein paar Verse später in der Todesprophetie wieder: »wird ein anderer dich gürten«. Die Wahl desselben Bildes für das sonderbare Vorgehen des Petrus und für die ihm aufgetragene Kreuzesnachfolge ist nicht ohne Tiefsinn: in dieser Zusammenschau wird der innere Zusammenhang von Nachfolge, Befreiung von der Sünde (»Nacktheit«) und Befähigung, drohende Gefahren (Meer) zu bestehen, angedeutet.
Der biblische Schriftsteller hat eine alte Erinnerung an Petrus aufgegriffen (»und wenn alle an dir Ärgernis nehmen, ich nicht« [Mk 14,29]; »Herr, wenn du willst, so befiehl, daß ich auf dem Wasser zu dir komme« [Mt 14,28]). Er hat sie ganz aus seiner Sicht dargestellt. Petrus ist für ihn der Jünger, der Jesus »liebt« (vgl. 15–17) und in die Kreuzesnachfolge berufen ist (18.19). Als solcher vermag er den anderen voranzugehen und sogar das Netz mit hundertdreiundfünfzig großen Fischen ans Land zu ziehen, ohne daß es zer-

reißt; das heißt, in dieser Nachfolge kann er die Kirche, in der Menschen aller Völker Platz finden und die gerade bei ihren Erfolgen in Gefahr ist, uneins zu werden, vor der Spaltung bewahren und ihrer Einheit dienen. Dies gilt aber nicht nur für die Nachfolger des Petrus, es gilt für alle, die der Herr zu einer größeren Liebe ruft. Es gilt vor allem in Zeiten, wo die Kirche infolge menschlicher Schuld offene Risse der Spaltung aufweist. Nur der hier gezeichnete Weg des Simon Petrus kann weitere Spaltungen verhüten und entstandene Risse heilen.

5. *Bringt von den Fischen, die ihr jetzt gefangen habt!* Die übrigen Jünger stehen in der ganzen Perikope im Hintergrund. Sie gehen einen anderen Weg als Simon; sie kommen mit dem Boot und schleppen das Netz hinter sich her. Sie sehen das am Ufer bereitete Mahl und werden von Jesus aufgefordert, ihren Beitrag dazu zu leisten. Er offenbart sich ihnen ebenso wie dem geliebten Jünger und Simon, aber ihre Berufung ist eine andere, ihr Auftrag und Lebensweg verschieden von dem der besonders genannten Jünger: ihr Dienst ist unauffälliger, verborgener. Zum Mahle des Herrn sind sie jedoch alle geladen.

6. *Kommt, haltet Frühmahl!* Jesus hat oft mit den Seinen und selbst mit Sündern Mahl gehalten. Gerade bei diesem vertrauten Beisammensein durften die Menschen ihn kennenlernen. In guter Erinnerung an diese Mahlgemeinschaften haben die Jünger über ihre Begegnung mit dem Auferstandenen gesprochen und diese weitererzählt. Dabei haben sie versucht, ihren Zuhörern die tiefe Bedeutung dieser Erfahrungen vor Augen zu stellen. In der Erscheinung am Ufer, besonders bei der Einladung zum Mahl, haben sie den Herrn erkannt, wenn auch in dem seltsamen Wechsel von Kennen und Nichtkennen. Sie erfassen immer noch nicht, was es heißt: »es ist der Herr!« Doch Jesus läßt sie nicht im unklaren. Er »kommt«, obwohl er bei ihnen ist – gleichsam ein Echo seines Kommens in diese Welt und die Vorwegnahme seines endgültigen Kommens. Wie ein Hausvater sorgt er für sie: »er nimmt das Brot und gibt es ihnen«. Gemeint ist nicht nur Brot, das die physische Existenz sichert (»Eure Väter aßen in der Wüste das Manna und starben«, 6,49); gemeint ist das Brot »für das Leben der Welt« (6,51). Weil er selbst dieses Brot ist (»ich bin das Brot des Lebens« 6,35), gibt dieses Mahl Anteil an seinem Leben. Dadurch können die Jünger ihn erst recht

erkennen (»dies ist das ewige Leben, daß sie dich erkennen, den einzig wahren Gott, und den du gesandt hast, Jesus Christus« 17,3). Der Fisch, den er austeilt, stammt gleichermaßen von ihm und von ihrem Fischfang. Seine Gabe und ihre Arbeit gehören zu diesem Mahl.

7. Weide meine Lämmer...folge mir nach! In der Urkirche war bekannt: Simon hatte von Jesus den Namen Kefas (Fels) erhalten; trotz seines Versagens, der Aufkündigung der Jüngerschaft, war der Herr ihm als erstem erschienen und nahm er innerhalb der Zwölf eine unbestrittene Vorrangstellung ein. Eine Schilderung der Protophanie findet sich nicht im Neuen Testament. Wohl aber liegen mehrere Angaben über die Petrus nach Ostern zugedachte Aufgabe vor. Dazu gehört außer Mt 16,17–19 das Joh 21 wiedergegebene Gespräch. In ergreifender Weise ruft der biblische Schriftsteller seinen Lesern in Erinnerung, daß Petrus Jesus liebt und der Auferstandene um diese Liebe weiß. Auch dieser Jünger zählt zu den Freunden des Herrn (»Ich nenne euch nicht mehr Knechte...ich habe euch Freunde genannt« 15,15). Als solchem vertraut ihm Jesus, der gute Hirt (10,11), so heißt es hier, seine Herde an. Er bestellt ihn zum Hirten seiner Kirche, damit er sie »weide« und »hüte«. In enger Verbindung damit steht die Ankündigung seines Märtyrerschicksals und der erneute Aufruf zur Nachfolge (vgl. 1,42; Lk 5,10). Petrus wird also den Herrn nicht noch einmal verraten, sondern durch seine Nachfolge bis in den Tod als den gekreuzigten und auferstandenen Herrn bezeugen (»du wirst mir aber später nachfolgen« 13,36). Dies ist weniger ein Privileg, mehr eine Aufgabe. Als der Verfasser von Joh 21 diese Worte schrieb, hatte Petrus schon das Martyrium erlitten.
Bedeutsameres kann über Petrus und den Petrusdienst kaum gesagt werden. Es ist für alle seine Nachfolger und die ganze Kirche Weisung und Verheißung. Jede Zeit hat sie auf ihre Art zur verwirklichen. Dann erweist sich die auf Kefas gebaute Kirche Jesu Christi als die, der prophezeit ist, »die Tore des Todes werden sie nicht überwältigen« (Mt 16,18).

8. Herr, dieser aber, was [wird aus ihm]? – Du, folge mir nach! Der Verfasser von Joh 21 weiß sich in besonderer Weise dem geliebten Jünger verpflichtet. Dieser ist für ihn und seine Leser in Wahrheit der Autor des ganzen vierten Evangeliums. Vermutlich war seine

Lehre und Autorität bei anderen nicht unangefochten; denn der Herausgeber fühlt sich mehrfach genötigt, die Zuverlässigkeit und Wahrhaftigkeit des Zeugnisses seines verehrten Lehrers zu betonen (21,24; vgl. 19,35). Dieser hat ein anderes Schicksal gehabt als Simon Petrus. Petrus bzw. seine Anhänger haben ihn wahrscheinlich nicht immer verstanden (so wie sie auch Paulus nicht in allem folgen konnten; vgl. Gal 2,11–14; 2 Petr 3,15f). Dies aber – so legt der Schüler es hier dar – spricht nicht gegen die Begabung und Autorität des geliebten Jüngers; denn ihm ist in besonderer Weise die Herzenserkenntnis des Herrn geschenkt worden, und er steht wie Petrus in der Nachfolge des Gekreuzigten. Dagegen spricht auch nicht sein bei der Abfassung dieser Schrift bereits erfolgter Tod (vermutlich kein Martyrium). In der anschaulichen Szene versichert der Redaktor: Selbst Petrus, dessen Autorität für ihn unumstritten gilt, ist gehalten – getreu der Weisung des Herrn – die besondere Stellung dieses Jüngers zu achten.
Ein in der Gemeinde über diesen verbreitetes Wort, an das sich die Hoffnung auf sein Erleben der Parusie knüpfte, muß der Verfasser vor Mißverständnissen schützen. Er tut es mit dem tiefen und doppelsinnigen Wort »bleiben«. Diese Interpretation mag uns heute fremdartig scheinen (ähnlich wie z. B. das Reflexionszitat Mt 2,23). Doch was der Verfasser damit sagen will, gilt auch heute noch: das Zeugnis des geliebten Jüngers hat bis in die Gegenwart hinein Gültigkeit. Die hinter diesen Worten verborgene Spannung zwischen einzelnen Leitern und Gliedern in der Urkirche und die menschliche Argumentationsweise ist für den heutigen Leser tröstlich: Die Gemeinde des Auferstandenen ist eine Gemeinschaft von Liebenden, denen Mißverständnisse und Spannungen nicht erspart bleiben. Wer meint über andere urteilen zu müssen, darf die Mahnung an Petrus nicht überhören: »Du, folge mir nach!«.

Geschichten um Geschichte

Die vorliegende Auslegung der Osterevangelien hat eines sehr deutlich gezeigt: In keinem der Texte stoßen wir unmittelbar auf das Geschehen der Auferstehung, die Worte des Auferstandenen oder die Erfahrungen der Apostel; wir finden vielmehr Aussagen von Menschen, die die Osterbotschaft vernommen haben und diese jeweils auf ihre Weise in Form von Geschichten bezeugen. Hinter diese Erkenntnis können wir heute ebensowenig zurückgehen wie hinter viele Forschungsergebnisse der Naturwissenschaftler (etwa Galilei) und Psychologen (etwa Freud). Dies wird in der Fachwelt allgemein anerkannt. Die Erkenntnis, daß uns die Botschaft von der Auferstehung Christi (wie übrigens jede Offenbarung Gottes) nur durch die Vermittlung menschlicher Erfahrung und Sprache erreicht, steht in Einklang mit der Lehre des Zweiten Vatikanischen Konzils über die Bibel als Wort Gottes in menschlicher Sprache. Es heißt dort unter anderem: »... die Wahrheit wird je anders dargelegt und ausgedrückt in Texten von in verschiedenem Sinn geschichtlicher, prophetischer oder dichterischer Art oder in anderen Redegattungen«[222]. Wahrheit und Bedeutung der Evangelien werden dadurch keineswegs gemindert.

Als »Geschichten« kreisen die Osterevangelien um »Geschichte«,[223] und zwar um die Geschichte, die durch das einzigartige Ge-

[222] »Aliter enim atque aliter veritas in textibus vario modo historicis, vel propheticis, vel poeticis, vel in aliis dicendi generibus proponitur et exprimitur.« Vat II, »Dei Verbum« III,12 (vgl. Anm. 25).

[223] Die Formulierung »Geschichten kreisen um Geschichte« verwendet im Hinblick auf die Texte des Exodus *G. Fohrer*, Überlieferung und Geschichte des Exodus. Eine Analyse von Ex 1–15 (ZAW 91) Berlin 1964, 7. Vgl. auch den Buchtitel *P. Weimar/E. Zenger*, Exodus. Geschichten und Geschichte der Befreiung Israels (SBS 75) Stuttgart 1975.

schehen der Auferweckung Jesu eingeleitet wurde und seither die Welt bestimmt. Es ist letztlich die Geschichte Gottes mit den Menschen: Von dieser spricht schon das Alte Testament; die Propheten stellen für die Zukunft Gottes machtvolles Kommen in Aussicht; in dem Wirken Jesu ist die Gottesherrschaft nahegekommen (Mk 1,15par) und Gott selbst auf bis dahin unbekannte Weise in die Geschichte der Welt eingetreten. Bei der Auferweckung des Gekreuzigten hat Gott sich als der Herr aller Mächte erwiesen und als solcher gehandelt; diese neue Schöpfungstat Gottes (»der die Toten lebendig macht und das, was nicht ist, ins Dasein ruft«, Röm 4,17) bezeugen die Apostel und unter Berufung auf sie – kraft des heiligen Geistes – alle christlichen Gemeinden. Sie wird bei der Parusie, am Tag Jesu Christi, ihre Vollendung finden und allen bekannt werden.[224] Weil sich diese »Geschichte« dem Zugriff des Historikers entzieht, kann sie niemals adäquat und exakt berichtet, wohl aber in »Geschichten« verkündet werden.

Bei aller Verwandtschaft der Ostergeschichten mit der fiktionalen Literatur darf ihre Geschichtsbezogenheit nicht übersehen werden. Die biblischen Verfasser wollen nicht (wie die Verfasser z.B. von Trivialgeschichten) unterhalten; sie wollen auch nicht eine allgemein menschliche Wahrheit aussprechen (wie in alten Mythen und Märchen) oder die Bedeutung einer Person und ihrer Lehre veranschaulichen (wie in Heiligenlegenden). Sie haben vielmehr die Absicht, die Auferstehung des Gekreuzigten zu bezeugen: »Der Herr ist *wirklich* auferstanden«. Wie die Einzelexegese zeigte, tun die Evangelisten dies im Blick auf ihre Adressaten, um deren Glauben zu festigen und sie tiefer in die volle Bedeutung des Verkündeten einzuführen.

Bei der Auslegung mußten viele Fragen offenbleiben; manche werden sich auch in Zukunft nicht beantworten lassen. Was aber die Verfasser ihren Lesern sagen wollen, ist auch nach 1900 Jahren deutlich genug zu erkennen. Es erschließt sich dem Leser bei näherer Betrachtung immer mehr. Dies geschieht allerdings nur unter

---

[224] Vgl. *J. Kremer*, Was heißt Parusie und Parusieerwartung heute? Überlegungen zu den Parusieaussagen von 1 Thess, in: *K. Delahaye-E. Gatz-H. Jorissen* (Hrsg.), Bestellt zum Zeugnis (Fschr. J. Pohlschneider) Aachen 1974, 251–268, bes. 263–268.

der Voraussetzung, daß der Leser bereit ist, im Wissen um seine Grenzen – »auf den Knien« (P. Claudel) – hinzuhören. Indem die neuere Exegese die Engführung einer einseitig am äußerlichen Ablauf der Ereignisse interessierten Sichtweise aufdeckt, trägt sie dazu bei, die Texte – älterer kirchlicher Tradition gemäß – in ihrer ursprünglichen und geistlichen Tiefendimension zu erfassen.

Die sehr verschiedenartigen Osterevangelien weisen eine gemeinsame Linie und Dynamik auf. Sie versichern menschlichen Einwänden und Verleumdungen gegenüber die Glaubwürdigkeit der Osterbotschaft als »Wort Gottes«. Sie betonen ferner, daß selbst diejenigen, die Jesus in seinem irdischen Leben kannten, zunächst gar nicht bereit waren zu glauben und erst durch seine Hilfe (seinen heiligen Geist) zum Glauben fanden. Außerdem findet sich in jeder Schilderung einer Erscheinung – von der Emmausgeschichte und der Tomasperikope abgesehen – das Motiv der Beauftragung (Apostolat). Schließlich steht am Ende der Osterevangelien des Mattäus, Lukas und Johannes die oft zu wenig beachtete Angabe, daß die Jünger dem auferstandenen Kyrios und Sohn, Jesus Christus, durch ihre Proskynese bzw. durch das Bekenntnis »mein Herr und mein Gott« eine Huldigung erweisen, wie sie einzig Gott zusteht. Für den Leser von heute ist dies ein Hinweis, daß es letztlich keine andere dem Text entsprechende Antwort auf die Osterbotschaft gibt, als das Bekenntnis zu Jesus Christus, dem Sohn Gottes. Dazu gehört die Anbetung in der Gemeinschaft der Glaubenden und die Bezeugung des Auferstandenen durch Wort und Leben. Wer dies – ermutigt durch den Geist Gottes – vermag, dem gilt das Wort des Herrn: »*Selig*, … die glauben«.

Literaturhinweise

Eine vollständige Bibliographie der Untersuchungen zu der Problematik Auferstehung und Osterevangelien findet sich bei *G. Ghiberti*, Bibliografia sulla risurrezione die Gesù, in: *E. Dhanis (Hrsg.)*, Resurrexit. Actes du Symposium International sur la Résurrection de Jésus (Rome 1970) Rom 1974, 645–764; *ders.*, »Resurrexit«. Gli Atti di un simposio e la discussione successiva: Riv Bib 23 (1975) 413–440. Vgl. *J. Kremer*, Entstehung und Inhalt des Osterglaubens. Zur neuesten Diskussion: ThR 72 (1976) 1–14.

1. Zur Gesamtproblematik

Alsup J. E., The Post-Resurrection-Appearance Stories of the Gospel-Tradition. A history-of-tradition analysis with Text-Synopsis (Calwer Theologische Monographien A 5) Stuttgart 1975.

Bode E. L., The First Easter Morning. The Gospel Accounts of the Women's Visit to the Tomb of Jesus (Analecta Biblica 45) Rom 1970.

Campenhausen H. v., Der Ablauf der Osterereignisse und das leere Grab (Sitzungsberichte der Heidelberger Akademie der Wissenschaften, Phil. hist. Kl., Jg. 1952, Abh. 4) Heidelberg ³1966.

Dhanis E. (Hrsg.), Resurrexit. Actes du Symposium International sur la Résurrection de Jésus (Rome 1970) Rom 1974.

Dodd C. H., The Appearances of the Risen Christ: An Essay in Form-Criticism of the Gospel, in: *ders.*, More New Testament Studies, Manchester 1968, 102–133 (= *Nineham D. E. (Hrsg.)*, Studies in the Gospels [Fschr. R. H. Lightfoot] Oxford 1955, 9–35).

Evans C. F., Resurrection and the New Testament (Studies in Biblical Theology 2/12) London 1970.

Fuller R. H., The Formation of the Resurrextion Narratives, London 1972.

Grass H., Ostergeschehen und Osterberichte, Göttingen ³1964.

Hamburger K., Logik der Dichtung, Stuttgart ²1968.

Kienzler Kl., Logik der Auferstehung. Eine Untersuchung zu R. Bultmann, G. Ebeling und W. Pannenberg (FreibThSt 100) Freiburg 1976.

Koselleck R. (Hrsg.), Geschichte – Ereignis und Erzählung, München 1973.

Kremer J., Das älteste Zeugnis von der Auferstehung Christi. Eine bibeltheologische Studie zur Aussage und Bedeutung von 1 Kor 15, 1–11 (SBS 17) Stuttgart ³1969.

ders., ... denn sie werden leben. Sechs Kapitel über Tod, Auferstehung, Neues Leben, Stuttgart 1972.
Lehmann K., Auferweckt am dritten Tage nach der Schrift. Früheste Christologie, Bekenntnisbildung und Schriftauslegung im Lichte von 1 Kor 15,3–5 (QD 38) Freiburg–Basel–Wien 1968.
Léon Dufour X., Résurrection de Jésus et message pascal (Parole de Dieu) Paris 1971.
Marxsen W., Die Auferstehung Jesu von Nazareth, Gütersloh 1968.
Mussner F., Die Auferstehung Jesu (Biblische Handbibliothek 7) München 1969.
Rigaux B., Dieu l'a ressuscité. Exégèse et théologie biblique (Studii Biblici Franciscani Analecta 4) Gembloux 1973.
Ruckstuhl E. – Pfammater J., Die Auferstehung Jesu Christi. Heilsgeschichtliche Tatsache und Brennpunkt des Glaubens, Luzern 1968.
Schlier H., Über die Auferstehung Jesu Christi, Einsiedeln 1968.
Schnider F. – Stenger W., Die Ostergeschichten der Evangelien, München 1970.
Surgy P. de – Grelot P. – Carrez M. – George A. – Delorme J. – Léon Dufour X., La résurrection du Christ et l'exégèse moderne (Lectio divina 50) Paris 1969.
Van der Veken J., Theologische Sprachlogik der Auferstehungsverkündigung, in: *Gerber U. – Güttgemanns E. (Hrsg.)*, »Linguistische« Theologie (Forum Theologiae Linguisticae 3) Bonn 1972, 176–189.
Vögtle A. – Pesch R., Wie kam es zum Osterglauben? Düsseldorf 1975.
Weinrich H., Tempus. Besprochene und erzählte Welt (Sprache und Literatur 16) Stuttgart–Berlin–Köln–Mainz ²1971.
Wilckens U., Auferstehung. Das biblische Auferstehungszeugnis historisch untersucht und erklärt (Gütersloher Taschenbücher 80) Gütersloh 1974.

2. Zum Markus-Evangelium

Grundmann W., Das Evangelium nach Markus (ThHK 2) Berlin ⁵1971.
Güttgemanns E., Linguistische Analyse von Mk 16,1–8: Linguistica Biblica 2 (1972) 13–53.
Haenchen E., Der Weg Jesu. Eine Erklärung des Markus-Evangeliums und der kanonischen Parallelen, Berlin ²1968.
Hengel M., Maria Magdalena und die Frauen als Zeugen, in: *Beth O. – Hengel M. (Hrsg.)*, Abraham unser Vater (Fschr. O. Michel), Leiden–Köln 1963, 243–256.
Lohmeyer E., Das Evangelium des Markus (KEK 1,2) Göttingen ²1963.
Pesch R., Der Schluß der vormarkinischen Passionsgeschichte und des Markusevangeliums: Mk 15,42–16,8, in: *Sabbe M. (Hrsg.)*, L'Evangile selon Marc. Tradition et Rédaction (Bibl. Eph. Theol. Lov. 34) Gembloux-Leuven 1974, 365–409.
Schenke L., Auferstehungsverkündigung und leeres Grab. Eine traditionsgeschichtliche Untersuchung von Mk 16,1–8 (SBS 33) Stuttgart 1968.
Schweizer E., Das Evangelium nach Markus (NTD 1) Göttingen ¹⁴1975.

3. Zum Mattäus-Evangelium

Bartsch H. W., Die Passions- und Auferstehungsgeschichten bei Matthäus. Ein Beitrag zur Redaktionsgeschichte des Evangeliums, in: *ders.*, Entmythologisierende

Auslegung, Aufsätze aus den Jahren 1940–1960 (Theol. Forschung 26) Hamburg-Bergstedt 1964, 80–92.
Bornkamm G., Der Auferstandene und der Irdische. Mt 28,16–20, in: *Dinkler E. (Hrsg.)*, Zeit und Geschichte (Fschr. R. Bultmann), Tübingen 1964, 171–191.
Grundmann W., Das Evangelium nach Matthäus (ThHK 1) Berlin ²1971.
Hahn F., Trinitatis. Mt 28,16–20, in: *Falkenroth A. – Held H. J. (Hrsg.)*, Hören und Fragen III/2, Neukirchen 1975, 15–28.
Lange J., Das Erscheinen des Auferstandenen im Evangelium nach Matthäus. Eine traditions- und redaktionsgeschichtliche Untersuchung zu Mt 28,16–20 (Forschung zur Bibel 11) Würzburg 1973.
Lohmeyer E., Mir ist gegeben alle Gewalt. Eine Exegese von Mt 28,16–20, in: *Schmauch W. (Hrsg.)*, In Memoriam E. Lohmeyer, Stuttgart 1951, 22–49.
ders., Das Evangelium des Matthäus (KEK) Göttingen ⁴1967.
Malina B. J., The Literary Structure and Form of Matt. XXVIII. 16–20: NTS 17 (1970/71) 87–103.
Michel O., Der Abschluß des Matthäusevangeliums. Ein Beitrag zur Geschichte der Osterbotschaft: EvT 10 (1950/51) 16–26.
Neirynck F., Les Femmes au Tombeau. Etude de la rédaction Matthéenne (Matt. XXVIII. 1–10): NTS 15 (1968/69) 168–190.
Riebl M., Auferstehung Jesu in der Stunde seines Todes? Zur Botschaft von Mt 27, 51b–53 (erscheint Stuttgart 1977).
Schweizer E., Das Evangelium nach Matthäus (NTD 2) Göttingen ¹³1973.
Trilling W., Das wahre Israel. Studien zur Theologie des Matthäus-Evangeliums (StANT 10) München ³1964.
ders., Das leere Grab (Mt 28,1–7), in: Die heilige Osternacht (Am Tisch des Wortes 16) Stuttgart 1967, 46–55.
Vögtle A., Das christologische und ekklesiologische Anliegen von Mt 28,18–20, in: *ders.*, Das Evangelium und die Evangelien. Beiträge zur Evangelienforschung (KBANT) Düsseldorf 1971, 253–272.
ders., Was Ostern bedeutet. Meditation zu Matthäus 28,16–20, Freiburg 1976.
Zumstein J., Matthieu 28,16–20: RTPhil 105 (1972) 14–33.

4. Zum Lukas-Evangelium

Dupont J., Les Péllerins d'Emmaus (Luc XXIV, 13–35), in: Miscellanea Biblica B. Ubach (Scripta et Documenta I) Montserrat 1953, 349–374.
Ehrhardt A., The Disciples of Emmaus: NTS 10 (1963/64) 182–201.
Grassi J. A., Emmaus revisited (Luke 24,13–35 and Acts 8,26–40): CBQ 26 (1964) 463–467.
Grundmann W., Das Evangelium nach Lukas (ThHK 3) Berlin ⁶1971.
Guillaume J. M., Luc interprète des anciennes traditions sur la résurrection de Jésus, Diss. Straßburg 1975.
Klostermann E., Das Lukasevangelium (HNT 5) Tübingen ³1975.
Leaney R., The Resurrection Narratives in Luke (24,12–53): NTS 2 (1955/56) 110–114.
Lohse E., Die Auferstehung Jesu Christi im Zeugnis des Lukasevangeliums (Biblische Studien 31) Neukirchen 1961.
Orlett R., An Influence of the Early Liturgy upon the Emmaus Account: CBQ 21 (1959) 212–219.

Rengstorf K. H., Das Evangelium nach Lukas (NTD 3) Göttingen ⁹1962.
Schmitt J., Le récit de la Résurrection dans l'Evangile de Luc: RScRel 25 (1951) 119–137. 219–242.
Schnider F. – Stenger W., Beobachtungen zur Struktur der Emmausperikope (Lk 24,13–35): BZ (NF) 16 (1972) 94–114.
Schubert P., The Structure and Significance of Lk 24, in: Neutestamentliche Studien für R. Bultmann, Berlin 1954, 165–188.
Wanke J., Die Emmauserzählung. Eine redaktionsgeschichtliche Untersuchung zu Lk 24,13–35 (Erfurter Theologische Studien 31) Leipzig 1973.
ders., »... wie sie ihn beim Brotbrechen erkannten«. Zur Auslegung der Emmauserzählung Lk 24, 13–35; BZ (NF) 18 (1974) 180–192.

5. Zum Johannes-Evangelium

Barrett C. K., The Gospel according to St. John, London ⁶1962.
Benoit P., Marie-Madeleine et les disciples au tombeau selon Joh 20,1–18, in: *Eltester W. (Hrsg.)*, Judentum, Urchristentum, Kirche (Fschr. J. Jeremias) (BZNW 26) Berlin 1960, 141–152.
Brown R. E., The Gospel according to John (XIII–XXI) (The Anchor Bible 29a) New York 1970.
Bultmann R., Das Evangelium des Johannes (KEK 2) Göttingen ¹⁹1968.
Dauer A., Zur Herkunft der Tomas-Perikope Joh 20,24–29, in: *Merklein U. H.-Lange J. (Hrsg.)*, Biblische Randbemerkungen (Fschr. R. Schnackenburg II) Würzburg 1974, 56–76.
Ghiberti G., I racconti pasquali del cap. 20 di Giovanni (Studi Biblici 19) Brescia 1972.
Hartmann G., Die Vorlage der Osterberichte in Joh 20: ZNW 55 (1964) 197–220.
Hoskyns E., The Fourth Gospel, London ⁷1961.
Lindars B., The Composition of John 20: NTS 7 (1960/61) 142–147.
Lorenzen T., Der Lieblingsjünger im Johannesevangelium. Eine redaktionsgeschichtliche Studie (SBS 55) Stuttgart 1971.
Mahoney R., Two Disciples. The Background and Message of John 20,1–10, London 1974.
Mollat D., La découverte du tombeau vide (Jn 20,1–9): AssSeign 21 (1969) 90–100.
ders., L'apparition du Resuscité et le don de l'Esprit (Jn 20,19–23): AssSeign 30 (1970) 42–56.
Pesch R., Der reiche Fischfang. Lk 5,1–11/Jo 21,1–14 (KBANT) Düsseldorf 1969.
Schmitt J., Simples remarques sur le fragment Jo XX, 22–23, in: Mélanges M. Andrieu (RScRel volume hors série) Straßburg 1956, 415–423.
Schnackenburg R., Das Johannesevangelium 3 (HThKNT 4,3) Freiburg–Basel–Wien 1975.
Schulz S., Das Evangelium nach Johannes (NTD 4) Göttingen ¹²1972.
Schwank B., Das Christusbild im zweiten Teil des Johannesevangeliums: Sein und Sendung 29 (1964) 388–400. 435–450. 484–498. 531–542.

Inhalt

Vorwort 5

1. Der Kontext der Osterevangelien – Die Vermittlung der Osterbotschaft in Urkirche und Gegenwart 8

1.1. Die mannigfaltige Verkündigung der Auferstehung in der Urkirche 9
1.2. Die neuere und neueste Diskussion der Osterbotschaft 13
1.3. Heutige Vermittlung der Osterbotschaft 18
1.4. Zur Funktion der Osterevangelien bei der Vermittlung der Osterbotschaft 24

2. Das Osterevangelium des Markus

Die markinische Grabesgeschichte 30
2.1. Texterklärung 32
2.2. Form und Gattung 41
2.3. Redaktion und Tradition 45
Exkurs: War das Grab Jesu leer? 49
2.4. Bedeutung für den Leser 51

3. Die Osterevangelien des Mattäus 55

3.1. Die mattäische Grabesgeschichte (27,62–28,15) 57
3.1.1. Texterklärung 58
3.1.2. Form und Gattung 70
3.1.3. Redaktions- und traditionskritische Erörterung 73
3.1.4. Bedeutung für den Leser 77

3.2. Die Geschichte von der Erscheinung auf dem Berg (28,16–20) 80
3.2.1. Texterklärung 81
3.2.2. Form und Gattung 88
3.2.3. Redaktions- und traditionskritische Erörterung 90
3.2.4. Bedeutung für den Leser 92

4. Die Ostergeschichten des Lukas 96

4.1. Die lukanische Grabesgeschichte (24,1–12) 98
4.1.1. Texterklärung 99
4.1.2. Form und Gattung 106
4.1.3. Redaktion und Tradition 107
4.1.4. Bedeutung für den Leser 110

4.2. Die Emmausgeschichte (Lk 24,13–35) 112
4.2.1. Texterklärung 114
4.2.2. Form und Gattung 126
4.2.3. Redaktion und Tradition 130
4.2.4. Bedeutung für den Leser 132

4.3. Die Geschichte von der Erscheinung am Osterabend (24,36–53) 136
4.3.1. Texterklärung 138
4.3.2. Form und Gattung 148
4.3.3. Redaktion und Tradition 151
Exkurs: Zur Entstehung und Wahrheit der Schilderungen von äußerlich überprüfbaren Erscheinungen des Auferstandenen 153
4.3.4. Bedeutung für den Leser 156

5. Die Osterevangelien des Johannes 160

5.1. Die johanneische Grabesgeschichte (20,1–18) 163
5.1.1. Texterklärung 164
5.1.2. Form und Gattung 175
5.1.3. Redaktion und Tradition 178
5.1.4. Bedeutung für den Leser 180

5.2. Die Doppelgeschichte von den Erscheinungen des Auferstandenen vor den Jüngern in Jerusalem (20,19–29) 184

5.2.1. Texterklärung 185
5.2.2. Form und Gattung 195
5.2.3. Redaktion und Tradition 198
5.2.4. Bedeutung für den Leser 199

5.3. Die Geschichte von der Erscheinung am See Tiberias (21,1–23) 202
5.3.1. Texterklärung 204
5.3.2. Form und Gattung 218
5.3.3. Redaktion und Tradition 223
5.3.4. Bedeutung für den Leser 226

Geschichten um Geschichte 231

Literaturhinweise 234